Und tief
in der Seele
das Ferne

KATHARINA ELLIGER

Und tief in der Seele das Ferne

Die Geschichte
einer Vertreibung
aus Schlesien

*2006
von Deiner
Cousine
Linde-Kirthäne*

Weltbild

Die auf dem Titelmotiv abgebildeten Personen sind nicht identisch mit den im Buch beschriebenen.

Besuchen Sie uns im Internet:
www.weltbild.de

Genehmigte Lizenzausgabe
für Verlagsgruppe Weltbild GmbH,
Steinerne Furt, 86167 Augsburg
Copyright der Originalausgabe © 2004 by
Rowohlt Verlag GmbH, Reinbek bei Hamburg
Umschlaggestaltung: Atelier Seidel, Neuötting
Umschlagmotiv: Archiv für Kunst und Geschichte, Berlin
Gesamtherstellung: CPI Moravia Books s.r.o.,
Brnenská 1024, CZ-69123 Pohorelice

ISBN 3-8289-7835-5

2009 2008 2007 2006
Die letzte Jahreszahl gibt die aktuelle Lizenzausgabe an.

Für meine Kinder **Veronika *und* Tobias**

Und doch, vor einigen Jahren in einem deutschen Interview gefragt: »**Was fällt Ihnen bei dem Wort Heimat ein**«, *gab ich die mich völlig überraschende sofortige Antwort:* »**Heimatlos.**«

Fritz Stern in einem Vortrag, gehalten 1995 in Berlin.

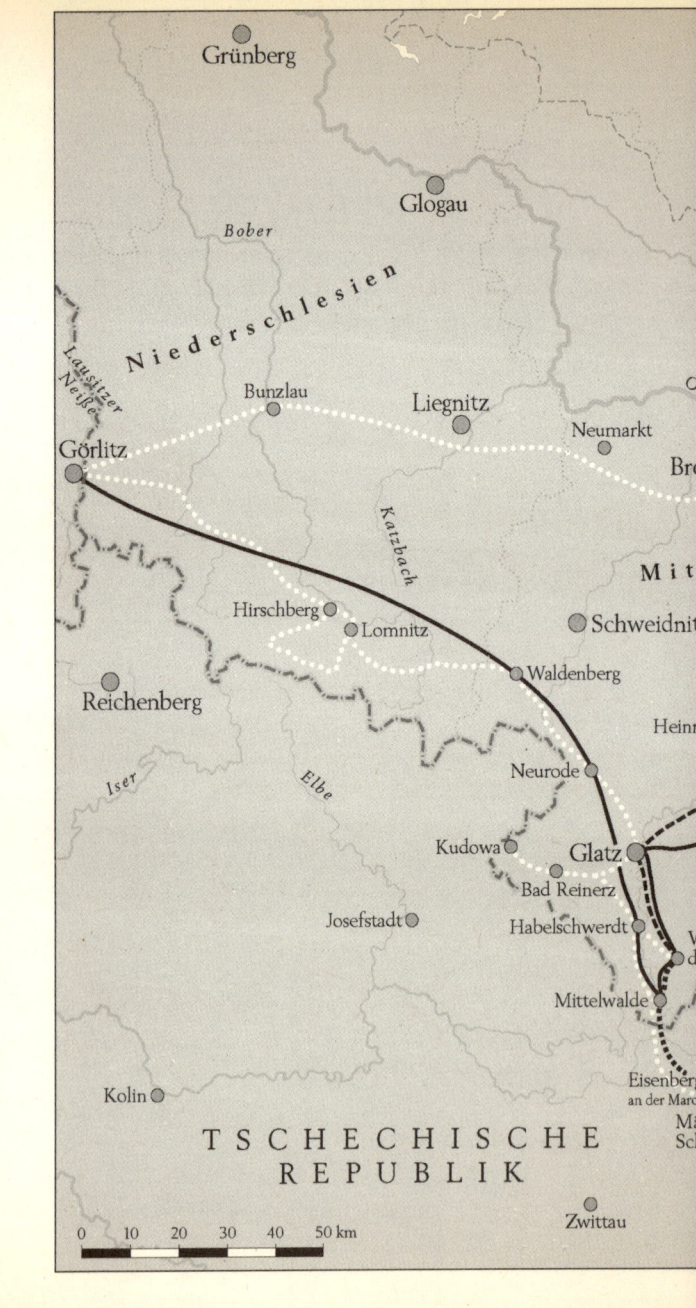

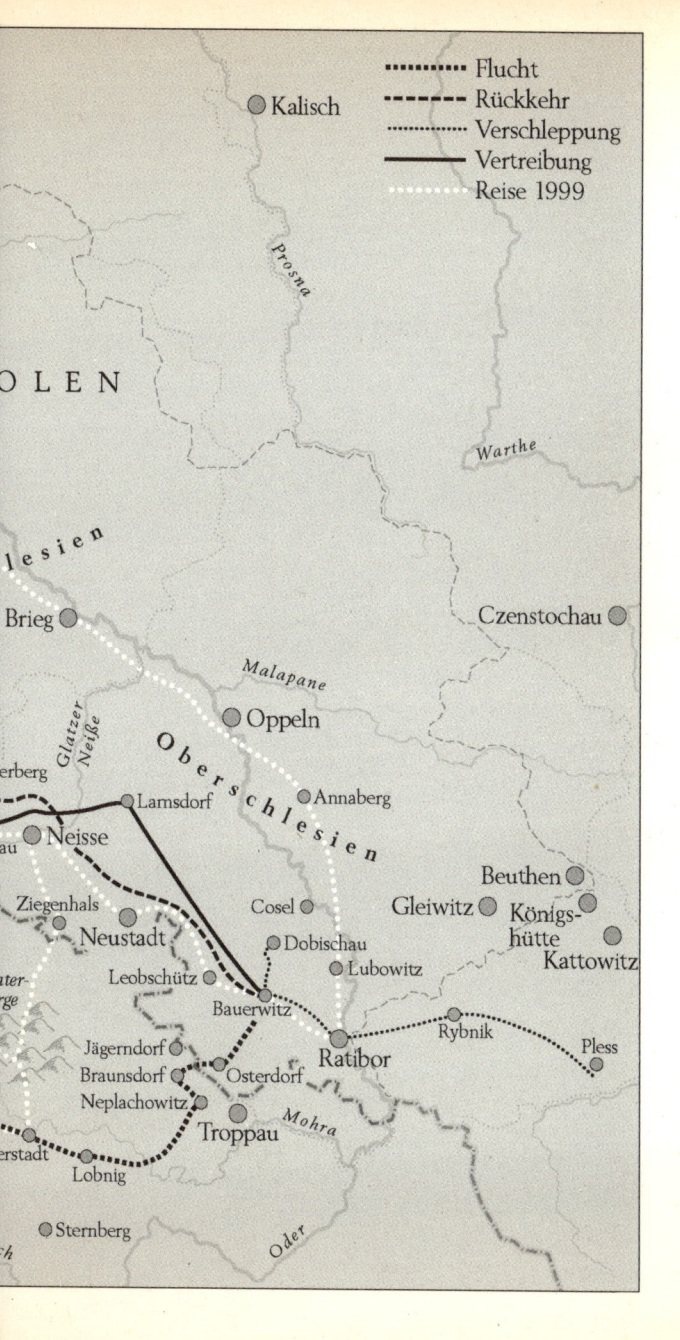

Inhalt

13 *Vorwort*

Im Krieg

15 *Kinderalltag*
22 *Unsere Juden*
25 *Die Kirche*
28 *In der Schule*
34 *Die Hitlerjugend*
42 *»Für Führer, Volk und Vaterland«*

Die Flucht

61 *Die Lage spitzt sich zu*
67 *Der Todesmarsch*
70 *Die Schlinge wird enger*
81 *Der Zusammenbruch*
91 *Im Treck unterwegs*
101 *In der Tschechei*

107 Vertreibung

107 Zurück nach Hause
115 Russische Besatzung
128 Die Polen kommen
138 Im Lager
149 Wieder in Wölfelsdorf
160 Für immer fort

169 Die Zeit danach

189 Zwei Reisen nach Schlesien

237 Anmerkungen und Literatur

Vorwort

Seit den Ereignissen um Flucht und Vertreibung sind fast sechzig Jahre vergangen. In dieser langen Zeit begleitete mich das mir selbst kaum eingestandene Gefühl, fremd und anders zu sein als andere. Zwar verlief mein Leben »normal« in einer kleinen Familie, mit guten Freunden und vielen geistigen Interessen. Dennoch blieb mein Vertrauen in die Welt und in das Leben erschüttert. Die Erfahrung menschlicher Abgründe hat mich geprägt und es mir schwer gemacht, mich zugehörig zu fühlen.
Je älter ich werde, umso größer wird mein Bedürfnis, darüber zu reden und zu bezeugen, was mir widerfahren ist. Sonst bliebe ich mir und anderen etwas schuldig. Vielleicht ist erst jetzt die Zeit reif dafür, meine Geschichte zu erzählen, die ich so lange in mir vergraben hatte. Vielleicht bleibt sie eine Herausforderung für die nach mir Kommenden, in deren Verantwortung ich sie lege, damit sie sich nicht wiederhole.

Ich möchte vom Ende meiner Kindheit und dem Verlust meiner Heimat erzählen und davon, wie ich beide nach über fünfzig Jahren beinahe wiedergefunden habe. Meine Geschichte beginnt 1939 in der kleinen Stadt Bauerwitz, im Südosten des alten Oberschlesien, zwischen Ratibor und Leobschütz.

Im Krieg

Kinderalltag

In den letzten Augustnächten des Jahres 1939 zogen deutsche Soldaten durch unseren Ort. Das Getrappel und Schnaufen der Pferde, das ratternde Geräusch von Wagenrädern und das unregelmäßige Klappern von Stiefeln hatten uns geweckt. Wir stürzten ans Kinderzimmerfenster. Es bot sich im Dunkeln ein gespenstischer Anblick. Ab und zu zündete sich einer der Soldaten eine Zigarette an. Wir sahen das Aufflammen der Streichhölzer und wie sie für einen Augenblick die Gesichter erleuchteten. Keiner von ihnen sprach ein Wort. Müde und teilnahmslos zogen sie Richtung Ratibor.
Am 1. September war besonders schönes Wetter. Meine Geschwister und ich spielten mit ein paar anderen Kindern hinter der Scheune Fußball. Da winkte Vater durchs Küchenfenster, wir sollten heraufkommen. Wir standen dann alle vier vor ihm in der Küche, erhitzt vom Spiel. In merkwürdig verhaltenem Tonfall sagte er: »Es ist Krieg. Es wird schlimm werden. Möge uns Gott helfen.« Eigentlich wollten wir weiterspielen. Aber wir konnten nicht. Vater saß zusammengesunken und blass auf dem Küchenstuhl. Mutter machte sich an der Spüle zu schaffen. Bernhard ging ins Kinderzimmer und schloss sich ein, ich lief in den Garten. Am Tag darauf erfuhren wir, dass die Polen den Sender von Gleiwitz besetzt und die Deutschen zurückgeschossen hätten. Ich verstand das nicht, denn unsere Soldaten waren ja schon vorher dorthin gezogen. Hatten sie den Überfall erwartet?

Vater hatte zu Hause immer offen über »die Lage« gesprochen. Damit meinte er die politische Situation. Ich kann mich nicht daran erinnern, dass er uns verboten hätte, mit anderen darüber zu reden. Denn wir wussten so schon genau, was wir sagen durften und was nicht. Von klein auf hatte ich Namen und Begriffe gehört wie Pilsudski (der meinem Vater offenbar Eindruck machte), Zentrum (eine Partei, der er wohl nahe stand), Hindenburg, Notverordnung, Röhmputsch, Der Stürmer, Ermächtigungsgesetz, Herrenrasse, Rosenberg, von Schleicher und immer wieder Himmler, Goebbels und Heydrich. Zwar verstand ich nicht, wer die Leute waren und was die Worte bedeuteten. Aber manchmal sprach mein Vater von ihnen sehr erregt, schnell und leise.

Neuigkeiten brachte er nach Kriegsbeginn meistens aus der Schule mit. Noch im Mantel, kam er in die Küche und erzählte. Einmal sagte er: »Napoleon ist bis zu den Knien im Blut gewatet, Hitler wird es bis zum Halse stehen.« Ich schauderte und schlug im Lexikon nach, wer Napoleon war. Die Vorstellung von seinem Russischen Feldzug, der ihn bis nach Moskau gebracht hatte, machte mir Angst.

Im Winter heizten wir, um Kohle zu sparen, oft nur das Wohnzimmer und aßen dann dort am großen Tisch zu Abend. Vater und Mutter saßen an den Stirnseiten, neben Vater meine Brüder Bernhard – er war der älteste – und Franz, neben Mutter wir Mädchen Bärbel, die Zweitgeborene, und ich, die Jüngste. Da alle Lebensmittel nun rationiert waren, teilten unsere Eltern jedem seine Portion zu. Meine Mutter beschmierte die Brote mit Butter. »Kratz doch nicht so!«, sagten wir Kinder oft, wenn man nichts mehr von der Butter sah. Und sie sagte dann: »Ihr müsst sie ja nur spüren.«

Ich hatte dabei meistens ein so schlechtes Gewissen, dass

mir das Herz den Hals hochklopfte. Im Laufe des Tages holte ich mir nämlich oft heimlich ein Stück Butter. Damit es keiner merken sollte, schnitt ich ganz dünne Scheiben davon ab und aß sie pur. Die Butter wurde immer weniger. Und beim Abendbrot fragte dann jemand: »Ist die Butter schon wieder weg?« Ich meldete mich nicht. Meine Eltern müssen es gemerkt haben. Aber keiner von beiden sagte etwas dazu. Ich weiß nicht, ob sie mich im Verdacht hatten. Sie haben den Butterschwund jedenfalls ignoriert. Wenn die Brote mit Butter »bekratzt« waren, belegte sie mein Vater, sonntags und mittwochs mit Wurst, sonst mit Käse, Quark, Tomaten oder Eiern.

Auch beim Abendbrot nutzte Vater die Gelegenheit, seine Neuigkeiten und Gedanken mitzuteilen. Zuerst fragte er regelmäßig: »Ist unten die Haustür abgeschlossen? Ist die Wohnungstür zu?« Dann erzählte er zum Beispiel, dass jemand verhört oder abgeholt worden war. Oder er sagte Dinge wie: »Pater Beda brachte eine Nachricht vom Grafen von Galen. Der hat sich in Predigten gegen die Behandlung Behinderter gewandt.« Ich stellte mir unter einem Behinderten einen Menschen vor, der nicht gut laufen konnte, und wunderte mich, warum man ihn nicht behandeln sollte. Fragen durften wir nicht. Vater sprach mit Mutter. Aber er konnte doch kaum davon ausgehen, dass wir ihn nicht verstanden! Wenn er von Hitler sprach, sagte er oft »der Verbrecher«, und die Nationalsozialisten nannte er »die Leute«.

Einmal setzte sich Franz in seiner schwarzen HJ-Winteruniform, die er besonders schick fand, zum Abendbrot. Er war gerade Fähnleinführer geworden und trug eine grünweiße Kordel auf der linken Brust. Da legte Vater plötzlich das Messer weg und sagte zu ihm: »Was wir hier reden, darf auf keinen Fall nach draußen dringen. Du wirst mich

doch nicht etwa nach Dachau bringen.« Ich hielt es für ausgeschlossen, dass Franz Vater verraten könnte. Für mein Gefühl wollte er nur angeben und mit der Hilde zusammen sein. Die war auch Führerin in der Hitlerjugend. Ich wusste Bescheid, denn ich hatte den beiden oft nachspioniert.
Aber Dachau – was war Dachau? Vater sagte kurz, darüber könne er nicht reden. Aber ich wusste, dass unser zweiter Pfarrer in Dachau gewesen sein soll. Ich mochte diesen Pfarrer, weil er sehr gut predigte und anders war als unser alter Prälat. Aber er war auch immer sehr ernst und konnte mit uns Kindern nicht viel anfangen. Man sagte, er stamme aus dem Sudetenland, weil er aber gegen Hitler war, habe man ihn nach Dachau gebracht, und nun sei er zu uns strafversetzt worden. Das Wort KZ fiel in diesem Zusammenhang, das sei viel schlimmer als ein Gefängnis. Aber nun war er ja Gott sei Dank bei uns.
Mein Vater traf sich ab und zu mit diesem Pfarrer Hornischer unten an der Friedhofsecke, um mit ihm spazieren zu gehen. Ich war dann manchmal neidisch, denn bis dahin war Vater immer mit mir spazieren gegangen. Aber ihm schienen diese Spaziergänge wichtig zu sein. Ich hörte einmal, wie Mutter zu ihm sagte: »Es ist nicht gut, wenn man dich so oft mit ihm zusammen sieht.«
Ich glaube, mein Vater verachtete die Nazis. Er hängte kein Hitlerbild auf, obwohl es bei uns für Beamte Pflicht war, in der Wohnung ein Hitlerbild zu haben. Und er kaufte keinen Volksempfänger, obwohl dieses Kleinradio billig auf den Markt geworfen wurde, damit jeder die Hitlerreden, die Wehrmachtsberichte und Siegesmeldungen hören konnte. Die Hitlerreden zu hören war für Vater Pflicht. Und auch wir Kinder wurden in der HJ immer gefragt, ob wir die letzte Hitlerrede gehört hätten.

Also ging die ganze Familie ungefähr alle zwei Monate sonntags zu einem von Vaters Kollegen, um diese Reden zu hören. Ich war immer nur kurz dabei, ich konnte die bellende Stimme nicht aushalten. Und diese Drohungen gegen die ganze Welt waren mir unheimlich. Stattdessen ging ich in den großen Garten, wo sich schon meine Mutter mit der Frau des Kollegen unterhielt und Beeren pflückte oder Kaffee trank. Zum Schluss bekamen wir immer einen oder zwei Körbe Obst mit, das war das Beste. Ich mochte diese Gänge zum Kollegen nicht, denn ich fand sie langweilig. Aber von Vater war die Sache gut arrangiert. Zum einen hatte er sich zur Hitlerrede sehen lassen, und außerdem wusste er, dass sein Kollege nichts gegen ihn sagen konnte. Denn mein Vater hatte ihm für seinen Hausbau Geld geliehen, das er von ihm jederzeit hätte zurückfordern können.
Zweimal wurde mein Vater abgeholt. Das eine Mal war ich nicht zu Hause, als sie kamen, der Polizist, den jeder im Ort kannte, und ein Zivilbeamter. Mein Vater hatte in der Messe Orgel gespielt, während er bei einer NS-Veranstaltung hätte sein sollen. Das andere Mal lag Hitlers Geburtstag schon etliche Tage zurück, als der Friseur ins Haus kam, um meinem Vater und meinen Brüdern die Haare zu schneiden. Es hatte tagelang geregnet, und Vater sagte zu dem Friseur: »Der Herr Kuska könnte auch mal wieder die Fahne hereinholen. Die ist ja nur noch ein Fetzen.« Am nächsten Tag standen diese beiden Männer vor der Tür: »Sie haben gesagt, die Fahne ist ein Fetzen.« Als er mit ihnen das Haus verlassen hatte, überfiel mich große Angst, und ich lief hinterher. Aber sie schickten mich zurück. Von da an passte ich auf, wo mein Vater war. Eine Zeit lang ging das Gerücht, sie würden ihn vom Schulhof weg mitnehmen. Ich war immer erleichtert, wenn er mittags nach Hause kam.

Dann sah ich einmal, wie er die Fahne grüßte. Es war bei einem Fahnenappell. Alle Schüler und Lehrer waren unter den Bäumen im Schulhof um den Fahnenmast herum im Karree aufgestellt. Meistens erschien Vater zu solchen Anlässen gar nicht, oder er kam zu spät. Diesmal stand er ziemlich weit vorn. Dass er den Arm hob, passte nicht zu ihm. Es sah albern aus. Wenn ihn sonst jemand unterwegs grüßte, erwiderte er den Hitlergruß nur knapp, ohne jemals die Hand zu heben. Meistens sprach er den anderen zuerst an, um den Gruß überhaupt zu vermeiden. Ich war deshalb überrascht und fragte ihn hinterher, warum er die Fahne gegrüßt habe. »Ich muss vorsichtig sein«, sagte er. »Was soll denn sonst aus euch werden!« Um diese Zeit tauchte auch ein kleines Hitlerbild im Wohnzimmer auf. Die Umrisse des entfernten Kreuzes blieben daneben auf der Tapete deutlich sichtbar.

Meine Mutter interessierte sich nicht sehr für Politik. So sah es wenigstens aus. In Wirklichkeit wusste sie über alles gut Bescheid. Wenn wir uns dann wunderten, sagte sie verschmitzt: »Man muss ja nicht alles wissen!« Sie ging gerne unter Leute, vor allem ging sie gern zum Tanzen. »Wer viel arbeitet, soll auch viel tanzen«, sagte sie dann einfach – einer ihrer »weisen« Sprüche.

Ihre ganze Fürsorge galt uns Kindern. Wenn mein Vater sie mit uns beobachtete, sagte er stolz: »Eine richtige Kindermutter!«, und dann freute sie sich, und wir fühlten uns alle so richtig wohl.

Sie hatte alle Hände voll zu tun. Fast alle Lebensmittel wurden einzeln aufgerufen, und so ging sie mit den sechs Lebensmittelkarten heute zum Fleischer, morgen in die Molkerei. Einmal gab es Mehl, dann Zucker. Und den Rest musste sie sowieso mühsam zusammensammeln. Wintervorräte legte sie an: Tee, Kräuter, Obst, Gurken, Kartoffeln, und manchmal bekamen wir Milch und ein paar Eier von unserem Bauern. Gemüse holte sie oft aus der Nachbarschaft, fast jeder hatte einen eigenen kleinen Garten. Meine Mutter konnte hervorragend kochen und backen. Ihre Streusel- und Mohnkuchen waren unschlagbar.

Viel Zeit kostete sie das Ausbessern der Anziehsachen. Ich sehe sie vor mir, wie sie, die Brille auf der Nase, nähte und stopfte. Als gar kein Stoff mehr zu bekommen war, nähte sie mir aus den Wanderjacken meiner Brüder, die ihnen zu klein geworden waren, einen Spenzer. Tagelang arbeitete sie daran, stickte am Ende noch Edelweißblüten auf die Taschenpatten. Dass man im Karo die Nähte nicht sah, war ein Meisterwerk. »Flickenteppich« nannte sie das gute Stück. Ich war so stolz darauf, dass ich ihn dauernd trug. Leider ging er nach drei Monaten kaputt. Der schwarzweiß karierte Rock dagegen, den sie mir 1944, im letzten Sommer, noch nähte, begleitete mich bis in den Westen. Dass ich einen großen Winkel hineingerissen hatte, als ich bei meiner Freundin Maria, statt durch das schöne schmiedeeiserne Tor zu gehen, wieder einmal aus lauter Übermut darüber hinwegstieg, hat sie nie erfahren. Wir behoben den Schaden auf der Nähmaschine so kunstvoll, dass man fast nichts mehr sah.

Besonders gerne spielte Mutter Klavier. Bis zu ihrem Tode schwärmte sie immer wieder vom Klang des innig geliebten Quandt-Klaviers, das Vater ihr zur Hochzeit geschenkt hatte. Über dem Instrument hing, in einen stilvollen Goldrahmen gefasst, ein schönes Bild der Königin Luise, die sie sehr verehrte. Vor allem bewunderte sie ihren Mut, Napoleon für ihr Volk um Gnade gebeten und sich vor ihm bis zum Kniefall gedemütigt zu haben. Luise habe im Unglück eine Stärke bewahrt, die Männer in der Not oft vermissen ließen. »Sie war eine große Frau«, sagte sie dann und schiel-

te über ihre Brille zu ihr hinauf. Bach und Mozart mochte meine Mutter nicht, dafür Chopin und Reger. Und am liebsten Wiener Walzer. Wenn ich sie bat, einen Walzer zu spielen, hörte sie gar nicht mehr auf.
Einmal brach sie ein Stück abrupt ab, und als ich sie nach dem Grund fragte, zeigte sie mir das Titelblatt: Mendelssohn Bartholdy. »Es könnte ja jemand vorbeigehen und hören, dass ich Mendelssohn spiele – er war doch Jude.« Wir mussten immer vorsichtiger sein.

Unsere Juden

Eines Tages hörte ich ein heftiges Gespräch zwischen Vater und Mutter aus der Küche mit, in dem mein Vater verlangte: »Und du gehst weiter zu Lederers einkaufen!« Lederer war der einzige Jude in unserer kleinen Stadt. Er hatte auf dem Ring – so nannte man bei uns in Schlesien den Marktplatz – ein Textilgeschäft, war gut sortiert und verkaufte solide und geschmackvolle Sachen. Mutter ging gern und häufig dorthin. Als Kind begleitete ich sie oft beim Einkaufen. Auf Lederers freute ich mich immer: Die hatten ein Fadenspiel, mit dem ich mich beschäftigen konnte, und meistens bekam ich etwas geschenkt. Hier trafen wir auch immer jemanden, mit dem Mutter reden konnte. Aber allmählich kamen immer weniger Leute in den Laden, und dann war niemand mehr darin, wenn wir hingingen. Ich hatte den Eindruck, Lederers selbst war es unangenehm, dass wir überhaupt kamen. Zwar waren sie immer noch sehr freundlich, aber es wurde nicht mehr gelacht. Und es wunderte mich, dass Mutter sich nach allen Seiten umsah, ehe sie den Laden betrat, und dass sie sich beeilte, wieder zu gehen.
Dann passierte das Schreckliche. Mein Vater kam erregt

vorzeitig aus der Schule und verbot uns, auf die Straße zu gehen. Unbekannte hätten bei Lederers die Schaufensterscheibe eingeschlagen und das Geschäft verwüstet. Er fügte leise hinzu: »Es war die SA.«

Ich gab vor, meiner Freundin etwas bringen zu müssen. Sie wohnte im letzten der Lehrerhäuser jenseits der Schule. Unsere Väter waren Kollegen. Ich konnte entweder in zwanzig Minuten auf einem Feldweg hinter den Scheunen zu ihr gelangen oder den etwas längeren Weg durch die Stadt nehmen. Diesmal lief ich natürlich über den Ring. Er war menschenleer. Nur zwei Polizisten gingen auf und ab. Ich stellte mir vor, Lederers selbst – er ein schwarzlockiger, gut aussehender Herr mit einer dunklen Brille, sie etwas korpulent, gemütlich – säßen in ihrer Wohnung und weinten. Später hörten wir, sie hätten noch in der folgenden Nacht den Ort verlassen.

Als ich das erste Jahr mit dem Zug in die Oberschule fuhr, begegneten uns an der Bahnsteigsperre in Leobschütz oft zwei Kinder, die mit dem Zug, mit dem wir gekommen waren, in die Gegenrichtung fuhren. Der Junge, ungefähr so alt wie ich, und das ältere Mädchen waren beide dunkelhaarig und auffallend hübsch. Und sie hatten etwas Vornehmes an sich. Ich freute mich immer, sie zu sehen. Mich wunderte, dass sie so schnell wie möglich durch die Menschenmenge drängten. Immer hatten sie es sehr eilig und blickten unsicher um sich. Sie trugen ihre Taschen unter dem Arm und hatten den Mantel offen. Und dann sah ich einmal, dass ein Judenstern auf die Mäntel genäht war. Judenkinder durften nicht in Leobschütz auf die höhere Schule gehen. Sie mussten nach Ratibor fahren. Nach ein paar Monaten sah ich sie nicht mehr am Bahnhof. Ich fragte meinen Vater, warum sie nicht mehr kämen. Da sagte er: »Die Leute bringen die Juden nach Polen in ein Arbeitslager. Dort müssen sie für den Krieg arbeiten.« Ich fand das ungerecht, fragte aber nicht weiter. Zwar sah ich überall die Anschläge und Plakate, auf denen stand: »Jude, verrecke« oder »Feind hört mit«, und daneben war immer das Bild einer schrecklichen Fratze, so konnte kein Mensch aussehen. Ich bekam mit, was den Juden alles verboten wurde. Einmal durften sie nicht mit öffentlichen Verkehrsmitteln fahren, dann durften sie nicht ins Kino oder auf den Fußballplatz. Sich auf eine Promenadenbank zu setzen war ihnen auch verboten. Sie mussten ausweichen, wenn ein Deutscher kam. Aber warum? Die beiden Kinder und Lederers waren doch keine Verbrecher! Und Vater hatte mir erzählt, dass ich einem Juden, der Kinderarzt in Ratibor war, mein Leben zu verdanken hätte.

Andererseits konnte mit den Juden etwas wirklich nicht stimmen. Schließlich hatten sie Jesus ans Kreuz geschlagen. Die das getan hatten, mussten verrückt gewesen sein. Jedenfalls wurden die Juden in unserer Kirche verachtet und, so hatte ich den Eindruck, auch gefürchtet. Immerhin war die Kreuzigung 2000 Jahre her, und immer noch sprach man nur schlecht von ihnen.

In der Karfreitagsliturgie, in die ich gerne ging, weil sie so traurig und unheimlich war, gab es auch lange Fürbitten. Alle kamen darin vor, für alle wurde gebetet. Sie wurden der Hierarchie nach genannt: die Kirche, der Papst, die Bischöfe, Priester und das Volk Gottes, der Allerchristlichste Kaiser (obwohl schon lange Hitler regierte), die Katechumenen, die Irrenden, Kranken, Gefangenen, Pilger und Schiffbrüchigen, die Häretiker und Schismatiker. Zum Schluss kamen die Juden an die Reihe und danach die Heiden. Zuerst sprach der Pfarrer ein Gebet, dann forderte der Diakon die Gemeinde auf niederzuknien, und nach einer Weile des Schweigens rief der Pfarrer »Levate!« (Erhebet

euch). Ich fand die feierliche Zeremonie sehr eindrücklich. Aber wenn die Juden an die Reihe kamen, ging es mir jedes Mal durch Mark und Bein. Da hieß es: »Oremus pro perfidis Judaeis…«, und es folgte kein geräuschvolles Niederknien, kein »Levate«. Die Leute standen bewegungslos da, bis der Pfarrer weitermachte. Das hat mich einmal so erschüttert, dass ich allein niederkniete. Ich dachte an Lederers und die beiden hübschen Kinder. Nach dem Gottesdienst zupfte mich eine Frau am Ärmel und fragte, ob ich nicht wüsste, dass man für die Juden nicht niederkniet. Ich sagte ihr: »Aber die haben es doch am nötigsten!« Darauf sie: »Du bist wie dein Vater, pass bloß auf!«
Hinterher habe ich mich gefragt, ob vielleicht die Nazis von Gott geschickt worden waren, um die Juden für den Mord an Jesus zu bestrafen. Ich konnte das alles nicht verstehen.

Die Kirche

Die Kirche spielte für mich als Kind eine große Rolle. Natürlich gingen wir sonntags in die Messe. Mein Vater hatte damit seine Pflicht erfüllt, er war kein Kirchgänger. Aber für mich gab es zusätzlich die Rosenkranzandachten im Oktober. Die fand ich zwar ziemlich langweilig, aber der gleichmäßige, singende Ton hatte etwas Beruhigendes und zog mich immer wieder an. Die Kreuzwegandachten in der Fastenzeit waren mir lieber. Oft ging ich nachmittags allein in die Kirche, um von Station zu Station die Bilder zu betrachten. Besonders vor der 12. Station, »Jesus stirbt am Kreuze«, blieb ich lange stehen und dachte darüber nach, wie leidensfähig ein Mensch war. Ich konnte nicht nachvollziehen, wie er das alles ausgehalten hatte, ohne schon vorher längst unter den Schlägen und Misshandlungen der Folterknechte zusammengebrochen zu sein. Allein die Angst! Ich würde das nie aushalten, das wusste ich genau. Ich wäre schon beim ersten Geißelhieb gestorben. Und manchmal weinte ich angesichts dieses schrecklichen Schicksals. Deswegen konnte ich nicht verstehen, dass die Apostel, die daneben standen, so gelassen und teilnahmslos aussahen. Sie schienen gar kein Mitleid zu haben. Ihr Blick ging an Jesus einfach vorbei. An den Sonntagen in der Fastenzeit kam ein auswärtiger Priester, der die Fastenpredigten hielt. Da durfte ich allerdings nicht mitkommen. Das sei nichts für Kinder, hieß es. Gerade das machte die Sache besonders interessant. Und so schlich ich mich einmal hinter den anderen in die Kirche hinein und hörte, wie ein Kapuzinerpater wortgewaltig und wild gestikulierend über die Sünden sprach, mit denen wir Jesus ans Kreuz gebracht hätten. Ich konnte nicht verstehen, dass meine Notlügen (und ich log wirklich nur, wenn's nicht anders ging) und mein Zuspätkommen so wichtig sein sollten. Und in die Hölle kam ich ganz bestimmt nicht. Da war ich mir sicher. Danach ging ich nicht mehr in die Fastenpredigten.

Am liebsten waren mir die Maiandachten. Dann konnte ich fast schon Sommerkleider anziehen, die Kirche war voller Blumen, die Lieder waren poetisch und gemütvoll. Oft bauten wir uns zu Hause noch einen Maialtar auf und schmückten ihn mit Blumen und Kerzen. Die Blumen pflückten wir am Feldrain.

Das erste Mal war ich von der Kirche enttäuscht, als ich begriff, dass Mädchen keine Ministranten und Priester werden durften. Das konnte ich nicht verstehen, denn es gab bestimmt niemanden, der lieber in die Kirche ging als ich. Ich liebte die wohlklingende lateinische Sprache und freute mich jedes Mal, wenn der Pfarrer mit dem *Introibo ad altare dei, ad deum, qui laetificat iuventutem meam* die Messe begann. Ich kannte viele Texte auswendig, das *Tantum ergo*, das *De profundis, Veni creator spiritus*. Diese Liebe zum Lateinischen hat mich nie verlassen.

1943 bekamen wir einen jungen Priester aus Heiligkreuz, Pater Glatzel. Er war Steyler Missionar und wäre liebend gern ins Ausland gegangen. Aber wegen des Krieges war das unmöglich. Da es in der Schule keinen Religionsunterricht gab, bot er uns eine Gruppenstunde in der Woche im Pfarrheim an. Die religiösen Inhalte habe ich vergessen, nicht aber, was wir sonst so alles machten. Er konnte gut Gitarre spielen und hatte eine wunderbare Stimme. Wir haben viel gesungen. Er war immer zu einem Spaß bereit, es war interessant und lustig. Und wo er politisch stand, sah man seinem Gesicht an. Wir waren alle begeistert von ihm.
Er hatte die Angewohnheit, sein Brevier auf dem Kirchplatz im Gehen zu lesen. Und wie von ungefähr gingen dann meine beste Freundin Maria und ich an der Kirche vorbei, wir schwärmten nämlich für ihn. Nie hat er sich abgewandt. Immer hatte er Zeit für ein paar freundliche Worte. Und hinterher waren wir beide stundenlang damit beschäftigt, diese Begegnungen nachzuerleben. Wenn ich ihn mal allein traf, waren die Gespräche ernsthafter. Sie bedeuteten mir viel. Nur unsere Eltern machten Schwierigkeiten. Mit meiner Mutter hatte ich die ersten Auseinandersetzungen, als sie mir Vorhaltungen machte, einem jungen Priester so nachzulaufen. Aber ich sah wirklich keinen Grund, mich zu schämen.
Wir mussten uns trotzdem etwas anderes einfallen lassen. Da wir jede zweite Woche im Wechsel mit den Jungen nachmittags Schule hatten – unser Lyzeum war ein Lazarett geworden –, gingen wir morgens so oft wie möglich in die Messe. Und es war unser unerschöpfliches Thema, wie

schön er das Gloria gesungen hatte oder an den Stufen des Altars fast über den Teppich gestolpert wäre.

Es gab viele Totenmessen in dieser Zeit, manchmal zwei am Tag. Die Zahl der Gefallenen nahm ständig zu, sodass wir, außer sonntags, fast nur noch »schwarze Messen« hatten. Dafür wurde ein Katafalk aufgestellt und mit sechs Kerzen umgeben. Ein alter Mann spielte Orgel und sang ganz allein mit seiner zerbrechlichen Stimme dazu: »*Requiem aeternam*...« Über diese absurde Situation konnten wir uns nur amüsieren. Wir machten uns sogar, albern wie wir waren, über die »Trauergemeinde« lustig, die oft nur aus wenigen Leuten bestand. Wie jemand den Hut aufhatte oder sich räusperte – alles war Anlass zum Lästern und Kichern. Wir mussten viele missbilligende Blicke einstecken. Aber das hinderte uns nicht daran, das Leben von seiner interessanten und lustigen Seite zu sehen. Und wir sahen nicht ein, warum unsere Eltern dauernd mahnten, das gehöre sich nicht. Die Zeiten seien viel zu ernst. Das wussten wir ja selbst.

Schließlich verbot mir meine Mutter, ständig zu den Totenmessen zu gehen. Als ich das Pater Glatzel erzählte, ließ er ihr ausrichten: »Aber wer soll mir denn dann die liturgischen Antworten geben? Es ist ja oft kein Ministrant da!« Er besuchte meine Mutter und beruhigte sie.

Heute bin ich überzeugt, dass er, absichtlich oder nicht, auf diese Weise ein Gegengewicht zur Hitlerjugend geschaffen hat.

In der Schule

Ich war eine begeisterte Schülerin und ging vom ersten bis zum letzten Tag gern zur Schule. Am Anfang nahm mein Vater mich an der Hand mit in die Grundschule, später fuhr ich mit dem Zug in die Kreisstadt Leobschütz. Für mich veränderte sich dadurch einiges, es wurde jetzt richtig spannend. Zunächst fuhren die Züge noch zu einer passenden Zeit, 7.20 Uhr hin und 13.10 Uhr zurück. In den letzten Kriegsjahren aber mussten wir um 6.00 Uhr abfahren und kamen erst um 15.30 Uhr nach Hause. In den Zügen wurde gelernt oder geschlafen. Im Winter war es oft bitterkalt in der ungeheizten Wartehalle und in den ungeheizten Abteilen. Vor allem, wenn die Züge Verspätung hatten – und das kam oft vor –, froren wir erbärmlich. Damals habe ich mir die Füße erfroren, ich hatte ja auch keine richtigen Schuhe. Aber ich kann mich nicht erinnern, dass jemand von uns geklagt hätte.

Die Schule war irgendwo zwischen Elternhaus und nationalsozialistischer Erziehung angesiedelt. Natürlich standen der Sport und die körperliche Ertüchtigung im Vordergrund. Die Kopfnoten im Zeugnis wurden immer mit einer Beurteilung des Charakters verknüpft. So war über meine Nebensitzerin – wir waren zwölf Jahre alt – lobend vermerkt: »Susanne zeigt starken Willen zu körperlicher Härte«. Nur war Susanne überhaupt nicht an Sport interessiert. Wir amüsierten uns sehr darüber.

Von den Lehrern hing es ab, ob der Unterricht eher liberal, mehr sachlich neutral oder politisch doktrinär verlief. Wir hatten zum Beispiel eine alte Handarbeitslehrerin, die war von ihrer Arbeit überzeugt, aber Politik interessierte sie nicht. Wenn wir in der ersten Stunde von ihr unterrichtet wurden, gestaltete natürlich auch sie den vorgeschriebenen Morgengruß. Aber sie schrieb einfach einen christlichen Spruch (z.B. »Liebe deinen Nächsten wie dich selbst«) oder ein Sprichwort (z.B. »Müßiggang ist aller Laster Anfang«) an die Tafel, sagte dazu ein paar Worte, klatschte in die Hände und rief: »Also Kinder, fleißig, fleißig! Auch der Führer will, dass wir fleißig sind. Heil Hitler!«

Dann gab es eine Lehrerin, bei der wir Deutsch und Englisch hatten. Wir wussten alle, dass sie »dagegen« war. Nie stellte sie im Unterricht einen aktuellen Bezug her, auf Fangfragen fiel sie nicht herein. Sie war immer korrekt und gab einen hervorragenden Unterricht. Mit großer Eindringlichkeit las sie uns aus der Odyssee vor. Nie werde ich ihre Stimme vergessen: »Und als die Morgenröte mit Rosenfingern erwachte ...«

Zwei junge Lehrerinnen unterrichteten an der Schule, die eindeutig nationalsozialistisch eingestellt waren. Sie vermischten den Unterrichtsstoff mit Parolen und Appellen. Die ewigen Wiederholungen waren schrecklich langweilig. Unsere Biologielehrerin war für mich undurchsichtig. In der Schule verhielt sie sich korrekt. Weil sie aber überhaupt keine Disziplin halten konnte, trat sie oft mit verweinten Augen vor die Klasse. Auf dem Flur wurde sie vom strammen Chef heruntergemacht, von uns wurde sie gehänselt. Oft brachten wir sie zur Weißglut und freuten uns über ihre Hilflosigkeit, und manchmal tat sie mir Leid. Auf der anderen Seite war sie eine führende Persönlichkeit in einer NS-Organisation und nahm an den Aufmärschen und Parteiveranstaltungen teil. Sie war sehr musikalisch und zu vornehm und sensibel für diese Welt, eine idealistische Schwärmerin. Später, im Westen, sei sie Diakonissin geworden, hörte ich.

Ich spürte genau, wo jeder Einzelne politisch stand, ich konnte die Situationen gut einschätzen, und es machte mir überhaupt nichts aus, mich jeweils anzupassen. Ja, ich machte mir oft sogar einen Spaß daraus, durch unschuldige Fragen ein wenig zu provozieren und mich über Ausflüchte oder Klischees zu freuen. Früh lernte ich zu unterscheiden zwischen der Realität und den Informationen darüber. Aber dann kam ich zweimal in schwierige Situationen, und zwar bei der Geschichtslehrerin. Ich war begeistert von ihrem Unterricht. Aber zog sie die Parallelen zur Gegenwart aus Pflicht oder aus Überzeugung? Sie erschreckte mich mit persönlichen Bemerkungen. Die eine war ja noch gut gemeint, als sie sagte: »Wenn du 50% deiner Quecksilbrigkeit deiner Schwester abgibst, hast du immer noch genug davon!« Ich empfand das als unpassend. Wollte sie mich loben oder tadeln? Wollte sie meine Schwester schlecht machen?

Aber das andere Mal irritierte sie mich so sehr, dass ich begann, ihr zu misstrauen. Es muss 1943 gewesen sein. Vater war vor kurzem gestorben. Ich hatte in seinem Schreibtisch gestöbert und einige Kladden gefunden mit Reiseberichten und Tagebuchaufzeichnungen. Dabei hatte ich mich in seinem Bericht über Prag festgelesen. Als wir kurz danach die Zeit Kaiser Karls IV. bis zum Prager Fenstersturz durchnahmen und die ersten kleinen Referate verteilt wurden, meldete ich mich: Ich könne etwas über Prag sagen. Ich schrieb viel aus Vaters Notizen ab, machte aber auch keinen Hehl daraus. Die Klasse war beeindruckt. Auch die Lehrerin lobte mich. Aber dann sagte sie: »Dein Vater muss ja ein großer Judenfreund gewesen sein, so liebevoll, wie er ihre Friedhöfe beschrieben hat.« Eisiges Schweigen folgte. Ich traute mich kaum zu atmen. Ich hatte meinen Vater verraten. Zwar schadete es ihm nicht mehr, aber ich hatte auch mich selbst bloßgestellt und ein schlechtes Licht auf meine Familie geworfen. Ich war sehr beunruhigt. Lange hatte ich Angst, es könnte deswegen etwas passieren.

Dann nahmen wir in Deutsch Balladen durch. Sie begeisterten mich alle. Heute noch weiß ich viele auswendig. Als ich eines Nachmittags laut deklamierend durch die Wohnung schritt, fragte mich mein Bruder Bernhard, ob ich eine Ballade hören wolle, die ich bestimmt noch nicht kennen würde. Er erzählte mir die Geschichte von Belsazar, einem verbrecherischen König von Babylon: Bei einem seiner protzigen Staatsbankette schrieb zum Entsetzen der Gäste eine unheimliche Hand an die schwach beleuchtete Palastwand die Worte Mene – Tekel – Ufarsin. Da keiner der Weisen die Schrift enträtseln konnte, wurde der Jude Daniel aus der Verbannung geholt. Dieser deutete sie als Gerichtsurteil über den Herrscher: gezählt, gewogen, geteilt, was so viel heißen sollte wie: deine Tage sind gezählt, deine Taten sind gewogen und für zu leicht befunden worden, dein Reich wird geteilt. In derselben Nacht kam der König um.

Dann las Bernhard mir die Ballade vor. Sie war noch unheimlicher als die Geschichte: »Die Mitternacht zog näher schon; in stummer Ruh lag Babylon…« Hatte schon der Turm zu Babel im Religionsunterricht meine Phantasie beschäftigt, so war ich von dieser Ballade völlig begeistert. Ich lernte sie sofort auswendig.

In der nächsten Deutschstunde meldete ich mich, ich wüsste eine Ballade, die bestimmt keiner kenne. Alle wurden ganz still, als ich sie vortrug. Aber am nächsten Morgen wurde ich von der Lehrerin vor der Klasse zur Rede gestellt: Woher ich das Gedicht hätte, wer es mir gezeigt hätte, ob ich wüsste, dass ein Jude es geschrieben habe. Seine Bücher seien längst alle verbrannt worden. Da log ich, ich hätte es auf dem Dachboden beim Abfall gefunden. Zu Hause suchte ich das Buch. Es stand selbstverständlich im Bücherschrank und war von Heinrich Heine. Sofort las ich mehr von ihm. Die »Lorelei« gefiel mir besonders gut. Konnte der, der das geschrieben hatte, eine »Judensau« sein?

Der Vorfall hatte keine Folgen. Die Deutschlehrerin war sogar besonders freundlich zu mir. Sie verriet mich auch nicht beim Direktor. Ich hatte den Eindruck, sie hatte selbst Angst und tadelte mich vor der Klasse, um nicht angezeigt zu werden. Aber ich fühlte mich unsicher und wurde vorsichtig.

Als wir in der Quarta waren, ging eine Welle der Unruhe durch die Schule. Man hatte beschlossen, dass wir in Leobschütz nur das »Puddingabitur« machen durften. Wer ein normales Abitur wollte, musste nach Neiße oder Ratibor wechseln. Meine Schwester Bärbel, vier Klassen über mir, hatte bereits ein Baby- und Kindergartenpraktikum machen müssen, Kochen lernen und viel Hand- und Werkarbeit leisten. Die Schwester von Susanne, die in Nassau bei Neustadt ihr Kindergartenpraktikum absolvierte, erzählte uns, was sie den Kleinen beibringen musste:

»Händchen falten,
Köpfchen senken
und an Adolf Hitler denken,
der uns gibt das täglich Brot
und uns führt aus aller Not.«

In dieser Zeit hörte ich ein aufgeregtes Gespräch von BDM-Führerinnen mit, in dem es darum ging, dass arische Mädchen ausgesucht und in eigenen Erziehungsstätten – die nannten sich Lebensborn – zusammengefasst wurden, damit sie »richtige deutsche Mädel« würden und später dem Führer Kinder gebären sollten. Da bekam ich Angst, denn Vater wollte doch, dass ich Kinderärztin würde.

Die Hitlerjugend

Wir Kinder waren alle in der Hitlerjugend. Ab 1939 war das Pflicht. Und ich gehörte dem ersten Jahrgang an, der als Ganzes dem Führer zu seinem Geburtstag am 20. April geschenkt und geweiht wurde. Wir als Oberschüler wurden dazu gedrängt, Führungsfunktionen zu übernehmen. Bernhard schaffte es, den Geldverwalterposten zu bekommen. Er lief mit einer kleinen Kasse herum, ließ die Gruppenführer mit den Beitragsgeldern zu sich kommen, notierte alles in Listen und lieferte die Beträge einmal im Monat ab. Vielen musste er hinterherlaufen, um die Gelder einzutreiben, aber dafür musste er nur selten in den Dienst. Er fuhr lieber mit dem Rad zu seinem Freund, der bei uns »Harras, der kühne Springer« hieß, weil er im Freibad einen Kopfsprung vom Fünf-Meter-Brett riskiert hatte. Meine Schwester Bärbel interessierte sich überhaupt nicht für die Hitlerjugend. Da man nach dreimaligem Fehlen erst von der Führerin, dann von der Polizei oder der SA zum Dienst geholt wurde, fehlte sie grundsätzlich zweimal und ging dann einmal hin. Wir hatten immer wieder Schereien ihretwegen, und oft musste ich zu ihrer Führerin, wenn's brenzlig wurde, auch zum SA-Leiter Müller, um irgendeine Entschuldigung für sie zu erfinden. Währenddessen vergnügte sie sich in der Villa nebenan bei ihrer Freundin Inge, wo sie im Turmzimmer Genoveva-Bücher lasen oder im Garten auf der Wippschaukel als Winnetou und Old Shatterhand durch die Prärie ritten und sich in der dritten Person anredeten (»Hat mein weißer Bruder bedacht…?«). Franz war ein guter Führer, aber ich glaube, nicht aus Überzeugung, sondern weil er gerne Führer war. Er hatte eine Begabung dafür. Manchmal sah ich ihn aus dem Pfarrhaus kommen, wo er die Zeiten der Dienste und

Morgenfeiern mit den Zeiten der Gottesdienste abstimmte. Ich selbst brachte es nur bis zur Schaftführerin.

Mein Vater war nicht begeistert darüber, dass wir in der Hitlerjugend waren, aber da er es auch nicht verbieten konnte, ignorierte er es. Es war zu Hause kein Thema.

Als Frau eines Beamten gehörte meine Mutter dem NS-Frauenbund an. Auch sie hätte eigentlich jeden Monat einmal zu ihren Veranstaltungen gehen sollen, ging aber nur ganz selten hin, um sich sehen zu lassen. »Was soll ich da? Das gefällt mir nicht«, sagte sie. Zwar hatte sie das »Mutterkreuz in Bronze« verliehen bekommen, weil sie »dem Führer vier Kinder geschenkt« hatte. Aber das fand sie so dumm, dass sie es nie trug. Ich habe es jedenfalls nur einmal gesehen, als sie es uns nach der Verleihung vorführte. Wenn sie jemand auf den Frauenbund ansprach, sagte sie: »Ich habe keine Zeit. Ich habe schließlich eine sechsköpfige Familie zu versorgen.« Erst als einmal zwei Frauen erschienen, um sie zum NS-Frauenschaftsabend abzuholen, und ihr vorhielten, beim Faschingsball vom Sudetengebirgsverein sei sie aber gewesen, wurde auch sie vorsichtiger.

Doch zurück zu mir. Zur Aufnahmefeier in die Hitlerjugend mussten wir natürlich schon die Uniform tragen. Sie bestand aus einem dunkelblauen Rock, an den eine weiße Bluse mit weißen Knöpfen angeknöpft wurde. Dazu gehörte die Kletterweste, eine Jacke in dem typischen SA-Braun. Den Lederknoten und das schwarze Dreiecktuch durften wir am Anfang noch nicht tragen. Die wurden uns erst nach einer Bewährungszeit feierlich verliehen. Sehr bald hatten wir die strengen Organisationsstufen gelernt. Jungmädel und Jungvolk 10–14 Jahre, Hitlerjugend und Bund Deutscher Mädel 14–18 Jahre. Die Jungmädel wurden eingeteilt in Schaft (12 Mädchen), Schar (30) und Gruppe (120), das Jungvolk entsprechend in Schaft, Jungzug, Fähnlein. Jede dieser Gruppen hatte einen Führer oder eine Führerin, die an ihren Schnüren zu erkennen waren: rot-weiß, grün, grün-weiß. Alle Jungmädel unterstanden der Ringführerin, alles Jungvolk dem Stammführer. Es ging nach dem Motto: »Jugend soll durch Jugend geführt werden.« Und natürlich war es Pflicht, jeden Führer, jede Führerin mit »Heil Hitler« zu grüßen. Der Anpfiff, wenn man es nicht tat, war erheblich.

Ich lernte also zuerst das Grüßen: Füße zusammenschlagen, Hand an die »Hosennaht«, die Stimme hatte laut und deutlich zu klingen. Dann lernten wir das Marschieren, in Dreier- oder Viererreihen, die Führerin links außen neben der ersten Reihe. Bis das klappte, verging einige Zeit. Aber dann legten wir los. Ich ging gerne zu den Aufmärschen und marschierte begeistert in den langen Kolonnen mit, die sich durch die Stadt über den Ring zur Schule bewegten. Voran die Jungen mit Trommelwirbeln und Fahnen, dann wir Mädchen. Dazu sangen wir Marschlieder: »Wir werden weitermarschieren, bis alles in Scherben fällt, denn heute da hört (wir sangen meistens »gehört«) uns Deutschland und morgen die ganze Welt« oder: »Unsere Fahne flattert uns voran, unsere Fahne ist die neue Zeit. Denn die Fahne führt uns in die Ewigkeit, ja die Fahne ist mehr als der Tod.« Es war alles so zackig und klappte wie am Schnürchen. Auf dem Schulhof angekommen, wurden die Fahnen gehisst, der Führer gegrüßt, große Worte vorgetragen mit eindringlichen Stimmen. Oft fühlte ich mich erhoben und ergriffen – genauso ergriffen, wie wenn ich im weißen Kleid, mit einem Myrtenkränzchen auf dem Kopf, in der langen Fronleichnamsprozession singend und betend vor der Monstranz herzog.

Begeistert haben mich auch alle sportlichen Aktivitäten, vor allem die Leichtathletik-Wettkämpfe, die im Sommer

Vielleicht weckt das Buch Erinnerungen in Dir. Hoffentlich nicht nur schlechte. Hab's ja nicht gelesen.

abgehalten wurden. Immer erhielt ich mit hoher Punktzahl eine Siegerurkunde und freute mich darüber. Auch die Geländespiele waren spannend. Dafür ging ich zusätzlich freiwillig auf den Jernauer Sportplatz. Und wenn wir wanderten und dazu unsere Lieder sangen, war ich glücklich bewegt. Besonders gern mochte ich das alte Lied:

>»Wir sind durch Deutschland gefahren
>vom Meer bis zum Alpenschnee,
>wir haben noch Wind in den Haaren,
>den Wind von den Bergen und Seen.
>
>In den Ohren das Brausen der Ströme,
>der Wälder raunender Sang,
>das Geläut von den Glocken der Dome,
>der Felder Lerchengesang.
>
>In den Augen das Leuchten der Sterne,
>das Flimmern der Heidsonnenglut.
>Und tief in der Seele das Ferne,
>das Sehnen, das nimmermehr ruht…«

Der Dienst am Mittwochnachmittag war Pflicht. Im Winter war es oft richtig gemütlich. Die Führerin las Geschichten vor, wir bastelten viel – und ich bastelte sehr gern. Wir spielten Scharaden – ich spielte gern Theater. Wir sangen viel – ich war eine begeisterte Sängerin. Ich ließ mich verzaubern von der gefühlvollen Tiefe solcher Lieder wie »Hohe Nacht der klaren Sterne…«.
Aber irgendwann wurde es mir langweilig, dieses Marschieren und Singen: »Rechts um! Im Gleichschritt marsch!

Links, zwei, drei, vier…«, oder, angekommen: »Das Ganze halt!«, »Unserem Führer Adolf Hitler ein dreifaches ›Sieg Heil‹!« Ich kam mir einfach blöd vor in dieser Rolle. Und dann erwischte mich meine Führerin einmal, wie ich direkt vom Dienst in die Rosenkranzandacht ging. Zwar hatte ich Dreiecktuch und Knoten in die Tasche gesteckt, denn sie waren das Wichtigste an der Uniform, und in Uniform durfte man nicht in die Kirche gehen, aber sie stellte mich und spottete: »Schade, aus dir wird nie was!«

Aber zu der Zeit ging ich schon so wenig wie möglich in den Dienst. Als einmal am Mittwochnachmittag besonders schönes Sommerwetter war, packte ich meinen Badeanzug in ein Päckchen, verschnürte es, schrieb eine fingierte Adresse darauf und ging bei der Führerin vorbei, um mich zu entschuldigen. Ich müsse dringend mit diesem Päckchen nach Leobschütz fahren. Im Freibad war wenig Betrieb, denn am Mittwochnachmittag waren ja alle im Dienst. Selten habe ich das Schwimmen so genossen. Ich fühlte mich frei und unbeobachtet und sprang vor Freude immer wieder ins Wasser.

Inzwischen wurde der Krieg immer aufdringlicher. Wir bekamen Adressen von Soldaten, die an der Front waren, schrieben und malten ihnen Briefe, strickten für sie Socken. Immer wieder wurden wir zum Sammeln eingeteilt. Allmählich wurde alles gesammelt: zuerst Gold und Silber, dann unsere Glocken und schließlich auch Altkleider, Metall, Eisen und Rohstoffe, Altpapier, Tee, Heilkräuter, Maulbeeren, Bucheckern. Wir waren dauernd beschäftigt und unterwegs. An den Sammlungen mit den Büchsen für das Winterhilfswerk, die Volksdeutschen, das Rote Kreuz beteiligte ich mich ganz gern. Es machte mir Spaß, klappernd durch die Straße zu ziehen und beim Ausleeren am Abend möglichst viel in der Büchse zu haben.

Immer war etwas los: Mütterehrung oder Muttertag, Erntefeier, Führers Geburtstag, 9. November oder auch nur Volkstanz, Spielschar, Fahnenappell. Regelmäßig mussten wir am Sonntagvormittag in den Kinosaal zur Morgenfeier. Da wurden die Wochenschauen gezeigt, Texte vorgelesen, Gedichte vorgetragen, Lieder gesungen, Marschmusik gespielt. Etliche Texte musste ich selbst aufsagen – das war eine große Auszeichnung, die ich auch als solche empfand. Es war aufregend, vor dem voll besetzten Kinosaal, in dem oft auch der Bürgermeister, der Ortsgruppenleiter, Lehrer und andere wichtige Persönlichkeiten anwesend waren, Gedichte vorzutragen. Mir kam es so feierlich vor wie in der Kirche.

Das Lied der Getreuen

Vor dir, mein Führer,
und mögen tausend Menschen vor dir stehen,
so fühlt doch jeder deinen Blick allein
und denkt, es muss für ihn die Stunde sein
und du willst tief in seine Seele sehn.
Denn in Minuten, wo du bei uns weilst,
erschließen wir dir gerne jedes Tor,
und die Gedanken heben wir empor,
dass du an ihnen besserst und sie feilst.
Du bist so gütig und du bist so groß,
du bist so stark und bist unendlich rein.
Wir legen gerne ohne jeden Schein
vor dir die Einfalt unserer Herzen bloß.
Denn keiner ging noch unbeschenkt von dir,
traf ihn nur einmal deiner Augen Strahl.
Wir wissen, du verkündest jedes Mal:
Ich bin bei euch, und ihr gehört zu mir.

Am Ende standen dann oft erhebende Sprüche. Einen weiß ich noch:

> Leben auf dem Altar des Vaterlandes
>
> Nichts kann uns rauben
> Liebe und Glauben
> Zu unserem Land.
> Mögen wir sterben,
> unseren Erben
> bleibt dann die Pflicht,
> es zu erhalten
> und zu gestalten –
> Deutschland stirbt nicht.

Als danach der Ortsgruppenleiter auf mich zukam und mich lobte: »… und dann noch so ein arisches Mädchen!«, da war ich wirklich stolz auf meine blonden Zöpfe und blauen Augen. Ich gehörte zur auserwählten Rasse.
Oft wurde in den Morgenfeiern auch ein Propagandafilm gezeigt. An »Jud Süß« erinnere ich mich noch. Denn da wurde mir schlecht, und ich ging hinaus. Draußen wurde ich von HJ-Führern zur Rede gestellt. Sie unterhielten sich in der Vorhalle und rauchten (was ein deutscher Junge nicht tun sollte). Offenbar fühlten sie sich ertappt, und ich musste wieder zu einer Notlüge greifen.
An einem Wochenende fuhren wir zur Schulung nach Leobschütz in die Oberschule. Ich weiß nicht mehr, ob das von der Schule oder von der Hitlerjugend organisiert war. Wir schliefen alle zusammen in der Turnhalle. Ich fand das sehr unangenehm; mir waren diese »Schulungen« zuwider. Des-

halb mied ich Massenveranstaltungen mehr und mehr. Deswegen drückte ich mich auch davor, eine ranghöhere Führerin zu werden. Mit den meisten »Kameradinnen« konnte ich nichts anfangen, von vielen gefiel mir der Lebensstil nicht. Immer mehr störte mich die Abhängigkeit und Unfreiheit. Wir waren so eingespannt in Pflichten und Dienste und Einsätze und Hilfen: den Kriegshilfsdienst, den Hitlerjugenddienst, den Arbeitsdienst, den Dienst bei der Wehrmacht. Es gab den Ost- und Ernteeinsatz, Erntehilfe, Winterhilfe, und alles bestand aus Pflichtdienst oder Dienstpflicht. Mir reichten schon die theoretischen Sitzungen im normalen Dienst und besonders die am 30. Januar und 20. April. Immer wieder dieselben Geschichten: Biographie Hitlers, Geschichte des Nationalsozialismus, die Rassengesetze, die Politik und die letzten Wehrmachtsberichte. Immer wieder dieselben politischen Leistungswettkämpfe. Deshalb zog ich mich zunehmend zurück. Aber ich fühlte mich nicht bedrückt oder verfolgt. Ich musste halt aufpassen. Und es gab Freiräume: die Kirche, die Natur, den Bauernhof, das Schwimmen und die vielen Nachmittage mit meiner Freundin Maria, an denen wir mit dem Fahrrad herumfuhren, Ball spielten, in ihrem herrlichen Garten waren und endlos redeten.

An einem Mittwochabend 1944 – mein Vater war bereits ein Jahr tot und Bernhard in Gefangenschaft, ich war inzwischen zum BDM aufgestiegen, und wir hatten nun abends Dienst, was mir wie eine Beförderung vorkam, weil ich jetzt abends allein weggehen durfte – kam die Bannführerin aus Leobschütz zu einer Schulung. Eine Woche vorher war die Parole ausgegeben worden: »Erscheinen ist Pflicht!« Wir trafen uns in der Schule, denn das Heim war zu klein. Ich bewunderte die »Bafin«. Sie war schlank, blond, etwa 20 Jahre alt, und sie hatte Zug drin, Autorität. Sie stellte

etwas dar und war in ihrer Selbstsicherheit ein Vorbild für uns. Wir hatten aber wohl auch ein wenig Angst vor ihr.
Eine Landkarte wurde aufgehängt, auf der der Frontverlauf abgesteckt war. Also wieder die übliche Lagebesprechung. Sie brachte die Fähnchenstecknadeln auf den aktuellen Stand, das heißt, sie verrückte die Front nach Westen und erklärte, die Frontbegradigung und -verkürzung sei vom Führer befohlen worden, um Material zu sparen und die Stellungen zu sichern. Ich meldete mich und fragte, warum man das nicht früher bedacht hätte. Erst rücke man bis Moskau vor, und dann gebe man das schwer erkämpfte Land wieder auf. Meine Freundin Maria zischte mir zu: »Sei still!«, aber es war schon zu spät. Die »Bafin« kam auf mich zu, ich musste aufstehen, meinen Namen sagen, aufzählen, was mein Vater für »Führer, Volk und Vaterland« getan habe, erklären, ob ich Brüder hätte, usw. Das Verhör endete mit dem Satz: »Du hörst noch von uns, jetzt geh!« Ich wurde des Raumes verwiesen. Drei Tage später wurde meine Mutter aufs Rathaus bestellt. Man drohte ihr. Mir sagte sie: »Musstest du mir das antun? Ich hab doch schon genug Sorgen. Wenn das der Vater wüsste!« Ich war überzeugt davon, dass er sich bestimmt freuen würde, und hatte überhaupt kein schlechtes Gewissen. Zum Glück hatte meine Frechheit keine Folgen. Meine Mutter vermutete als Grund, dass mein Vater tot war und meine Brüder bei der Wehrmacht dienten.

»Für Führer, Volk und Vaterland«

Nach dem Frankreichfeldzug war die Stimmung gut. Ich verstand zwar nicht, warum wir Frankreich besiegen mussten. Aber ich dachte, es sei nun sicher alles vorbei. Dann hörte ich, dass dieser und jener eingezogen worden sei. Ich wusste wohl, dass es für die Soldaten gefährlich war, in den Krieg zu ziehen, aber dass jemand aus Bauerwitz nicht mehr wiederkommen könnte, war unvorstellbar, zumal wir ja überall siegten.

In dieser Zeit war ich viel mit meinem Bruder Franz zusammen. Er war immer fröhlich und unerschöpflich im Erfinden von Abenteuern und Ballspielen. Wenn es regnete, spielten wir »Schiffeversenken«. Es ging für uns dabei natürlich um deutsche und englische Schiffe. Franz wollte immer die deutschen übernehmen, weil die besser waren. Zuerst wehrte ich mich dagegen, der Verlierer zu sein. Allmählich aber versetzte ich mich in die Engländer hinein und gewann immer öfter. Irgendwann wurde mir dann klar, dass wir nachspielten, was die Großen uns vormachten. Da wurden auch dauernd neue Siege gemeldet, Positionen verändert, Schlachten geschlagen, Gefechte bestanden, Gefangene gemacht und Gefallene gezählt, Städte fielen, Flugzeuge stürzten ab. Es wurde gerechnet und sortiert. Und am Ende würde einer untergehen und der andere der Sieger sein. Allmählich verlor ich die Lust an diesem Spiel.

Dann brachte Bernhard aus der Schule die Nachricht mit, dass ein Junge aus der Klasse über ihm gefallen sei. Er selbst stand im Februar 1942 vor dem Abitur. Wenig später lief die Nachricht durch die Stadt, dass Hans schwer verwundet sei. Hans war einer von Bernhards beiden besten Freunden. Er war ein intelligenter, freundlicher Junge, von dem Bernhard nur mit Hochachtung sprach. Nun hatte er einen Granatsplitter im Kopf. Er war teilweise gelähmt, an ein Studium war nicht mehr zu denken. Bernhard hat das sehr erschüttert. Zusehends wurde er stiller und wortkarger.

Die Todesanzeigen in der Zeitung häuften sich. Oft war eine ganze Seite damit bedeckt. Über ihnen war das Wehrmachtskreuz abgebildet, dann stand da der übliche Spruch »Für Führer, Volk und Vaterland...« und darunter oft noch: »In stolzer Trauer«. Mir kam es so vor, als würden gerade die Jungen den »Blutzoll« zahlen. Sie wurden eingezogen, waren ein halbes Jahr in der Ausbildung, kamen an die Front, und ein Vierteljahr später waren sie verschwunden. Die Leute sagten offen, sie seien »Kanonenfutter«.

Anton, der Sohn unseres Bauern, verabschiedete sich 1942 ebenfalls. Sein älterer Bruder Paul war schon fort. Drei viertel Jahre später hörten wir in der Wohnung unter uns lautes Schreien und Weinen. Solch verzweifelte Klagelaute hatte ich vorher nie gehört. Es dauerte nicht lange, da kam die ganze Familie die Treppe herauf. Wir saßen in der Küche, erschrocken und wortlos. Anton war gefallen. Das Wort »gefallen« klang so harmlos. Ich war als Kind oft gefallen und immer wieder aufgestanden. Die Soldaten standen nicht wieder auf. Ich stellte mir das vor wie auf Kriegsbildern aus dem 18. Jahrhundert. Eine Gruppe stürmte vor, einige wurden von Kugeln getroffen und fielen tot um. Die anderen rannten über sie hinweg. Aber bald sah ich in den Wochenschauen, wie schrecklich das wirklich war. Zwar wurden uns immer nur Bilder gezeigt, auf denen die Russen »fielen«, »Verluste erlitten«, »aufgerieben« wurden und »kriegsversehrt« liegen blieben. Aber auf unserer Seite konnte es ja nicht anders aussehen! Niemand sagte, die »Gefallenen« seien im Nahkampf erstochen, hingemetzelt worden oder qualvoll einsam gestorben. In der Nachricht, die uns der Bauer zeigte, stand: »Auf dem Felde der Ehre gefallen für Führer, Volk und Vaterland«. Es stimmte nichts an diesem Satz. Was war die Ehre? War es ehrenvoll, sich erschießen zu lassen? Wo war das Feld der Ehre? Lag es auf der schönen Krim, wo man Anton den Arm abgeschossen hatte und er dann an Wundstarrkrampf im Lazarett gestorben war? War er gefallen für den Führer, diesen nimmersatten Schreier? Für das Volk? Ich kannte niemanden, der diesen Krieg wollte. Für das Vaterland? Deutschland war nicht in Gefahr gewesen und musste nicht verteidigt werden. Sie kämpften in den Steppen Russlands und in der Wüste Ägyptens. »Führer, befiehl, wir folgen dir!« Aber dort war nicht unser Vaterland. Vielleicht war ja für unseren Bauern der Tod seines Sohnes besser zu ertragen, wenn er ihn als Opfer für eine gute Sache verstand. »Diese Verbrecher«, sagte mein Vater leise vor sich hin.

Anton war ein kleiner, stämmiger Junge gewesen. Er hatte nur ganz selten Zeit gehabt, mit uns zu spielen, weil er neben der Schule viel auf dem Hof helfen musste. Aber er war immer lustig und zu Späßen aufgelegt gewesen. Mit ihm hatte ich aus den Hühnernestern die warmen Eier holen dürfen. Er ließ mich die Pferde weiterlenken. Da Paul den Hof erben würde, hatte er Medizin studieren wollen. Nun gab es sein Lachen nicht mehr. An seinem Tod begriff ich, was es bedeutete, Soldat zu sein.

Sein jüngerer Bruder Josel ging von einem zum anderen, um sich kondolieren zu lassen, sprachlos und heftig weinend. Dann setzte er sich still dazu. Kurze Zeit später wurde auch er eingezogen, und nach einigen Monaten war auch er »gefallen«.

Es gab immer weniger Männer in der Stadt, und bald waren nur noch die »zurückgestellt«, die kriegswichtige Betriebe leiteten oder als Bauern die Höfe versorgten. Paul kam nach Hause, weil seine beiden Brüder gefallen waren. Der Bauer und er schufteten fast rund um die Uhr. Sie mussten immer mehr Abstriche machen. Erst wurden zwei Pferde eingezogen, dann mussten Kühe verkauft werden,

die weiter entfernten Felder blieben brach liegen. Dem Hof wurde als Ersatz erst ein junger Pole zugewiesen, der von der Straße weg von den Deutschen aufgegriffen und zu uns gebracht worden war, später zusätzlich eine Russin, auch sie zwangsverpflichtet. Der Pole bekam die Knechtstube, über der ich mit Franz oft auf dem Dachboden gespielt hatte, der Russin wurde eine Außenstiege gebaut zu einem Getreidespeicher, von dem man ihr einen Raum abgeteilt hatte. Sie musste schwer arbeiten, aber ich hatte nicht den Eindruck, dass sie schlecht behandelt wurde. Sie aß mit am Tisch und durfte sich sonntags mit Russinnen von anderen Höfen treffen. Allerdings sah ich nie eine von ihnen auf der Straße. Sie versteckten sich irgendwo.
Sonntag für Sonntag fanden weiterhin die Morgenfeiern statt. Der Ton dort veränderte sich: Statt Lobeshymnen auf Hitler wurde das Lob der Opfer angestimmt, die wir als Volk bringen mussten. Der Endsieg wurde beschworen, eine Art Nibelungentreue gefordert, eine Wunderwaffe versprochen. Nur von der Vorsehung war nicht mehr die Rede. Dafür wurde immer häufiger das Lied vom »guten Kameraden« angestimmt. Das Massensterben der Soldaten konnte nicht mehr ignoriert werden. Es wurde verherrlicht und auf entsetzliche Weise mythifiziert. Einmal musste ich ein Gedicht vortragen:

An die Mütter der Gefallenen

In euren Traum
dröhnt dumpf der Hufschlag
des Rosses, das den hageren Reiter trägt,
der – seine Sense schwingend – eure Söhne mäht.

Ihr habt Gesichte.
Aus geborstener Erde
steigen die Männer
fahlen Blicks
zum Sturm.
Blutregen fällt,
und Glut zuckt aus des Berges Flanken.

Den Todesschrei
hört ihr der Sterbenden,
und wehen Rufs
greift ihr ans wunde Herz.

Das Dunkel würgt euch:
Licht! –
Der milde Schein erwärmt,
und mählich wieder
rückt sich die Welt in ihre Ordnung ein.
Mühsam nehmt ihr das alte Buch zur Hand
und hört die Stimme Gottes …

Die sentimentalen, kitschigen und grausamen Bilder solcher Gedichte beeindruckten mich tief. Noch heute, wenn ich im Fernsehen Berichte über einen Krieg sehe, steigt plötzlich der Reiter Tod vor mir auf oder die bleichen Gesichter der dem Untergang geweihten Soldaten.
Im Sommer 1942 wurde Bernhard eingezogen, ein Vierteljahr nach seinem Abitur. In der Zwischenzeit hatte er sich viel mit Freunden getroffen. Ab und zu fuhr er mit mir auf seinem Fahrrad los. Er setzte mich auf die Querstange und trat breitbeinig in die Pedale. Dann unterhielten wir uns viel, und er zog regelmäßig etwas aus der Hosentasche,

einen Apfel, ein Plätzchen, und zeigte mir Käfer, Schmetterlinge und Pflanzen. Diese Ausflüge gehören für mich zu den kostbarsten Kindheitserinnerungen.

Als Bernhard den Gestellungsbefehl bekam, verlangte mein Vater von ihm, dass er zum Fotografen gehe, um dort ein Bild von sich machen zu lassen. Ich war entsetzt. Natürlich wäre es schön, ein Foto von ihm zu haben, wenn er selbst nicht mehr da war. Aber ich hatte inzwischen bei anderen Leuten zu viele solche Bilder gesehen, die auf den Kommoden standen und einen schwarzen Trauerflor trugen. Sollte das Bild ein Ersatz sein, wenn er gefallen wäre? Mein Vater schien mir herzlos und grausam. Ich konnte ihn nicht verstehen. Bernhard ging wirklich zum Fotografen, aber er war still und bedrückt.

Dann suchte Mutter ihm die Sachen zusammen, die er mitnehmen musste. Wir brachten ihn alle zusammen zum Bahnhof. Selbst mein Vater ging mit. Ich weiß noch, wie ich hoffte, der Zug hätte Verspätung. Es war der gleiche Zug, mit dem wir oft gemeinsam nach Leobschütz ins Freibad gefahren waren, nachmittags um 15.15 Uhr. Aber er war pünktlich. Keine Umarmung, keine Tränen, wir warfen uns eben die üblichen Wortfetzen zu: »Schreib bald, wie es dir geht«, »Wir kommen dich bald besuchen.« Bernhard sagte immer nur »Ja, ja«, sah noch einmal kurz aus dem Fenster, dann war er weg. Zu Hause im Kinderzimmer lag noch sein Pullover auf dem Stuhl, auf dem er immer gesessen hatte. Da fing ich an zu weinen. Mein Vater holte mich zum Spazierengehen heraus. Beim Abendessen war der Platz neben mir leer. Mir tat die Lücke weh. Manchmal tat ich so, als säße Bernhard noch neben mir. Er gehörte doch zu uns. Nun war er nicht mehr da.

Wir besuchten ihn alle vierzehn Tage, wenn er sonntags freihatte, in Neiße, wo er bei den Panzergrenadieren ausgebildet wurde. Den Anzug, den er angehabt hatte, als er losfuhr, konnten wir beim ersten Besuch wieder mit nach Hause nehmen. Er brauchte ihn nicht mehr. Nur widerwillig zeigte er uns die Kaserne und die Stube, wo er »lag«. Er tat es nur, weil ich unbedingt wissen wollte, wie er lebte. Mir kam es vor, als ob er sich schämte. Es war blitzblank auf den Fluren, zwölf »Mann« schliefen auf der Stube, die Bettdecken waren exakt gefaltet, im Spind alles auf Linie. Ich fand darin nur Soldatensachen, nichts Persönliches, und fragte ihn, wo er denn lesen könne. »Gar nicht mehr«, sagte er knapp. Da verstummte ich. Bereits nach zwei Wochen hatte er sich so verändert. Ich war enttäuscht und traurig, denn er hatte das Interesse an mir verloren. Er war schmal geworden, angestrengt, die feinen Hände waren aufgerissen, in den Stiefeln trug er Fußlappen, um die Schmerzen von den Wasserblasen zu lindern. In sich zusammengesunken saß er zwischen uns auf einer Parkbank. Nur wenn so ein aufgeblasener Offizier vorbeikam, sprang er auf, schlug die Hacken zusammen und grüßte militärisch. Mir kam das lächerlich vor. Bernhard, der kluge Junge, stand stramm vor einem dummen Unteroffizier. Bevor wir wieder nach Hause fuhren, gingen wir meistens ins Café in der Nähe der Jacobikirche. Zum Zapfenstreich musste er wieder in der Kaserne sein.

Zu Vaters Beerdigung am 15. Januar 1943, einem Freitag, bekam Bernhard eine Woche Urlaub. Vater musste schon länger krank gewesen sein, als er am 9. Januar starb. Weihnachten war schon nicht mehr wie sonst. Bernhard war weg, Tante Gussi, Mutters Schwester aus Glatz, war gekommen, am Christbaum hingen keine Schokoladensachen mehr. Am 27. Dezember abends hängte mein Vater seinen guten Anzug heraus, legte frische Wäsche dazu, packte eine kleine Reisetasche und sagte: »Dr. Kotny wird mir helfen.«

Ich saß in der Sofaecke und verstand nicht, was los war. Vater schaute sich so bedeutungsvoll in der Wohnung um. Am anderen Morgen holte ihn ein Auto vom Roten Kreuz ab und brachte ihn nach Troppau ins Krankenhaus. Wir besuchten ihn jeden Tag, mal alle, mal nur meine Mutter. Ich sah zum ersten Mal ein Krankenhaus von innen. Es gefiel mir nicht. Dr. Kotny ließ sich erst mal gar nicht sprechen. Keiner von uns konnte mit dieser Situation umgehen. Ich wurde ungeduldig, sah nicht ein, dass ich nicht zu Vater konnte, ging einfach in das nächstbeste Zimmer und wurde wieder herausgezerrt. Endlich sah ich ihn in einem weißen Stahlbett in der Zimmerecke liegen. Nur sein Gesicht war zu sehen. Neben ihm lagen zwei uralte Männer. Das Zimmer kahl, blitzblanker Linoleumboden. Ich setzte mich ans Fußende seines Bettes, aber er sprach gar nicht mit mir. Deshalb wollte ich am nächsten Tag nicht mehr mitfahren. Am 8. Januar allerdings bestand meine Mutter darauf, dass wir ihn alle zusammen besuchten. Wir saßen auf dem Flur, während sie mit dem Arzt sprach, dann durften wir kurz zu meinem Vater. Als wir uns verabschiedeten, gab er jedem die Hand und sagte: »Kommt morgen wieder!« Wir waren schon auf dem Flur, da lief ich noch einmal zurück, machte die Tür auf und sah zu ihm hinein. Da hob er den Kopf, sagte »Katherle« und sank zurück. Ich spürte die Dichte dieses Augenblicks, verstand sie aber nicht. In der Nacht – ich schlief, seitdem Vater im Krankenhaus war, auf Wunsch meiner Mutter in seinem Bett, ihr war »so bange« – wurde ich plötzlich wach, ging zur Küchenuhr, es war 1.40 Uhr, um dann ins Bett zurückzukehren und zu fragen: »Was Vater jetzt wohl macht?« Genau in dieser Minute, so stellte sich heraus, ist er gestorben. Am anderen Morgen gegen 8.30 Uhr klingelte es an unserer Wohnungstür. Die Haustür unten war offen, weil Mutter schon Milch holen

gegangen war. Franz lag noch im Bett, es waren ja Ferien. Ich öffnete, und da stand das Hausmädchen vom Postmeister vor mir und sagte: »Ich soll ausrichten, dass Herr Renelt in der Nacht gestorben ist.« Ich erwiderte: »Ist gut, danke!«, und machte die Tür zu. Zwar hatte ich verstanden, was sie gesagt hatte, aber es berührte mich nicht. Ich ging zurück ins Kinderzimmer.
Franz, er war siebzehn Jahre alt, organisierte die Beerdigung. Wir gingen zur Post, um Bernhard anzurufen. Beide hatten wir noch nie telefoniert. Die Telefonzelle war von innen mit Leder bespannt und eng, deshalb musste ich draußen warten. Plötzlich hörte ich Franz schreien: »Es handelt sich um einen Todesfall!« Das hat mich furchtbar erschreckt, und ich schaute mich um, ob es jemand gehört hätte. Dann fuhren wir nach Troppau, um die Papiere abzuholen und die Überführung nach Heinrichau zu organisieren.
Mein Vater hatte sich nie wohl gefühlt in Bauerwitz. Deshalb wollte er nach seiner Pensionierung nach Schweidnitz ziehen. Das hatte dann der Krieg verhindert. Mutter hatte er gesagt: »Beerdigt mich mal in Heinrichau. Da hast du es dann näher zu den Gräbern.« In Heinrichau hatten wir im Sommer oft die Ferien verbracht, dort waren auch Mutters Eltern und mein Onkel beerdigt.
Bernhard kam am Abend. Ich holte ihn vom Zug ab. Er war so dünn geworden. Ich hatte mich sehr auf ihn gefreut, aber er begrüßte mich kaum, sprach nicht mit mir. Da trottete ich enttäuscht und ratlos hinter ihm her. Ein Junge aus der Nachbarschaft, mit dem wir regelmäßig gespielt hatten, kam uns in seiner Uniform eines Unteroffiziers entgegen. Bernhard riss die Hand an die Mütze und grüßte militärisch. Ich lachte laut auf: »Was macht ihr denn für ein Theater?« Einer murmelte etwas von »Dienstordnung«. Zu Hause waren alle wie versteinert, sprachlos, unnatürlich,

es flossen keine Tränen, bei niemandem. Zwei Tage brachten wir damit zu, schwarze Kleider zu besorgen. Die Brüder hatten da kein Problem. Bernhard ging in Uniform, Franz zog seine schwarze HJ-Winteruniform an. Für mich fand man kein Kleid. Die Schneiderin musste etwas nähen. Ein Jahr lang sollte ich Schwarz tragen, das gehörte sich so, wenn der Vater gestorben war. Ich protestierte: »Ich kann doch nicht im schwarzen Kleid spielen und Fahrrad fahren!« Mir blieb nur die Hoffnung, so schnell zu wachsen, dass es mir bald zu klein wäre. Am Tag vor der Beerdigung fuhren wir nach Heinrichau. Es war sehr kalt. Meine Tante hatte uns im Deutschen Haus untergebracht. Wie eine Akteurin in einem Theaterspiel kam ich mir vor. Ich bewegte mich wie auf einer Bühne in einem unbekannten Stück, ein bisschen so wie in dem Stegreifspiel, das wir vor kurzem im Dienst aufgeführt hatten, wo man auch nie wusste, wie es weiterging. In einem Hotel war ich zum ersten Mal. Es gefiel mir gar nicht: fremd, unpersönlich, das Frühstück schlecht und rationiert. Wir mussten dafür noch Lebensmittelmarken opfern.

In der Kirche waren nur ganz wenige Leute, deshalb fand der Gottesdienst vor dem Lettner statt, diesem wunderschönen eisernen Gitter zwischen Chor und Kirchenschiff. Meine Brüder saßen, zusammen mit dem Rektor und einem Kollegen meines Vaters, die eigens von Bauerwitz angereist waren, im linken Chorgestühl, meine Mutter, Tante, Bärbel und ich ihnen gegenüber. Mich schob man auf den Platz, der dem Sarg am nächsten war. Ich fühlte mich ganz unbehaglich und wie verkleidet in den schwarzen Sachen. Vor allem die schwarze Tellermütze störte mich. Die blonden Zöpfe und dazu diese Tellermütze! Und dann die schreckliche Musik! Da spielte einer auf der Orgel und sang müde und kraftlos dazu: »*Requiem aeter-*

nam ...« Hundertmal hatte ich diese Melodie in der Bauerwitzer Kirche gehört – es gab ja nur noch schwarze Messen. Maria und ich hatten uns über die makabren Situationen lustig gemacht, und jetzt saß ich selbst da vorn. Draußen vor dem Portal standen danach zwei Hitlerjungen mit einem Wimpel und gaben meiner Mutter die Hand. Wenn das Vater gewusst hätte! Dann zogen die Pferde an, den holprigen, uralten Weg zum Friedhof hinauf. Ich dachte nichts, ich empfand nichts, ich fand nur merkwürdig, wie das alles so ablief.

Am Grab schubste mich jemand an die richtige Stelle. Unser Rektor hielt eine Rede über Vater. Ich weiß nur noch den Satz: »Er war ein ehrenwerter Mensch.« Aber ich verstand nicht, was »ehrenwert« sein sollte. Mein Vater bedeutete mir viel. Er war mutig und stark und hatte um mich gekämpft. Ich sei ein Siebenmonatskind gewesen und hätte nicht ganz tausend Gramm gewogen, erzählte er mir. Deshalb hätte er mich in einen Wäschekorb gelegt, der mit Watte ausgelegt war, aber ich hätte nicht schlucken können und wäre verhungert, wenn er mir nicht zwei Tage lang mit einer Pipette Milch eingeflößt hätte. »Das Kind soll leben!«, hatte er beschlossen. Er gab einfach nicht auf, und dann hatte er es geschafft. Als Kleinkind war ich oft zu ihm ins Bett gekrochen, und er hatte mir Geschichten erzählt. Später hatte er mir Bücher aus der Stadtbibliothek besorgt, deren Verwaltung er unter sich hatte. Wir waren zusammen spazieren gegangen. Er war streng gewesen, aber er hatte gern gelacht, er hatte oft am Kachelofen gesessen, aber »ehrenwert« fand ich ihn nicht.

Plötzlich merkte ich, dass ich allein war, die anderen waren schon gegangen. Da hörte ich Bernhard rufen: »Das Kind! Wo ist denn das Kind?«, und er holte mich. Als wir am Nachmittag nach der Andacht zum Friedhof gingen, war das

Grab zugeschaufelt, ein paar armselige Kränze lagen darauf. Mich interessierte das nicht, es war mir gleichgültig.
In der Schule waren die anderen danach sehr rücksichtsvoll. Alle schwiegen, wenn ich hereinkam, die Lehrer nahmen mich nicht dran, Lachen war offenbar nicht angebracht. Und dann dieses schwarze Kleid. Ich wurde ganz steif und fühlte mich sehr allein. Bis nach einiger Zeit Susanne auf mich zukam. Ihr Vater war ungefähr ein Jahr zuvor gestorben, und einer ihrer beiden Brüder war gefallen. Nach den Turnstunden saßen wir im Umkleideraum, und sie fragte mich, ob ich auch so unter Todesahnungen litte wie sie. Wenn sie Halsschmerzen hatte, glaubte sie, sie müsse sterben, und als ihre Freundin Rosemarie an Scharlach gestorben war, hatte sie gefürchtet, bald selbst an der Reihe zu sein. Oft trafen wir uns nach den Turnstunden zu solchen Gesprächen. Niemand ahnte etwas davon. Es war unser Geheimnis.
Die Woche mit Bernhard war schnell vorbei. Danach kam er nur noch einmal für vierzehn Tage nach Hause, nachdem er in Ohrdruf die Reserveoffiziersausbildung absolviert hatte. »Wir bekommen alle Urlaub, bevor es an die Front geht«, sagte er. Danach kamen Feldpostbriefe, in denen er schrieb, dass es ihm gut gehe, dass es nun wieder wärmer werde, die Blumen zu blühen begännen. Er fragte, wie es uns gehe, aber er fragte nicht nach mir. Nie klagte er. Es war alles so belanglos und immer dasselbe. Aber wir warteten trotzdem jeden Tag auf den Postboten, und wenn dann ein Brief kam, rechneten wir aus, vor wie vielen Tagen er geschrieben worden war. Und jedes Mal sagte einer von uns: »Hoffentlich lebt er noch!«
Eines Vormittags, im Sommer 1943, klingelte es an unserer Wohnungstür. Der Stadtinspektor stand davor, gut angezogen, mit einer Aktentasche unter dem Arm. Da wusste

ich, dass etwas passiert sein musste. Dieser Mann lief nämlich in der ganzen Stadt herum und brachte den Leuten die Gefallenenmeldungen. Jeder ging ihm aus dem Weg, mancher wollte ihm die Tür gar nicht öffnen. Aber er wusste sich trotzdem Zutritt zu verschaffen. Meine Mutter war bis zum Äußersten angespannt und brachte kein Wort heraus. Franz bot dem Mann einen Stuhl an. Anstatt gleich zu sagen, was los war, kramte er umständlich ein Schreiben hervor und sagte mit Grabesstimme: »Frau Renelt, ich muss Ihnen leider mitteilen, dass Ihr Sohn Bernhard als vermisst gemeldet ist.« Wir fragten, wo und wann und wie und ob er wohl noch leben könnte. »In Sizilien, am Ätna«, sagte er nur, »mehr weiß ich nicht«, dann komplimentierte Franz ihn wieder hinaus.

Erleichterung und Entsetzen überfielen uns gleichzeitig. Bernhard hatte gegen die Engländer gekämpft, er war nicht in die Hände der Russen gefallen. Aber er war auch nicht gefangen genommen worden, er war vermisst. Das bedeutete, dass er leicht auch tot sein konnte. Bisher hatte ich mir immer vorgestellt, wie Bernhard irgendwo unterwegs war, marschierte, im Zelt schlief, aus seinem Feldgeschirr aß, seinen Brotbeutel umgehängt, den Tornister auf dem Rücken – alle diese Utensilien hatte er uns in Neiße gezeigt. Jetzt aber wusste ich nicht, wo ich ihn mit meinen Gedanken suchen sollte. Am Ätna. Ich guckte im Atlas nach. Aber am Ätna war er ja nicht mehr. Vielleicht lag er irgendwo allein im Wald und konnte sich nicht helfen. Vielleicht war er überhaupt nicht mehr da. Meine Phantasie irrte umher, bis alles durcheinander ging. Nun war ich froh über sein Bild. Auch uns hatte es also getroffen. Warum sollte es uns anders gehen als den anderen?

Immer wieder irritierte mich der Ausdruck »er ist vermisst«, wie war das denn zu verstehen? Ich fand, da stimmte etwas

nicht. Ich vermisste meinen Bruder – er wurde von uns vermisst. Aber er »ist vermisst«, das kam mir vor wie ein Zustand, unpersönlich. Sie hätten auch sagen können: Er ist irgendwo verloren gegangen, und vielleicht taucht er irgendwann wieder auf, vielleicht auch nicht. In meinen Büchern gab es genug Beispiele, wo jemand nicht mehr nach Hause gefunden hatte.
Als ich den anderen in der Schule erzählte, dass mein Bruder vermisst sei, hatte ich ein Gefühl von Stolz und Würde. Aber innerlich war ich sehr traurig.
Im November bekamen wir schließlich einen von Bernhard eigenhändig geschriebenen Brief in schwarzen Druckbuchstaben auf weißem Glanzpapier: Er befand sich in englischer Gefangenschaft. Er war gerettet und in Sicherheit. Ihm konnte nichts mehr passieren. Ich tanzte in der Wohnung herum und schrieb mir seine Adresse und Lagernummer auf. Er war in der Nähe von York. Es war furchtbar aufregend, und ich lernte Englisch nun mit viel mehr Interesse.
Aber wir hätten unsere Freude nicht so offen vor uns hertragen dürfen. Die Leute, deren Angehörige in Russland waren, oder unsere Bauern, die zwei Söhne verloren hatten, beneideten uns und brachten das offen zum Ausdruck, sodass wir vor ihnen verstummten. Schnell konnte sich der Neid auch politisch gegen einen richten. Hier und da kamen Stimmen auf, wir hätten ja nie etwas für Hitler getan, und jetzt seien wir auch wieder nicht betroffen.
Im Frühjahr 1944 musste meine Schwester Bärbel zum Reichsarbeitsdienst nach Küstrin. Wieder suchte Mutter die Sachen zusammen, die sie mitbringen musste. Die letzten zwei Tage waren fast unerträglich. Schließlich brachten wir sie zum Bahnhof. Mit ihren großen blauen Augen schaute sie durchs Abteilfenster zurück. Sie sah ganz weich

und sanft aus, und ich bedauerte, dass ich vorher nicht mehr Zeit mit ihr verbracht hatte. Nach einem halben Jahr kam sie zum Kriegshilfsdienst in den Thüringer Wald. Von da an hörten wir nichts mehr von ihr.

Ich war mit all den Veränderungen so sehr beschäftigt, dass mich die Katastrophe von Stalingrad überraschte. Vater hatte sie seit Monaten vorausgesehen, und nun erlebte er sie nicht mehr. Dauernd war in letzter Zeit vom heldenhaften Kampf der 6. Armee die Rede gewesen, der Name »General Paulus« fiel immer öfter. Paulus war in Gefangenschaft geraten – eine Schande! Als Stalingrad dann fiel, war überall eine große Lähmung zu spüren. Der Schock war riesig. Man redete nicht darüber, aber viele waren nervös. Meine Mutter lief unruhig in der Wohnung umher. Ich fragte mich, was Vater dazu sagen würde.

Der Prestigeverlust für das Heer war enorm. Die Propaganda überschlug sich, Durchhalteparolen klebten an Häusern und Zäunen, Wehrmachtsberichte und Marschmusik ertönten im Radio und über Lautsprecher, Goebbels- und Hitlerreden waren gefolgt von Informations-Veranstaltungen und Aufmärschen der SA. Und diese hatten immer etwas Einschüchterndes. Das blitzende Koppelzeug in der Sonne, die knallenden Stiefelschritte, diese Riemen, mit denen die Männer jederzeit auf jemanden einschlagen konnten, die braunen Uniformen und die Armbinden mit dem Hakenkreuz, das mir immer mehr zum Signal wurde, das »Vorsicht!« rief. Diese Aufmärsche waren gleichzeitig protzig und einschüchternd. Oft schwankte ich zwischen Angst und Verachtung auf der einen Seite und dem Wunsch, mitzumarschieren und selbst zu den Starken zu gehören, auf der anderen.

Im Sommer 1944 wurde schließlich auch mein Bruder Franz eingezogen. Hatte Bernhard noch sein Abitur machen können, so kam Franz unerbittlich mit seinem Jahrgang an die Reihe. Er war gerade achtzehn Jahre alt. Sie wollten ihn eigentlich zur Waffen-SS einziehen, denn er entsprach äußerlich deren Idealbild. Er war groß, blond und blauäugig, wie wir Kinder alle. Die Musterung dauerte so lange, dass wir unruhig wurden. Als er erschöpft nach Hause kam, sagte er bloß: »Ich habe es abgewehrt.« Wie er das geschafft hatte, hat er nie verraten. Franz kam zu einem Jäger-Ersatz-Bataillon, zuerst nach Troppau und dann nach Görlitz. Dort haben meine Mutter und ich ihn zweimal besucht. Im Unterschied zu Bernhard machte er einen sicheren, flotten Eindruck. Er brachte uns im vornehmsten Hotel in Görlitz unter, den »Vier Jahreszeiten«. Als meine Mutter sich darüber wunderte, sagte er leichthin: »Was sollen wir denn sonst mit dem Geld machen?« Urlaub hatte er nie. Er war mit seinem Einberufungsbefehl und einem kleinen Koffer in die Kaserne aufgebrochen und kam nie wieder nach Hause zurück.

Jeden Morgen warteten Mutter und ich sehnlich auf den Briefträger. Oft ging er wochenlang vorbei, aber wenn er uns einen Brief von einem der drei Geschwister brachte, war der Jubel groß. Und doch hatte ich kein Vertrauen mehr in solche Nachrichten. Es gab viele Leute, die heute einen Brief von ihrem Sohn bekamen und am nächsten Tag die Todesnachricht, oder umgekehrt: erst die Todesnachricht und dann noch einen Brief von ihm.

Immer wieder wurden neue Plakate aufgehängt, vor allem in den Zügen, in denen wir zur Schule fuhren. »Räder müssen rollen für den Sieg« oder »Feind hört mit« – was ich für eine Übertreibung hielt. In meiner Umgebung kannte ich keinen Feind. Oder doch? War Kurt ein Feind, als er aus lauter Übermut ein Plakat durchstrich, weil ihm die darauf abgebildete jüdische Hakennase nicht gefiel, und er dafür die Schule wechseln musste? »Du bist nichts, dein Volk ist alles.« Auch das glaubte ich nicht. »Kampf bis zum letzten Blutstropfen!« Diesen Spruch verstand ich gar nicht. Wessen Blutstropfen meinten die: meinen? Den meiner Brüder? Wenn alle bis zum letzten Blutstropfen kämpften, gab es überhaupt niemanden mehr. Ich fand, das war Unsinn, aber gleichzeitig machte es mir Angst.

Ab November 1944 bekamen wir immer öfter Einquartierung. Zuerst kam ein Beamter der Stadt und sah sich die Wohnung an, in der wir nur noch zu zweit wohnten. Ein paar Tage später kamen mal zwei, mal drei Soldaten, meistens ein Offizier mit seinem Burschen. Sie wurden im Kinderzimmer einquartiert, ich musste zu meiner Mutter ins Schlafzimmer umziehen. Fremde Leute in der Wohnung, das empfand ich erst als sehr störend und unangenehm. Aber es hatte auch Vorteile, denn meistens gaben uns die Soldaten etwas von ihrer Verpflegung ab, Schokolade, Kakao, Tee und Kaffee, Sachen, die wir schon lange nicht mehr kannten.

Weihnachten war in diesem Jahr traurig und langweilig. Es gab keinen Baum mehr. Wir hätten ja sowieso nichts zum Schmücken gehabt. Keine Krippe, keine Kerzen wurden aufgestellt. Als Geschenk hatte mir meine Mutter aus altem Stoff ein Taschentuch genäht und umhäkelt und mittags einen Schokoladenpudding gekocht.

Meine Tante aus Glatz kam zu Besuch. Da es sich nicht gehörte, an den Feiertagen zu anderen Leuten zu gehen, konnte ich mich nicht einmal mit meiner Freundin Maria treffen. Und die Gespräche zwischen meiner Mutter und ihrer Schwester interessierten mich nicht. Sie redeten dauernd über Essen und wie man überhaupt noch etwas kochen sollte. Es war von schwarzem Kaffee – natürlich Muckefuck – die Rede, den man zu Bratkartoffeln geben konnte. Und wenn man Zuckerrüben auskochte, konnte man mit dem Saft süßen. Klacken (oder Kohlrüben) waren mit Gartenkräutern zu verfeinern. Es schmeckte alles gleich fad, aber die beiden tauschten ewig ihre Kochtipps aus.

Die Flucht

Die Lage spitzt sich zu

Am zweiten Weihnachtstag 1944 fing alles an. Zwar waren die Verhältnisse seit Stalingrad laufend schlechter, war die Versorgungslage schwieriger geworden, nun aber rückte der Krieg an unsere Haustür heran. Vage Gerüchte über den Vorstoß der Russen nach Ostpreußen und über grausige Massaker schreckten uns brutal auf. Ratlos und nervös redeten die Menschen auf der Straße miteinander, liefen unruhig hin und her und begannen, Vorkehrungen zu treffen für den Ernstfall, dabei wussten sie doch nicht, wie der Ernstfall sein würde. In Wellen überflogen uns ganze Staffeln britischer Bomber in Richtung Industriegebiet. Jedes Mal wurden unsere Sorge und unsere Angst größer. Wir duckten uns immer tiefer, es wurde immer enger, und mir kam es vor, als werde der Himmel grauer und die Wolken senkten sich herab. Seit November hatten wir sehr viel Schnee. Es war bitterkalt, und wir freuten uns, den Kachelofen im Wohnzimmer noch heizen zu können.
Ich war froh, als meine Tante wieder wegfuhr. Gegen 18 Uhr ging ihr letzter Zug. Am nächsten Morgen musste sie, wie alle verfügbaren Frauen kriegsdienstverpflichtet, auf dem Landratsamt Bezugscheine für Fahrradschläuche ausstellen. Auf dem Bahnsteig – ich ließ gelangweilt meinen Blick schweifen – sah ich plötzlich bunte Kugeln am Himmel, die Dreiecke bildeten, deren Spitzen jeweils nach oben gerichtet schienen. Das sah wunderschön aus: gelbe, grüne, rote, violette Bälle leuchteten hell am dunklen Nachthimmel. Niemand wusste, was das zu bedeuten

hatte. Aber die Leute tuschelten miteinander. Ich hörte »die Engländer« und »über Cosel« und »Sei nicht so neugierig!«. Wieder spürte ich die Unruhe. Meine Tante umarmte meine Mutter, was sie nie zuvor getan hatte, und rief aus dem Zugfenster: »Du hast ja deinen Sonnenschein bei dir!« Dann fuhr der Zug ab. »Sonnenschein«, das war ich. Mein Vater hatte mich oft so genannt. Die Bemerkung meiner Tante empfand ich allerdings eher als bedrohlich. Mir wurde hier eine Aufgabe zugewiesen, die ich nicht verstand.

Aus dem eingefahrenen Zug war Pater Glatzel ausgestiegen und hatte gewartet, bis dieser mit meiner Tante abgefahren war. Nun wollte er wissen, ob wir noch genug zu essen hätten, ich sei ja viel zu dünn. Mich interessierte das Essen gar nicht, ich fragte ihn stattdessen, was die bunten Kugeln am Himmel bedeuteten. Er wusste, dass die Engländer auf diese Weise den Luftraum markierten, in dem sie ihre Bomben abwerfen wollten. Die Dreiecke standen in der Tat über dem Oderhafen Cosel und über dem gerade aufgebauten Werk von IG Farben. Und dann sagte Pater Glatzel zu meiner Mutter: »Es wird immer bedrohlicher. Sie sollten mit Ihrer Tochter rechtzeitig von hier weggehen, damit ihr nichts passiert!« Ich fragte meine Mutter, was mir denn passieren könnte, bekam aber keine Antwort. Es wäre eine Gelegenheit gewesen, mich endlich über das Leben und die Gefahren der Erwachsenen aufzuklären. Ich hatte mir mein ganzes Wissen aus dem Lexikon und einem Buch mit dem Titel »Der Hausarzt« zusammengepuzzelt. Beide standen in unserem Bücherschrank, aber mit der Wirklichkeit hatten meine Schlussfolgerungen nicht viel zu tun.

Wenig später mussten wir wieder einmal nach der Schule in Leobschütz auf den Zug warten. In der Nähe des Bahnhofs gab es ein Wäldchen. Dort hielten wir uns unterdessen gerne auf. Da zeigte auf einmal einer aufgeregt zum Himmel. Zwei Flugzeuge waren in einen Luftkampf verwickelt. Sie flogen aufeinander zu und beschossen sich mit Bordwaffen. Deutlich konnten wir die leuchtenden Feuergarben und die silbern blitzenden Flugzeuge sehen. Dann wichen sie sich geschickt aus. Gebannt starrten alle hinauf. Schließlich drehte ein Flugzeug ab und verschwand, während das andere langsam weiterflog. Die Jungen kommentierten lässig: »Feigling!« Aber ich war erleichtert, dass keins abgeschossen worden war.

Mutter und ich hatten kein Radio, und in der Zeitung standen nur die Wehrmachtsberichte, Durchhalteparolen, Drohungen. Alles Wichtige erfuhren wir durch Gerüchte. Sie liefen blitzschnell durch die Stadt, unter vorgehaltener Hand und in Andeutungen. Ich war viel unterwegs, meistens mit Maria, und spitzte überall die Ohren. Ein Mann erzählte Anfang Januar, der Bruder seines Nachbarn hätte gesagt, die Russen stünden zweihundert Kilometer vor Oppeln, aber er selbst sei noch vorgestern westlich von Oppeln gewesen, um eine Kuh abzuholen, und habe nichts Auffälliges bemerkt. Wir sollten unserem Führer vertrauen, die Front stehe fest. »Die werden uns doch nicht aufgeben«, hieß es immer wieder und: »Wo sollen wir denn hin?« Gerüchte wurden als Antikriegshetze betrachtet, und auf Antikriegshetze stand die Todesstrafe. Woher sie kamen, war deshalb nie auszumachen. Es hieß immer: »Das hat der Bruder von Herrn Müller erzählt, der hat das von seiner Tochter Maria, die bei Gleiwitz wohnt…« Aber auch nur ein Gerücht weiterzuerzählen war gefährlich. Ein Mann von der Ratiborer Straße soll deswegen erschossen worden sein, »zur Abschreckung«, sagte man. Er hatte nichts anderes gesagt als das, was alle sagten. <u>Wir wurden ganz und gar eingeschüchtert.</u> Bald wagte niemand mehr, den Mund aufzumachen. Die Unterhaltungen reduzierten sich auf Alltäglichkeiten über das Wetter, das Essen oder die Kleidung. Fragen wie: »Wo ist Ihr Sohn jetzt?« oder »Wie geht es Ihrem Mann?« waren bereits zu heikel. Nicht einmal über die Front wurde geredet.

Wenn ich mehr erfahren wollte, versuchte ich immer, Pater Glatzel zu treffen. Aber auch er sagte nichts, obwohl er bestimmt mehr wusste. Er bezog sich höchstens auf die Zukunft: »Sie werden bestimmt weiter vorrücken« oder »Ihr solltet überlegen, wohin ihr gehen könntet«. Angst breitete sich aus. Es war noch nicht so sehr die Angst vor den Russen als vielmehr die Angst vor Aufpassern und Verrätern. Der Blockwart ging um, der Ortsgruppenleiter tauchte plötzlich irgendwo auf, und wozu der Nachbar fähig war, der gerade seinen Sohn verloren hatte, wusste man auch nicht so genau. Ich dachte immer, mich werden sie wohl nicht erschießen, Kinder erschießen sie nicht, doch nicht mit vierzehn Jahren.

Mit meiner Mutter konnte ich auch nicht reden. Sie wusste nicht viel, weil sie den Kontakt zu anderen Leuten mied. Nachdem mich Pater Glatzel wieder einmal eindringlich ermahnt hatte, wir sollten überlegen, wohin wir gehen könnten, fragte ich sie, was wir machen sollten. Aber sie fragte nur zurück: »Wohin sollen wir denn gehen? Es ist doch nirgendwo besser«, und verwies auf Vaters Kollegen und die vielen anderen, die auch nicht weggingen. Und immer endete das Gespräch mit dem Satz: »Wenn der Ferenz geht, dann gehen wir auch.« Ferenz war der Rektor, mit dem Vater immer politisiert hatte und dessen Gesinnung wir kannten. Außerdem versicherte uns der Ortsgruppenleiter immer wieder, wir brauchten keine Angst zu haben. Niemals würde der Führer dulden, dass »der Feind« deutschen Boden betrat.

Stattdessen kamen die ersten Flüchtlinge mit ihren Bauernwagen bei uns an. Einzeln oder zu zweit fuhren sie durch unseren Ort. Mühsam quälten sie sich durch den Schnee. Und doch machten sie einen so hastigen Eindruck: Ihre Sachen hatten sie hochgepackt, Frau und Kinder waren im Innern des Wagens verschwunden. Die Männer saßen vorn und lenkten die Pferde, oft gingen sie auch nebenher und trieben sie an. Sie sprachen kein Wort und sahen sich auch nicht um. Es kam mir zudringlich vor, sie anzusprechen. Ich durfte sie nicht mit meiner eigenen Neugier aufhalten. Aber irgendjemand musste doch mit einem von ihnen gesprochen haben, denn bald wusste es jeder: Sie kamen aus der Gegend östlich von Ratibor. Immer wieder fuhren solche Wagen an unserem Haus vorbei, vereinzelt oder in kleinen Gruppen. Bald gehörten sie fast zum Straßenbild.

Als die Unruhe unter den Leuten so groß geworden war, dass einige bei Nacht und Nebel verschwanden, erging der Befehl, dass niemand die Stadt verlassen dürfe. Damit war die Entscheidung zum Bleiben gefallen, und die Lage entspannte sich ein wenig. Die Aufregung und die hektische Unruhe ließen nach. Trotzdem hatte ich zunehmend das Gefühl, das ich von einer Übung aus dem Sportunterricht kannte. Da bildeten wir zwei Gruppen; die eine musste die andere mit einem dicken Seil einfangen, diese rannte davon oder versuchte, wenn sie schon eingefangen war, zu entschlüpfen.

Und dann zog sich das Seil blitzschnell zu. Mitte Januar hieß es, die Russen hätten an der Weichsel eine Großoffensive begonnen und die deutschen Linien durchbrochen. Wenig später erzählte jemand, sie hätten einen Angriff auf das östliche Oberschlesien gemacht, ja, sie stünden bereits in Schlesien. Wo waren denn jetzt die deutschen Soldaten,

die uns schützen sollten? Waren sie alle schon tot, heldenhaft gefallen für Volk und Vaterland? Und wo waren die Männer aus Bauerwitz, die ich kannte, und meine Schulkameraden? »Aufgerieben« hieß das im Wehrmachtsbericht, wenn von einer Truppe nichts übrig geblieben war. Dauernd hörte man von neuen Toten. Der Tod war schon unter uns.
Bernhard hatte einmal erzählt, dass die Russen keine Angst kannten. Im Nahkampf sprang plötzlich einer mit einem Bajonett aus einem Loch hervor und stach auf den Deutschen ein. Oder ein Panzer rollte direkt auf die deutschen Stellungen zu. Und wenn es den Deutschen nicht mehr gelang zu fliehen, wenn sie sich nur noch in einem Loch verstecken konnten, fuhr der Panzer auf das Loch zu, machte eine halbe Drehung und zerquetschte sie.
Eines Tages packte mich plötzlich das Grauen, obwohl ich nicht wusste, wovor. Ich lief schreiend durch die Wohnung: »Das kann nicht sein! Die haben doch versprochen, die Front zu halten!« Meine Mutter machte sich Vorwürfe, nicht rechtzeitig weggegangen zu sein. Ich hetzte durch den tiefen Schnee zu Maria. Die Straßen waren menschenleer. Mir wurde unheimlich zumute. Die Stadt war wie gelähmt.
Dann hörten die Schreckensmeldungen plötzlich auf. Die Russen stießen nicht weiter vor. Wir atmeten auf. Die deutschen Soldaten hatten es also doch geschafft. Fürs Erste waren wir gerettet. Das Entsetzen legte sich. Doch die Jungen aus der Klasse über mir mussten zur Flak ins Industriegebiet, und die Jungen meines Jahrgangs wurden zum Schanzen aufgerufen. Sie fuhren in die Gegend östlich von Ratibor, wurden dort in Schulen untergebracht und mussten Schützengräben ausheben und Erdwälle errichten. Unsere Schule entvölkerte sich immer mehr.

Es war bitterkalt – wir hatten minus 20 °C. Der Schnee lag so hoch, dass man über die hochgeschaufelten Wälle die andere Straßenseite nicht mehr sah. Es war ganz dunkel und still draußen, wenn ich abends nach Hause ging. Der Schnee schluckte alle Geräusche. Dann freute ich mich jedes Mal auf das warme Wohnzimmer.

Der Todesmarsch

Wieder einmal saß ich auf dem Sofa und las. Es war Abenddämmerung, die Zeit, in der es zu Hause gemütlich wurde. Im Kachelofen knisterte das Feuer. Es war wohlig warm. Da hörte ich etwas auf der Straße, was ich noch nie gehört hatte. Es klang wie eine Wallfahrt oder Prozession, vielleicht durchmarschierende Infanterie. Aber das Geräusch war dumpf und gleichmäßig gehetzt. Sonst war es ganz still. Ich lief zum Kinderzimmerfenster, von wo ich immer auf die Straße hinunterguckte, wenn draußen etwas los war. Ich riss die Doppelfenster auf, denn die Glasscheiben waren so vereist, dass ich nichts sehen konnte. Da bot sich mir ein entsetzlicher Anblick. Eine schwankende Menschenmenge bewegte sich die Straße entlang. Es dauerte eine ganze Weile, bis ich begriff. Es waren Russen, die aus einem Gefangenenlager nach Westen zogen. Später erfuhr ich, dass sie aus Auschwitz kamen. Es waren die ersten Russen, die ich sah. Vier bis fünf gingen in einer Reihe, zwischen die mannshoch aufgehäuften Schneewälle am Straßenrand eingezwängt. Sie hatten ihre dunkelgrünen Militärmäntel an, aber die waren so zerlumpt, zerrissen. Manche hatten ihre Pelzmütze so weit ins Gesicht gezogen, dass man nichts von ihnen sah, viele waren ganz ohne Kopfbedeckung. Keiner hatte Handschuhe, ein paar trugen einen leeren Feldbeutel über der Schulter. Das Schlimmste war der Anblick der Füße. Keiner hatte richtige Schuhe an. Fetzen von Säcken oder Fußlappen hatten sie sich umgebunden, ein paar gingen barfuß. Sie waren völlig entkräftet, kamen kaum vom Fleck. Ab und zu hörte ich ein Stöhnen. Aber es gab keinen Verzug. Wer stehen blieb, wurde von den Nachfolgenden weitergeschoben. Dann sah ich die deutschen Soldaten, die entweder auf den Bürgersteigen oder direkt neben den Russen mitgingen, die Gewehre schussbereit. Niemand sprach ein Wort. Es war gespenstisch. Ich hörte nur die kurzen, dumpfen Schritte der Gefangenen, schnell und getrieben. Ab und zu ein deutsches Kommando: »Schneller, ihr Kanaillen!« »Dawai, dawai!« Ich rannte in die Küche, holte unser ganzes Brot und warf es hinunter. Blitzschnell bildete sich unter dem Fenster eine Menschentraube, der Zug kam ins Stocken. Ein deutscher Soldat sprang vor und schoss einmal fluchend zu mir herauf, dann in die Richtung der Russen. Ich warf schnell das Fenster zu. Als ich wieder hinunterschaute, hatte die Spitze des Zuges die Mühle von Biadas erreicht, aber sein Ende war nicht abzusehen. Es müssen Hunderte gewesen sein. Inzwischen war es dunkel geworden. Nur noch die wogenden Köpfe waren zu sehen. Immer wieder hörte ich einen Schuss. Ich dachte, damit wollten die Deutschen sicher die Kolonne weitertreiben.

Am nächsten Morgen wusste ich es besser. Ich lief zum Bahnhof, um zur Schule zu fahren. Der Zug ging um 6.03 Uhr. Es war sehr dunkel, nur der Schnee reflektierte etwas Licht. Niemand hatte um diese Zeit schon geschippt. Nur ein Trampelpfad war ausgetreten. Vor dem Gasthaus Felbier stolperte ich. Ich ärgerte mich, denn es war streng verboten, auf dem Bürgersteig irgendetwas liegen zu lassen. In den ständig verdunkelten Straßen war das viel zu gefährlich. Da sah ich drei tote Russen nebeneinander liegen. Voll Entsetzen rannte ich weiter. Am Nachmittag, als ich aus der Schule kam, sah ich, dass der Schnee auf der Straße braun geworden war und wie zermahlen von den vielen Schritten. Eine Spur des Grauens, die sichtbar blieb, bis neuer Schnee fiel. Als ich am Friedhof vorbeiging, lagen gleich hinter dem Eingangstor etwa acht Leichen auf einen Haufen gestapelt, jede in silbern glänzende Folie eingewickelt. Unten guckten die nackten Füße heraus. Pater Glatzel war da, der Totengräber hatte ein großes Loch ausgehoben. Die Leichen kamen alle in ein Massengrab. Der Pater wusste nicht, in welcher Form er sie beerdigen sollte, sie waren ja wohl keine Christen. Er redete unbeholfene Worte, sichtlich erschüttert, und sprach dann ein Vaterunser.

An zwei Nachmittagen wiederholten sich diese Todesmärsche. Als ich am zweiten Abend zu Maria ging, sah ich schräg gegenüber der Schule hinter dem Hof von Seemann ein großes Feuer. Im Näherkommen erkannte ich, dass Soldaten mit Gewehren in der Hand im Kreis darumsaßen. Sie hockten wie in einem Loch, denn das Feuer hatte den Schnee schmelzen lassen. Ein wenig abseits lagerte eine große Menge Russen, offensichtlich für die Nacht.

Am dritten Nachmittag kamen dann ganz andere Menschen. Es waren weniger, zwei- bis dreihundert. Sie waren noch leiser und sahen aus, als hätten sie Schlafanzüge an. Manche hatten einen kahlen Kopf, andere trugen eine runde Mütze. Hier und da hatte einer eine Decke umgehängt. Dann sah ich erst bei einem, dann bei vielen den gelben Stern auf der Brust. Ich zuckte zurück, musste dann aber doch wieder hinsehen. Am Ende des Zuges zogen und schoben ein paar dieser armseligen Gestalten mit letzter Kraft einen kleinen Leiterwagen. Und darauf lagen Menschen. Waren sie tot oder bewegten sie sich noch? Hinten baumelten ein Kopf und Gliedmaßen herunter. Auch diesmal hörte ich Schüsse, als der Zug den Ort verlassen hatte.

Die Schlinge wird enger

In die Schule ging ich bald nicht mehr. Das Gymnasium wurde im Januar geschlossen, und die Züge fuhren nicht mehr fahrplanmäßig.
In der zweiten Januarhälfte stand plötzlich ein städtischer Beamter mit Flüchtlingen aus der Gegend östlich von Beuthen vor unserer Tür. Es war eine ältere Frau mit ihrer Tochter und deren Säugling. Das Baby lag in einem halb kaputten Kinderwagen, und der war hoch bepackt mit Taschen und Koffer. Sie hatten dicke Mäntel an, unter den Mänteln lange Hosen, die junge Frau trug ein vorn zu einem Knoten verschlungenes Kopftuch. Der Säugling, zu einem unförmigen Bündel verpackt, schrie wie am Spieß. Wir konnten kein Wort verstehen. Die alte Frau sprach ein Deutsch, das so hart klang – ich wollte das alles nicht sehen oder hören. Die junge Frau rauchte und hustete. Noch nie hatte jemand bei uns geraucht. Sie drängten in unsere Wohnung. Ich musste wieder aus dem Kinderzimmer zu meiner Mutter ins Schlafzimmer ziehen. Die Frauen verlangten heißes Wasser, um Wäsche zu waschen, wollten Milch und etwas zu essen. Ich musste sie dauernd bedienen. Mutter mahnte mehrfach, ich solle freundlicher sein. Es war ja klar, dass wir ihnen helfen mussten. Wenn sie nur nicht so ungeschützt herumgehustet hätten! Wenn sie ein kleines Wort des Dankes gesagt hätten, statt zu drohen: »Sie können uns das Oberbett ruhig geben, Sie brauchen es ja bald auch nicht mehr.« Abends kamen sie – klar! – ins Wohnzimmer. Sie sollten ja auch nicht frieren, und nur das

Wohnzimmer konnten wir noch heizen. Am nächsten Tag betrat ich unter einem Vorwand das Kinderzimmer. Da hatten sie alles durcheinander geworfen, und es roch nach Rauch und Urin. Ich hatte keine Ruhe und keine Bleibe mehr und war untröstlich.

Als Pater Glatzel hörte, dass unter unseren Flüchtlingen ein Säugling sei, fragte er, ob er getauft sei. »Natürlich nicht«, antwortete ich voller Verachtung, »die Frau geht überhaupt nicht in die Kirche, der Mann ist bei der SS, es ist alles nur furchtbar.« Da wollte er, dass ich die Frau dazu brächte, das Kind taufen zu lassen. Das war mir sehr unangenehm. Es war schließlich deren Angelegenheit. Ich weiß nicht mehr, wie ich es zustande brachte. Denn beide Frauen hatten angeblich noch nie etwas von Gott gehört und waren noch nie in einer Kirche gewesen. Es war ihnen egal, dass das Kind sterben und ungetauft nicht in den Himmel kommen könnte. Erst als meine Mutter sagte, sie hätte noch etwas Mehl und wolle zur Taufe einen Kuchen backen, waren sie damit einverstanden.

Aber wer sollte Taufpate werden? »Ja, du«, sagte der Pater. Ich erschrak und sträubte mich mit Händen und Füßen. Ich konnte doch für das Kind nicht sorgen, hatte aber gelernt, dass ein Pate das Kind aufziehen muss, wenn die Eltern sterben. Außerdem mochte ich dieses schreiende Bündel nicht. Aber schließlich zogen wir doch alle in die Kirche. Ich bat Maria, mitzukommen und mir beizustehen. So standen wir dann um das Taufbecken herum; die Beuthener Frauen fühlten sich offensichtlich ganz und gar unwohl, sie sagten kein Wort. Pater Glatzel taufte das Kind, und Maria und ich mussten die liturgischen Antworten geben und mitbeten. Auf der einen Seite waren wir uns der Bedeutung dieser Situation durchaus bewusst, auf der anderen Seite reizte sie uns zu Albernheiten, und wir konn-

ten das Kichern kaum unterdrücken. Maria brauchte nur mit Grabesstimme zu flüstern: »Die Lage war noch nie so ernst«, und schon war es um unsere Fassung geschehen. Den Namen des Kindes habe ich vergessen.
Einige Tage später kam die alte Beuthenerin aus der Stadt, wo sie auf ihre Lebensmittelkarten etwas eingekauft hatte. Sie wirkte ängstlich und unruhig und ging sofort ins Kinderzimmer. Dort flüsterten die beiden Frauen miteinander. Plötzlich standen sie mit allen ihren Sachen, so wie sie angekommen waren, im Flur. Sie wollten weg, in den Westen. Es sei ihnen hier zu gefährlich. Die Frau erzählte, sie habe in der Stadt gehört, die Russen wollten angreifen. Wir waren erschrocken. Die Zeitung schwieg schon lange über unsere Lage.
Zunächst spürte ich eine große Erleichterung darüber, dass die Beuthener Frauen auszogen. Mir war alles an ihnen unsympathisch: dass sie in unserer Küche mit kochten und aßen, sich aus unserem Schrank Geschirr holten, und zwar das bessere, das wir selbst nur zu gewissen Anlässen benutzten, dass sie so unachtsam mit unseren Sachen umgingen und dazu bei jeder Gelegenheit schadenfroh sagten, darauf komme es ja nicht mehr an. Diese Flüchtlinge hielten uns die Zukunft in einem Spiegel vor. Sie machten mir Angst. Ich half ihnen, die Sachen auf die Straße zu bringen. Dann zogen sie los, Richtung Bahnhof. Als ich sie so davonziehen sah, tat es mir Leid, dass ich sie abgelehnt hatte. Jetzt hatten sie nicht einmal mehr unser Kinderzimmer. Wo sie wohl heute Nacht schlafen würden? Und das Kind – es war schließlich mein Patenkind! Ich lief ihnen hinterher. Als ich keuchend bei ihnen ankam, fragten sie, ob sie etwas vergessen hätten. Ich sagte nein, ich wollte ihnen nur alles Gute wünschen.
Aber in meinem Bett im Kinderzimmer schlief ich nicht

mehr. Denn kaum waren die Beuthener weg, kam eine neue Einquartierung, ein Offizier und sein Bursche. Wir versuchten, aus den Soldaten Informationen herauszuholen. Wohin sie zögen, wo die Front sei, fragten wir. Aber wir bekamen keine klare Antwort. Der »Bursche« sagte mir später leise: »Macht, dass ihr hier wegkommt, die Russen haben im Abschnitt zwischen Ratibor und Oppeln die Oder erreicht und bei Cosel einen Brückenkopf gebildet.« Nach Ratibor waren es 25 Kilometer, nach Cosel etwa 30. Aber wir konnten nicht mehr weg.

Dann hörten wir plötzlich nichts mehr von der Front. Es wurde wieder ganz ruhig. Doch das Verbot, die Stadt zu verlassen, wurde aufgehoben. Dennoch machte sich niemand, den wir kannten, auf den Weg. Jeder sagte sich: »Ach, der und der ist ja auch noch da« oder: »Wenn die gehen, gehen wir auch« oder: »Wohin sollen wir denn gehen?« Auch mir war es unvorstellbar, ohne Ziel unsere Wohnung zu verlassen. Wir kannten niemanden, zu dem wir hätten gehen können. Sollten wir einfach eine Fahrkarte nach Wien lösen oder nach Regensburg oder Kassel? Das waren bloße Namen, die ich aus dem Atlas kannte. Und irgendwie hatten wir uns wohl auch an die Zustände, sogar an die Nähe der Front gewöhnt. Wir sahen die Anzeichen um uns herum und gingen doch unserer Wege, als hätte das alles nichts mit uns zu tun.

In unserer Zeitung wurden Hetzreden abgedruckt. Goebbels stellte die Russen als Tiere und Bestien dar, die Städte ausplünderten, die Häuser verbrannten und verwüsteten und die Frauen vergewaltigten oder umbrachten. Oft endeten diese Reden mit dem Appell: »Kampf, Sieg oder Tod!«

In diesem Zusammenhang wurde auch der Ort Nemmersdorf in Ostpreußen genannt, in dem die Russen unvorstell-

Propaganda wars...

bare Gräueltaten verübt haben sollten. Sosehr ich meine Ohren spitzte, Genaues erfuhr ich nicht. Die Leute redeten in Andeutungen hinter vorgehaltener Hand. Ihre Gesichter drückten Entsetzen aus. Ich konnte mir zwar verbrannte Häuser vorstellen (in unserer Straße hatte es auch einmal gebrannt, und ich sah noch gut die hilflosen Gesichter der Zuschauenden vor mir), aber Plünderungen, Erschießungen, Vergewaltigungen überforderten meine Vorstellungskraft, und ich sah nur dunkle Nebelschwaden vor mir und spürte eine dumpfe Stille. Es war unheimlich und bedrohlich – und zum Glück weit weg.[1] Die Reden von Goebbels und die Berichte über Nemmersdorf sollten den Widerstand der deutschen Bevölkerung stärken. Mir kamen sie vor wie Horrormärchen. Niemand zog daraus den Schluss, möglichst schnell zu fliehen. Denn etwa um dieselbe Zeit wurden auf einem Feld in der Nähe unseres Ortes in Richtung Ratibor russische Flugblätter gefunden. Sie behaupteten genau das Gegenteil, dass nämlich die deutsche Propaganda lüge und jeder Deutsche unter russischer Besatzung weiterhin seinen Beruf ausüben könne, sein Eigentum behalten werde und den Gottesdienst besuchen dürfe. Nur die Naziverbrecher würden bestraft werden. Wörtlich weiß ich noch den Satz: »Der Zivilbevölkerung der von der Roten Armee besetzten Gebiete droht keinerlei Gefahr.« Auf einem anderen, etwas später gefundenen russischen Flugblatt hieß es: »Deutsche! Evakuierung ist Selbstmord! Seid deshalb vernünftig und bleibt ruhig an Ort und Stelle!« Diese Flugblätter wurden heftig diskutiert. Tagelang sprach man darüber, ob man gehen oder bleiben solle, ob die Russen oder die Deutschen Recht hätten. Die Bauern, Hausbesitzer und Handwerker glaubten eher den Flugblättern. Sie fühlten sich durch sie erleichtert. Pater Glatzel sagte: »Sie lügen beide.« Und hatten wir früher gedacht: »Die können

uns doch nicht im Stich lassen!«, so setzte sich jetzt allmählich die Meinung durch: »Die können uns doch nicht alle umbringen!« Und wir blieben. Der Rektor Ferenz blieb, der Zuckerfabrikdirektor Rudel blieb, der Gastwirt Felbier blieb, ebenso der Kaufmann Himmel, die Familie meiner Freundin Maria und alle, die wir kannten.
Der Februar war bitterkalt. Eisige Schneestürme fegten über das Land. Die Straße nach Maxwaldau war zugeweht. Und sie bildete die Hauptverbindung zur Front. Als ich einmal nachmittags Maria besuchen wollte, geriet ich auf dem Platz vor der Schule in einen großen Stau. Soldaten zogen mit ihrem Konvoi nach Osten. Von der Front wurde ein Gegenzug mit verwundeten Soldaten erwartet. Er war im Schnee stecken geblieben. Hitlerjungen schwärmten aus, um alle verfügbaren Kräfte zum Schneeschippen aufzusammeln. Sie sollten die Straße freischaufeln. Ich musste mich am nächsten Tag in der Jernauer Schule einfinden. Dort war ein Behelfslazarett eingerichtet worden. Wir sollten die medizinischen Geräte säubern und ordnen, ich musste Wasser besorgen und Tee kochen. Ich machte mir immer wieder am Eingang zur Halle zu schaffen, um einen Blick ins Innere zu erhaschen, bis ein Offizier kam und einem Sanitäter befahl, er solle die Kinder wegschicken, die hätten hier nichts zu suchen. Er verlangte den zuständigen Führer zu sprechen. Erst kam unser HJ-Führer, dann der Ortsgruppenleiter. Der Offizier war bis zum Äußersten erregt. Er schrie den Ortsgruppenleiter an, er solle aufhören, Kinder zu missbrauchen, und sie sofort aus der Stadt schicken, hier sei Kampfgebiet. Wenn uns etwas passiere, sei er persönlich verantwortlich. Der Ortsgruppenleiter schrie zurück, das sei Wehrkraftzersetzung, er werde das melden. Der Offizier brummte noch: »Du Idiot!«, und verschwand. Ich war sehr erschrocken. Noch nie hatte ich eine Ausei-

nandersetzung unter höheren Dienstgraden mitbekommen, und dann noch so eine brisante, die den Offizier Kopf und Kragen kosten konnte. Denn das war klar, die Parteileute hatten immer Recht. Und dann war da die Neuigkeit, dass wir uns im Kampfgebiet befänden. Ich rannte, so schnell ich konnte, nach Hause, um das zu verkünden. Was würde Vater jetzt tun?
Zu Hause erwartete mich eine andere Neuigkeit. Ein Mann aus der Nachbarschaft hatte sich erhängt. Der Grund dafür beschäftigte mich sehr. Trotz meines Nachfragens bekam ich keine Antwort, meine Mutter zuckte bloß mit den Schultern. Ein älteres Nachbarkind sagte mir dann: »Er hatte Angst vor den Russen.« Ich dachte, die Angst müsse ja sehr groß gewesen sein, wenn einer dafür das ewige Leben hergab. Denn dass er als Selbstmörder in die Hölle kam, war mir klar. Leider hatte ich den Mann ganz gut gekannt. Er war zwar sehr still und ernst gewesen, aber dafür freundlich, hatte immer zurückgegrüßt, und manchmal hatte er mir ein Bonbon geschenkt. Sollte der nun in die Hölle kommen? Auch Pater Glatzel konnte mir diese Frage nicht zufrieden stellend beantworten. Aber ich ging nicht zur Beerdigung, und solange er zu Hause aufgebahrt war, wechselte ich die Straßenseite, um nicht an dem Haus vorbeigehen zu müssen. – In den nächsten Tagen und Wochen nahmen sich immer mehr Leute das Leben. Wieder gab es Totenmessen, jetzt für Nachbarn und Bekannte.
Dann erfolgte am Tag vor Rosenmontag ein Aufruf, die Stadt zu verlassen, ohne Zielangabe, aber mit der dringenden Mahnung, es sei der letzte Zug, der Bauerwitz in Kürze verlasse. Jeder dürfe nur 15 Kilogramm Handgepäck mitnehmen. Es handele sich um eine vorübergehende Maßnahme zum Schutz der Bevölkerung, sie dauere nicht länger als drei bis vier Wochen. Wir beschlossen mitzufahren.

Aber am Ende verpassten wir den Zug, weil meine Mutter noch Schuhe beim Schuster hatte, es waren ihre einzigen. Zwei Tage später erfuhren wir, dass der Transport nach Dresden gegangen war. Bis auf wenige waren alle in dem Bombeninferno am 13. und 14. Februar umgekommen. Als meine Mutter diese Nachricht aus der Stadt mitbrachte, war ich wie gelähmt. Ich konnte mich nicht bewegen, nichts denken, nichts fühlen, hatte auch keine Angst. Nachdem ich etwa zehn Minuten starr dagesessen hätte, sagte mir Mutter später, habe sie mich geschüttelt und gerufen. – Unsere Bäckersfrau Stollorz war auch unter den Toten. Nie wieder würde mir diese freundliche, liebenswürdige Frau ein Gebäckstück zustecken. Ihr Laden blieb jetzt dunkel und leer.

Der letzte Zug war also abgefahren. Und inzwischen war Fastenzeit. Trotz der vielen Totenmessen, bei denen der Pfarrer schwarze liturgische Gewänder trug, drang am Sonntag die violette Farbe durch, die Farbe der Buße und Besinnung. Die Fastenvorschriften waren natürlich längst aufgehoben. In der Kirche sah ich immer häufiger Leute, die noch nie da gewesen waren. Auch die Kreuzwegandachten waren stärker besucht. Da ich immer gern in die Kirche ging, war ich auch dort, als am 16. Februar die ersten Bomben fielen. Die letzte Zeit über hatte im Frontbereich einigermaßen Ruhe geherrscht. Jeden Abend lag die Stadt wie ausgestorben da, denn es brannte keine Straßenlampe, und die Fenster waren so dicht mit schwarzen Papierrollos abgedunkelt, dass kein noch so schmaler Streifen Licht hinausfiel. Deshalb blieben die Leute möglichst zu Hause, wenn es dunkel wurde. Da man die großen Fenster der Kirche nicht verdunkeln konnte, gab es keine Gottesdienste am Abend. Die Kreuzwegandacht fand um siebzehn Uhr statt. Es begann zu dämmern, und vorne links und am Hochaltar wurde ein spärliches Licht angezündet. Wir dachten, das könne man draußen, wo es ja noch heller war, bestimmt nicht sehen. Doch plötzlich übertönte Tieffliegergeräusch den Orgelgesang, und im selben Augenblick krachte es bereits. Einer rief: »Licht aus!« Andere gerieten in Panik, schrien, versteckten sich unter den Bänken, unter der Kanzel, liefen ins Freie. Bevor ich mich besinnen konnte, war der Spuk schon vorbei. Die Andacht wurde abgebrochen, aber die Flugzeuge kamen nicht zurück. Ich empfand diesen Überfall, diesen »Blitz aus heiterem Himmel«, als kolossale Frechheit. Es machte mich wütend, dass irgendein Russe unsere schöne Kirche kaputtmachen durfte und feige wieder davonflog, während wir ihm schutzlos ausgeliefert waren und es einfach hinzunehmen hatten, dass sie in nächster Nähe waren und jederzeit zuschlagen konnten.

Eine Woche später bekamen wir sie wieder zu spüren. Am helllichten Tag warfen sie an verschiedenen Stellen in der Stadt Bomben ab, unter anderem am Rathaus und am Bahnhof. Drei Menschen kamen dabei ums Leben.

Nachdem wir mehrere Tage keine Post mehr bekommen hatten, fragte ich auf dem Amt nach dem Grund dafür und erfuhr: Viele Adressaten seien nicht mehr erreichbar, und die Züge führen nur noch unregelmäßig. Wir waren also von der Welt abgeschnitten. Das war am 25. Februar.

Kurz darauf wurde erneut eine Einquartierung organisiert. Diesmal bekamen wir einen Mann vom Volkssturm. Er war 56 Jahre alt und ungefähr 50 Kilometer von uns entfernt zu Hause. Er sollte die Heimat verteidigen. Da stand er also vor uns in seinem Wintermantel, mit einer Pelzmütze auf dem Kopf, normalen Schuhen an den Füßen und hielt sein Gewehr in der Hand. Dieses Gewehr interessierte mich sehr. Ich hatte noch keines aus der Nähe gesehen und ließ es mir von ihm erklären. Die Munition trug er in einer Gürteltasche bei sich. Er war sehr freundlich, wirkte aber immer traurig. Ganz früh ging er mit seinem Gewehr zur Sammelstelle. Dort wurden Panzerfäuste verteilt, und dann fuhren alle auf Lastwagen zur Front. Was er dort machen musste, durfte er uns nicht erzählen. Aber wenn er abends wiederkam, war er erschöpft, und seine Kleidung und seine Schuhe waren dreckig. Meine Mutter machte ihm dann etwas zu essen, sie verwöhnte ihn, so gut sie konnte, und ich putzte ihm, möglichst ohne dass er etwas davon merkte, seine Schuhe. Dann waren wir im Wohnzimmer zusammen. Er saß immer am Kachelofen. Es war eigentlich der Platz meines Vaters, aber ich hatte nichts dagegen, dass er da saß. Zwar glaubten wir nicht mehr, dass unsere Truppen die Russen aufhalten könnten, aber wir hofften doch, dass der Krieg aufhören würde, bevor sie uns erreicht hätten.

Der Mann erzählte von seinem Hof und von seiner Familie. Er hatte eine Tochter in meinem Alter. Ich verstand mich gut mit ihm. Manchmal versuchte ich, ihn zum Lachen zu bringen, indem ich ihm kleine Streiche aus der Schule erzählte oder Witze, zum Beispiel den, den Bernhard so gerne gemocht hatte: Da fährt ein hoher NS-Mann mit seinem Geländewagen übers Land. Plötzlich läuft ihm ein Tier vor das Auto, und er kann nicht mehr rechtzeitig bremsen. Das ist ihm sehr peinlich. Er geht zum Bauern, um sich zu entschuldigen. Und als der vor ihm steht, knallt er die Hacken zusammen und sagt: »Heil Hitler! Ich hab ihn totgefahren, den Hund!« Aber unser Volkssturmmann lächelte nur höflich dazu.

Einmal war er noch stiller als sonst. Als meine Mutter ihn ins Gespräch ziehen wollte, traten Tränen in seine Augen, und er gestand, dass er Angst habe. Mir war dieser Anblick

peinlich, aber ich wollte doch weiter zuhören. Wenn er in Gefangenschaft geriete, brächten ihn die Russen um. Es war der Befehl des Gauleiters, sich lieber erschießen als gefangen nehmen zu lassen. Denn Volkssturmmänner galten bei den Russen als nichtmilitärische Kämpfer, die sofort hinzurichten waren. Dann drückte er seine Angst schnell weg und zeigte sich wie immer. Am nächsten Abend kam er nicht wieder. Wir warteten lange und ließen die Haustür offen, vergeblich. Im Kinderzimmer stand noch sein Koffer, und ein Pullover lag auf dem Stuhl. Ich ging am nächsten Tag zu seiner Sammelstelle. Da sagte man mir, er sei vermisst. Ich war darüber sehr traurig.
Unser Mann vom Volkssturm wohnte noch bei uns, da überraschten uns Flüchtlinge, die von Leobschütz her kamen. Sie zogen in die falsche Richtung, von West nach Ost. Wieder herrschte große Aufregung. Einige von ihnen sagten, sie seien nicht mehr durchgekommen. Andere waren in schlimme Situationen geraten – sie bekamen keine Unterkunft, mussten im Freien übernachten, fanden nirgendwo etwas zu essen. Nichts war mehr organisiert, Schulen und Gemeindehäuser waren überfüllt, privat nahm niemand mehr jemanden auf. Und noch dazu blühte der Schwarzhandel. So kamen sie lieber wieder zurück, denn »schlimmer kann es hier auch nicht werden«, war immer wieder zu hören. Meine Mutter traf auch unsere alte Flüchtlingsfrau aus Beuthen wieder. Die drei waren in der Nähe von Neustadt stecken geblieben. Jetzt hofften sie auf einen Zug nach Österreich. Bauerwitz versank im Chaos.
Es muss am 12. oder 13. März gewesen sein, da ging ich abends so gegen zwanzig Uhr von Maria nach Hause. Es war stockdunkel. Ich war noch nicht vierhundert Meter weit gegangen, da leuchtete mir eine Taschenlampe ins Gesicht. Ein Soldat hielt mich an. Er war bewaffnet, offenbar

auf einer Patrouille, und sagte: »Du solltest hier nicht allein herumlaufen, so spät am Abend. Da könnte schnell einer kommen.« Ich war so verdutzt, dass ich nichts sagen konnte. Wortlos begleitete er mich bis auf den Ring. Dann fragte er noch: »Bist du nicht die Schwester von Bernhard?«, und verschwand. Mir war unheimlich zumute. Er hatte nicht gesagt, wer er war. Ich wusste nicht, warum er hier aufpassen musste und wer da plötzlich auftauchen könnte.

Der Zusammenbruch

Es war der 15. März. Gerade hatten wir zu Mittag gegessen. Mutter fing an, das Geschirr zu spülen, ich hatte schon das Trockentuch in der Hand und schaute wartend aus dem Küchenfenster hinunter in den Hof. Da sah ich, wie zwei große Schatten über den Himmel flogen. Hinter der Friedhofsecke waren sie aufgetaucht, blitzschnell und lautlos. Der vordere kam direkt auf mich zu. Als ob er mich erspäht hätte, senkte er sich herab und klinkte drei Bomben aus. Die Bomben fielen schräg auf mich zu. Ich starrte sie an. Fallen sie jetzt auf mich? Bin ich gleich tot? Es war keine Zeit, zu schreien oder wegzulaufen. Da krachte es schon. Scheiben klirrten, Staub erfüllte die ganze Küche. Ich sah nicht, ob meine Mutter noch da war. Unser Bauer kam in großen Sprüngen die Treppe herauf und rief: »Unser Haus, unser Haus!« Eine Bombe hatte eine Ecke vom Dachstuhl weggerissen, eine andere war im Hof vor dem Pferdestall eingeschlagen, die dritte hatte das Wohnhaus vom Hof gegenüber voll getroffen, und zwei Häuser weiter erhob sich ein schreckliches Geschrei, denn auch hier war das Haus zerstört. Es gab vier Tote. Rings um uns herum waren die Bomben eingeschlagen, und wir waren wie auf einer kleinen Insel unversehrt stehen geblieben. Ich hatte noch immer das Trockentuch in der Hand. Ich glaube, nicht einmal das Spülwasser war übergeschwappt. Wie nach dem verpassten Zug am 13. Februar staunte ich erschrocken: Ich lebe! Danach war ich hellwach. Ein intensives, geradezu gesteigertes Lebensgefühl breitete sich in mir aus, das sich auch später in gefährlichen Situationen manchmal einstellte.

Alles war in heller Aufregung. Ein Pferd hatte sich losgerissen, die Kühe brüllten, Hühner flatterten durch den Hof. Auf der Straßenseite gegenüber, wo das Haus weggerissen war, herrschte Stille. Staub und Rauch verfinsterten den Blick. Auf der Vorderseite unseres Hauses waren die Fenster zerborsten. Die Splitter lagen auf der Straße. Anna, die Tochter unseres Bauern, fegte sie weg. Als dann einer von der SA vorbeikam und sie aufforderte, sich zu beeilen, es käme gleich eine Truppe durch, herrschte sie ihn an, er solle den Mund halten und lieber selbst einen Besen in die Hand nehmen, sie hätte zwei Brüder verloren und jetzt das. Ich rief ihr von oben zu, sie solle still sein. Da baute sich der Mensch schon vor ihr auf und drohte ihr.

Abends ging ich noch einmal zum Klavier in Vaters Zimmer. Am Vormittag hatte ich noch gespielt, der Deckel stand offen. Von draußen griff der kalte Wind nach den aufgeschlagenen Noten, fuhr in die Seiten, blätterte sie um und wieder zurück, raschelte laut und verebbte, erfasste den Vorhang, bauschte ihn auf und ließ ihn wieder fallen. Die Tasten waren übersät mit Glassplittern. Da warf vom Westen her die tief stehende Sonne ein warmes Licht auf die Königin Luise und die Wand hinunter bis zum Klavierhocker, sodass sein Leder glänzte. Frieden und Zerstörung nebeneinander. Ich konnte nichts festhalten. Mit dem

Verlöschen des Lichts wuchsen die Schatten, und alles versank im Dunkel. Weinend begriff ich, jetzt ist meine Welt
untergegangen. Ich ließ die Glassplitter liegen, schloss den Deckel und ging.

Gegen 21 Uhr überraschte uns lautes Rufen im Hof. Unsere beiden Fremdarbeiter, Janek, der Pole, und die Russin, waren verschwunden. Ihre Türen standen offen, in ihren Räumen lag alles durcheinander. Sie hatten sich Hals über Kopf auf und davon gemacht. Wir berieten mit unserem Bauern, warum sie wohl weggelaufen seien und wohin und was das für uns zu bedeuten habe, ob sie zurückkommen und sich rächen könnten. Aber wir versicherten uns dann gegenseitig beruhigt, dass sich unser Bauer ihnen gegenüber korrekt und freundlich verhalten habe. Dennoch verunsicherte uns der plötzliche Aufbruch der Fremdarbeiter. Bei dieser Gelegenheit trafen wir die Abmachung, gemeinsam von hier aufzubrechen. Unser Bauer wollte uns auf seinem Wagen mitnehmen, wenn wir nicht zu viel Gepäck hätten.

Die Front verlief jetzt von Ratibor bis Oppeln an der Oder entlang. Seit zwei, drei Wochen hörten wir jeden Abend von dorther Geschütz- und Artilleriefeuer, stundenlang. Es war ein dumpfes Grummeln, das von der Dämmerung bis in die Nacht hinein anhielt. Mal war es etwas lauter, mal etwas leiser, mal setzte es ganz aus. Und wenn man auf ein Dach stieg, konnte man am Horizont einen roten Streifen sehen, der hier und da aufflammte und dann wieder in sich zusammenfiel.

Aber in der Nacht vom 15. auf den 16. März war alles anders. Der Wind drückte durch die zerbrochenen Fenster herein. Immer wieder aufheulend, strich er durch das ganze Haus. Die geschlossenen Zimmertüren klapperten unheimlich. Es wurde sehr kalt. Die Nacht war undurchdringlich schwarz. Durch die offenen Fenster war das Geschützfeuer noch lauter als sonst. Aber bald steigerte es sich zum Trommelfeuer, das lauter und lauter wurde und immer näher kam. An Schlafen war nicht mehr zu denken. Wir standen auf und zogen uns an, um nicht im Bett überrascht zu werden. Wie die Taktik der Russen aussah, hatte man uns gesagt. Erst schickten sie einzelne Späher voraus, dann setzte ein stunden- oder tagelanges Trommelfeuer ein, und schließlich griffen sie an, durchbrachen die deutsche Abwehr und drangen viele Kilometer weit vor. Solange das Trommelfeuer dauerte, würden sie nicht kommen. Aber plötzlich brach es ab, und es wurde still. Diese Stille war noch unheimlicher als das andauernde Dröhnen. Was machten sie jetzt? Wo waren sie? Jeden Augenblick konnten ihre Panzer durch unsere Straße rollen. Jeden Augenblick konnte die Tür aufgestoßen werden, und sie stünden vor uns. Noch nie war jemand als Feind zu uns gekommen. Wie empfing man einen Feind? Wir gingen unruhig in der Wohnung umher, schauten nach allen Seiten aus dem Fenster. Es war nichts zu sehen und nichts zu hören. Ich legte mich wieder aufs Bett und überlegte, was ich mitnehmen würde. Mir fiel nichts ein. Zum Anziehen hatte ich nicht viel. Es würde mir auch bald nichts davon mehr passen. Zu essen konnten wir nur mitnehmen, was wir im Haus hatten, auch das war nicht viel. Meine Spielsachen? Ich würde sie nicht mehr brauchen. Meine Noten mussten liegen bleiben. Einen Ausweis hatte ich nicht. Ich stand bei meinem Vater im Pass. Mein Tagebuch fiel mir ein. Und das Reisetagebuch meines Vaters war mir wichtig. Also steckte ich diese beiden Bücher, mein bisschen Wäsche und Kleidung in Bernhards Wanderrucksack. Es war, was mich betraf, so viel, wie ich zu einer Wanderung ins Altvatergebirge mitgenommen hätte. Dann zog ich mir die Überfallhose von Bernhards HJ-Winteruniform an. In

Gedanken ging ich durch die Wohnung und machte Inventur: im Schlafzimmer die Sachen meiner Mutter im Kleiderschrank, Vaters Anzüge, in der Kommode Kosmetika, Tischtücher, Handtücher; das Geschirr in der Küche, vor allem das mit dem blauen Rand, von dem wir immer aßen, die rote Pfanne, in der meine Mutter die wunderbaren Heidelbeerpfannkuchen zauberte; die Kammer, in der links unsere Spiele standen – und wir hatten viele Spiele. Das Kinderzimmer mit meinem Bett und den Sachen meiner Geschwister; in den Schubladen im Wohnzimmer waren so viele wichtige Dinge von mir, vor allem meine Mundharmonika und der erste Schmuck und meine Zeugnisse, in Vaters Zimmer der Bücherschrank, in dem auch meine Schulbücher standen, und sein geheimnisvoller Schreibtisch, den ich immer noch nicht gänzlich ergründet hatte. Die Lampe, unter der ich so viel gelesen hatte, von den ersten Büchern, die mir Vater aus der Bücherei mitgebracht hatte, bis zu denen, die ich mir aus unserer Schulbücherei ausgeliehen hatte – ich konnte sie nicht mehr zurückgeben –, und mein Klavier.

Es wurde hell, und es war nichts passiert. Die Leute kamen verstört aus ihren Häusern. Allen war klar: Wir mussten weg. Am Vormittag hatten wir erst einmal Ruhe. Vielleicht ruhten sich die Russen von der Nacht aus? Aber am Mittag wurde es doch wieder gefährlich. Die Sirene heulte auf. Nervös und drohend stieg der Ton und sank wieder, auf und ab, rauf und runter. Und da waren sie auch schon. Tiefflieger flogen kreuz und quer über unsere Stadt. Sie warfen zwar keine Bomben ab, aber sie schossen mit Bordwaffen gezielt auf jeden, den sie sahen. Wir konnten nicht aus den Häusern.

Als es etwas dunkler geworden war, fuhr ein Wagen mit Lautsprecher durch die Straßen: Die Bevölkerung habe den Ort sofort zu verlassen, »unter Strafe«. Wer würde uns bestrafen, wo die Russen uns so gut wie überrollt hatten? Wie ein Lauffeuer sprach sich herum, dass wir uns auf dem Rathaus Umquartierungsscheine holen sollten. Ich schlug meiner Mutter vor, dass ich sie besorgen ginge, während sie packte. Zuerst aber lief ich hinter den Scheunen entlang zu meiner Freundin Maria. Ich wollte wissen, was ihre Familie vorhatte. Es war unvorstellbar, dass ich Maria nicht mehr sehen sollte. Gegen 16.30 Uhr war ich bei ihr. Das Haus war leer. Die drei Offiziere, die seit Januar zur Einquartierung da gewesen waren, hatten schon zwei Tage vorher ihren Posten geräumt, sie hatten sich »abgesetzt«. Die anderen waren in der Waschküche. Maria und ich standen auf der Treppe, die vom Haus in den Garten führte, als plötzlich schräg über uns ein russisches Flugzeug auftauchte und direkt auf uns zukam. Es war klein und wendig, aber es flog nicht sehr schnell. Ich konnte das Gesicht des Piloten sehen und erschrak. Er saß in einer Glaskuppel, hatte eine Lederkappe und eine große Schutzbrille auf, genau wie im Kino. Er sah uns an. Er kam mir vor wie ein gefährliches Insekt. Da schoss er auch schon auf uns. Wir konnten gar nicht mehr weg. Aber er traf uns nicht. Hinterher sahen wir die Einschüsse, gestreut im Umkreis von fünf Metern. Kurz darauf kamen noch einmal zwei Flieger, die Bomben abwarfen. Vier bis fünf Trichter zählten wir. Der schön gepflegte Garten war eine Wüste, zwei der entwurzelten Pflaumenbäume hingen auf dem Dach. Wir kletterten auf den Dachboden, um zu sehen, ob das Haus beschädigt sei. Aus der Luke heraus sahen wir, dass der Himmel in Richtung Ratibor viele Meter hoch brannte. Er war blutrot. Fasziniert und atemlos schauten wir hinüber. Bald stellten die Tieffliegern ihre Angriffe ein. Die plötzliche Stille hätte man für Ruhe und Frieden halten können, wäre nicht der Himmel so rot gewesen.

Weil wir mit unserem Bauern auf dem Fuhrwerk mitfahren wollten, kam Maria mit einem Koffer mit zu uns. Den sollten wir mit aufladen. Unterwegs gingen wir zum Rathaus, um die Scheine abzuholen. Dort ging es zu wie in einem Ameisenhaufen. Dicht gedrängt standen die Leute im Flur und warteten, bis sie an die Reihe kamen. Alle redeten durcheinander. Da es kein elektrisches Licht mehr gab, wirkte die Situation gespenstisch. Der Kopf einer Frau erschien bedrohlich als Schatten an der Wand, ihre erhobene Hand warnte uns. Die Ausstellung der Scheine ging hingegen schnell. Aber wir konnten in dem Lärm nicht viel verstehen und gingen deshalb wieder auf die Straße. Kurz bevor wir den Flur verließen, trafen wir auf die »Schleiereule«, eine alte Frau, die uns in der Zeit unserer täglichen Kirchgänge beobachtet hatte. Sie verabschiedete sich von uns mit den Worten: »Und wenn wir uns nicht mehr wiedersehen, dann treffen wir uns dort oben.« Wir prusteten los. Sie meinte den Himmel, ihr spitzer Zeigefinger wies aber zunächst einmal zu den oberen Stockwerken.

Danach gab es wieder Alarm. Die Sirene heulte, die Tiefflieger, mit ihrem aufheulenden und abebbenden Brummen, warfen erneut Bomben ab und schossen auf die Leute. Schreien, weglaufen, stehen bleiben – in der Panik macht man alles falsch. Maria und ich liefen aus diesem Chaos weg in die Leobschützer Straße, zu uns nach Hause. Meine Mutter wartete schon voller Sorge auf mich. Sie war inzwischen bei unserem Schuster gewesen, um ihre Schuhe abzuholen, und erzählte, wie sie fast ums Leben gekommen wäre. Eine Bombe war ins Hinterhaus gefallen, als sie dort war.

Draußen wurde es plötzlich sehr laut. Es krachte und zischte, Flammen schossen über den Himmel. Als wir mit unseren Sachen – meine Mutter hatte ein Federbett in eine

Decke gerollt, zwei Koffer und zwei Taschen voll gepackt, und ich hatte meinen Rucksack – in den Hof kamen, stellten wir fest, dass unser Bauer ohne uns losgefahren war, durch die Scheunen hinten hinaus. Wir hatten nichts davon gehört. Er hatte uns einfach zurückgelassen. Es war, wie wenn mir jemand einen Schlag versetzt hätte. Dreizehn Jahre lang hatten wir zusammengewohnt. Alles hatte ich mitmachen dürfen, was auf dem Hof geschah. Jedes Tier kannte ich beim Namen. Wir Kinder hatten zusammen gespielt und Gänse gehütet. Das war nun vorbei, so endgültig vorbei, dass man eine Abmachung einfach ignorierte. Es war das erste Mal, dass ich zu spüren bekam, wie Menschen sich verhalten, wenn es um ihren eigenen Vorteil geht. Nun lag alles im Dunkeln, die Türen waren geschlossen, nur die zur Knechtstube knarrte in den Angeln. Wir stellten unser Gepäck vor die Haustür. Marias Koffer trugen wir auf unseren Boden. Das gab mir die Gelegenheit, noch einmal einen Blick in die Wohnung zu werfen. Alles sollte einfach hier bleiben? Entschlossen zog ich die Tür zu. Bevor Maria nach Hause ging, verabredeten wir, dass wir uns mit ihrer Familie um 21 Uhr auf dem Ring treffen würden. Es hieß, um die Zeit breche von dort ein Treck auf. Wir gaben ihr eine Dreiviertelstunde Vorsprung.

Unmöglich konnten wir unser Gepäck bis auf den Ring tragen. Wir brauchten einen Handwagen. Aber wer hatte hier einen Handwagen? Wen konnten wir fragen um diese Zeit? Unser Bauer hatte keinen. Also wollten wir es bei den Nachbarn versuchen. Doch als wir auf die Straße kamen, erschraken wir zu Tode. Es war kein Mensch mehr da, weit und breit niemand. Vor einer Stunde hatte in allen Häusern noch aufgeregtes Treiben geherrscht. Jetzt war alles leer und verlassen. Sie mussten alle überstürzt aufgebrochen sein,

Hals über Kopf. Sogar die Hoftore hatten sie offen gelassen. Wir beide, Mutter und ich, standen allein auf der Straße. Warum war Vater nicht da? Und erst jetzt merkte ich, was wirklich los war. Das Leben spielte sich über unseren Köpfen ab. Der ganze Himmel brannte. Er war ein einziges Feuermeer, vom Horizont bis zum Zenit. Eine Kuppel aus Feuer wölbte sich über uns, es war taghell. Dazu der laute Geschützdonner, vermischt mit den Feuerstößen der Flak. Die russische Front hatte die Stadt schon von drei Seiten bis auf wenige Kilometer eingeschlossen. Nur im Südwesten stand noch ein Rest der deutschen Abwehr, die das Feuer erwiderte. Das ging hin und her über uns hinweg. Wir sahen die flammenden Geschosse über den brennenden Himmel ziehen, wir hörten ihr Zischen, wir hörten, wie sie abgeschossen wurden, und ihr Krachen, wenn sie einschlugen. Dazu kam das Heulen des Feuers. War das eine Windsbraut? (Wir hatten das Wort vor kurzem im Deutschunterricht in einem Gedicht kennen gelernt. Es hatte mir gut gefallen.) Am Himmel war Weltuntergang, und um uns herum war es totenstill. Wir waren zurückgelassen worden und fühlten uns wie Ameisen in der brüllenden, brennenden Hölle.

Ich wurde dann plötzlich ganz ruhig, ich verspürte keine Angst mehr, überhaupt kein Gefühl. Ich war auf alles gefasst und gegen alles gewappnet, hatte mir eine Haut zugelegt, aus der ich nicht mehr herauskam. Wie Siegfried in den Nibelungen, schoss es mir durch den Kopf. Mich konnte nichts mehr verletzen. Nur auf den Verstand konnte ich mich noch verlassen. Ich ging in Grüners Hof gegenüber. Dort fand ich eine alte Schubkarre, mit einem Holzrad vorn und zwei Holmen, und auch die Ladefläche bestand aus Latten. Sie war sehr schwer. Einen Tragegurt gab es nicht. Der Bauer hatte offenbar Mist darauf transportiert. Auf diese Schubkarre luden wir unsere Sachen und schoben sie zum Ring. Kein Wort fiel, nur das eisenbereifte Rad ratterte. Zehn Tage vorher hatte es noch heftig geschneit, dann hatte Tauwetter eingesetzt, und nun begann es zu regnen. Meine Schuhe waren zwar sofort nass, aber so konnte ich die noch verbliebenen Schneereste mit der Karre umfahren. Im richtigen Schnee wären wir stecken geblieben. Meine Mutter ging nebenher und passte auf, dass nichts herunterrutschte. Als wir am Rathaus vorbeikamen, fiel ein Lichtstrahl auf das Plakat neben dem Eingang mit der Aufschrift: »Wir danken unserem Führer.« Schwarze Schrift und oben links ein Bild von ihm. Bereits nach fünfhundert Metern taten mir die Hände weh.

Auf dem Ring herrschte Chaos. Es war kein Durchkommen. Einige liefen ziellos umher, suchten andere, Kinder weinten, eine alte Frau saß wartend auf der Treppe vor ihrem Haus. Dort riss ein Papierbindfaden, das Paket löste sich auf, und der Inhalt rollte auf die nasse Straße. Überall Koffer, Kartons, Bündel. Hinter mir bäumte sich ein Pferd auf und wieherte laut. Auf der anderen Seite standen Militärautos. Die Wehrmacht setzte sich aus dem Kampfgebiet ab. Soldaten forderten die Bevölkerung auf, mit ihnen mitzufahren, um möglichst schnell aus der Gefahrenzone herauszukommen. Immer wieder sackte der Feuerschein in sich zusammen und flammte plötzlich wieder auf. An der Ostseite des Ringes, ausgerichtet nach Süden, nach Troppau, wohin die einzige noch offene Straße führte, standen etliche Fuhrwerke abfahrtbereit. Die meisten hatten zwei Pferde vorgespannt, einen kleineren Wagen zog eine Kuh. Über die Wagen waren Planen gespannt, die vor Regen und Wind schützen sollten.

Im Treck unterwegs

Ich suchte Maria, ihre Eltern und ihren Bruder. Maria suchte uns. Schließlich fanden wir uns zwischen den Wagen. Wir überlegten kurz, ob wir mit der Wehrmacht mitfahren sollten. Als jemand meinte, das Militär würde sicher beschossen, blieben wir beim Treck. Unser Zuckerfabrikbesitzer Rudel übernahm die Treckführung. Er stellte sich bei jedem Wagen vor und befahl: »Dicht aufschließen und Kontakt halten. Keiner bleibt zurück. Ich bestimme das Tempo.« Dann setzte sich die Spitze des Zuges in Bewegung. Wir warteten, bis wir an die Reihe kamen, dann fädelten wir uns ein. Marias Eltern hatten einen Handwagen mitgebracht. Den zogen Marias Mutter und ihr Bruder, ihr Vater hatte im Ersten Weltkrieg die rechte Hand verloren. Ich hob die Holmen unserer Karre hoch und schob sie vor mir her. Ab und zu ging ein Bauer neben seinen Pferden her, sonst gab es keine Fußgänger außer uns. An der evangelischen Kirche in Jernau stießen noch drei Wagen vom Nachbarort Eiglau dazu. Langsam, fast träge, und gleichmäßig zogen wir dahin. Als wir auf der ersten Anhöhe waren, blieben wir alle einfach stehen und schauten zurück. Es legte sich ein Feuerkranz um die Stadt. Unser Treckführer drängte zur Weiterfahrt. Jeden Augenblick konnten die Russen den Ring schließen.

Plötzlich hörten wir ein wütendes Hupen. Militärfahrzeuge kamen uns entgegen. Sie wollten von der Front Verwundete abholen. Wir sprangen zur Seite. Vorne hatte ein Pferd gescheut, der Wagen war mit den Hinterrädern in den Straßengraben gerutscht. Nun musste er erst wieder herausgehoben werden. Ich war dankbar für die Pause. Meine Mutter konnte die »Mistkarre«, wie Maria sie nannte, nicht schieben – sie war klein und zart. Hätte mich Maria nicht regelmäßig abgelöst, wir hätten nicht Schritt halten können oder die Karre stehen lassen müssen. Ihr Bruder Siegfried machte ihr später Vorwürfe, weil sie nicht ihnen, sondern mir geholfen hatte. Bald hatten wir Blasen an den Händen. Kaum waren wir ein weiteres Stück gegangen, kam von hinten eine Militärkolonne, die vorbeiwollte. Wieder mussten wir an die Seite. Die Straße war durch das Schmelzwasser und den Regen so aufgeweicht, dass wir am unbefestigten Rand einsanken. Das holprige Pflaster und der Matsch – ich konnte fast nicht mehr weiter.

Allmählich wurde es heller. Jemand mahnte zur Eile. Aber da waren sie schon da, die Tiefflieger, die uns umkreisten und beschossen. Der Treck blieb stehen, wir sprangen in den Straßengraben. Sobald es wieder ruhig war, ging es schnell weiter. Schließlich merkten wir erleichtert, dass die Flugzeuge nach Norden abdrehten. Wir waren endlich aus der Kampfzone.

Schließlich fragte ich bei einem Wagen, ob wir unsere Sachen nicht aufladen dürften. Der Bauer lehnte ab, seine Ladung solle nicht zu schwer werden. Meine Mutter fragte einen anderen, ob jemand uns ein bisschen schieben helfen könnte. Dort war niemand im Wagen, außer dem Bauern, und der musste die Pferde lenken. Ich sagte, dass ich ja die Pferde lenken könnte, doch das lehnte er ab. Ich verstand nicht, warum uns niemand half.

In Nassiedel trennten wir uns vom Treck. Marias Vater schlug vor, wir sollten nach Osterdorf gehen. Dort war er früher Lehrer gewesen, dort würde uns sicher jemand aufnehmen. Bis dorthin waren es nur noch 2,5 Kilometer. In der Tat, wir konnten bleiben. Maria und ihre Familie kamen bei der freundlichen Lehrersfrau privat unter. Mutter und ich zogen zu einem Bauern. Die Lehrersfrau verband

Maria und mir die geschwollenen, aufgeschundenen Hände und gab uns etwas zu essen. Ich fühlte mich wohl, wohl und leicht und froh, dass das Gehen vorbei und ich irgendwo angekommen war. Wir blieben erst einmal. An einem neuen Trommelfeuer würden wir merken, wenn die Russen weiter vorrückten. Wir setzten auf unseren Vorsprung.

Zwei Tage später, am Sonntag, war es immer noch ruhig. Als wir hörten, es führen vereinzelt Züge nach Bauerwitz, um Verwundete herauszuholen, machten Maria und ich uns auf den Weg, um mitzufahren. Wir wollten unsere Fahrräder holen und den zurückgelassenen Koffer. Früh zogen wir zu Fuß los bis ins fünf Kilometer entfernte Leimeritz. Tatsächlich stand ein Zug abfahrbereit auf dem Gleis, und er sollte, wie der Lokführer sagte, nach zwei Stunden wieder zurückfahren. Er war ganz leer. Außer uns wollte niemand mehr in diese Richtung. Unbehelligt kamen wir in Bauerwitz an. Als wir jedoch ausstiegen, stand da ein Soldat mit ausgebreiteten Armen und verbot uns weiterzugehen: »Hier kommt niemand mehr rein!« Aber wir schlüpften unter seinen Armen durch und rannten weg, zuerst zu uns nach Hause. Bald packte mich das Grauen. Die Stadt war ausgestorben, es war totenstill. Nur der Regen fiel auf die verlassenen Häuser und das glänzend nasse Pflaster. Als wir in unsere Straße kamen, bot sich uns ein makabrer Anblick: Die Bauern hatten ihr Vieh losgebunden, bevor sie abgefahren waren. Nun irrten Kühe orientierungslos durch die Straße und brüllten wie in Todesangst. Ziegen schrien, Gänse zischten aggressiv, und Hühner flatterten aufgeregt herum. Und mittendrin ging ein alter Mann an seinem Stock die Straße hinunter, langsam und vor sich hin starrend. Wir grüßten ihn, er gab keine Antwort. Ich hatte den Eindruck, er sei wahnsinnig geworden, was mein Grauen noch verstärkte. Bei uns standen Haus- und Wohnungstür offen, die Fahrräder waren verschwunden, die Wohnung oberflächlich durchsucht, es fehlten die Anzüge meines Vaters. Auf dem Tisch stand ein offenes Marmeladenglas. Die Betten waren benutzt. Mir tat es weh, unsere Wohnung so wiederzusehen. Dass deutsche Soldaten das gemacht hatten! Da sagte Maria nüchtern: »Besser die als die Russen!«, und zog mich hinaus. Von meinem alten Zuhause bröckelte immer mehr ab und fiel der Vernichtung anheim. Dann hasteten wir durch die Stadt über den Ring zu Maria. Das Schreien der Tiere wurde mit der Entfernung leiser. Der Regen und die schweren Wolken lasteten auf Häusern und Straßen. Alles war klamm und kalt. An der Pfarrei klingelten wir kurz. Im Innern fiel ein Stuhl um, und dann stand Pater Glatzel vor uns. In seinem Gesicht spiegelten sich gleichzeitig Freude, Erstaunen und Angst. Er gab uns eine Adresse »im Westen«, über die wir ihn später erreichen könnten. Dann gab er uns die Generalabsolution. Ich konnte wenig damit anfangen. Aber es war wohl das Einzige, was er noch für uns tun konnte. Gleichzeitig wurde mir klar, dass er es für möglich hielt, dass wir in diesem Chaos umkamen. In seiner unverkrampften Herzlichkeit mochte ich ihn sehr, doch nach fünf Minuten drängte er uns zu gehen. Als wir auch bei Maria keine Fahrräder mehr vorfanden, war uns klar, dass wir den Zug erreichen mussten. Selten bin ich so lange so schnell gelaufen. Wir hatten Glück, er stand noch da. Der Soldat, der uns bei der Ankunft aufgehalten hatte, sagte, sie hätten auf uns gewartet.

Ohne die Eltern, dem Treck entronnen, bei etwas besserem Wetter zogen wir gut gelaunt vom Bahnhof Leimeritz über die Landstraße zurück. Plötzlich dröhnte ein Flugzeug auf. Es war schräg von hinten dicht über dem Wald aufgetaucht, senkte sich zu uns herab, flog in unserer Richtung die Straße entlang, hob wieder an und verschwand über dem Wald. Das konnte nur Zufall sein! Wie konnte der wissen, dass wir beide hier entlanggingen? Es war natürlich Absicht. Der Pilot hatte nur gewendet, um zurückzukommen. Diesmal sprangen wir rechtzeitig zur Seite, zum Glück, denn er schoss mit seiner Bordwaffe auf uns. Die Einschläge spritzten vom Straßenboden hoch. Er hatte uns nicht getroffen. Bevor wir zur Besinnung kamen, war er schon wieder da. Wir suchten nach einem Versteck. Ich warf mich auf den Boden, Maria lief in den Wald. Er mähte am Waldrand entlang. Zum Glück war Maria schon hinter einen Baum geflüchtet. Beim vierten Anflug muss er gesehen haben, wie ich im Straßengraben in eine Röhre kroch, die den darüber führenden Feldweg untertunnelte. Langsam flog er auf mich zu und schoss in die Röhre hinein. Dann kam er von der anderen Seite, senkte sich tief und schoss von dort herein. Gleich würde er abspringen und mit der Pistole oder dem Messer auf mich zukommen. Er war nur noch wenige Meter hoch. Ich erstarrte in innerstem Schrecken. Mein letzter Gedanke war: Jetzt bin ich tot. Irgendwann war mir, als zöge mich etwas am Bein, und wie aus weiter Ferne hörte ich Marias Stimme: »Käthel, komm raus, komm doch wieder raus. Bitte, sei nicht tot.« Ich war ganz benommen. Wir waren dem Tode entronnen. Ich hatte plötzlich nichts mehr gehört, gesehen oder gespürt. Es war einfach alles weg gewesen. Nicht einmal dunkel oder schwarz, wie wenn man die Augen zumacht, es hatte gar nichts mehr existiert. Dann aber staunte ich immer mehr, dass ich noch lebte. Ich wunderte mich, dass mich das gar nicht bedrückte oder traurig machte. Wäre es schlimm gewesen, wenn ich wirklich gestorben wäre? Schließlich war Vater auch tot. Aber wäre ich jetzt tot, wüsste ich gar nicht mehr, wie schön es zu Hause immer gewesen war. Ich war irritiert Und erst allmählich konnten wir wieder miteinander über alles reden.

Am Abend kamen wir wieder in Osterdorf an und blieben noch fünf oder sechs Tage. Dann wurde es auch dort unruhig. Wieder wichen die deutschen Soldaten zurück. Da machten auch wir uns erneut auf den Weg, diesmal im Treck von Osterdorf. Nun hatten wir es leicht. Die Lehrersfrau hatte uns einen Handwagen besorgt, und ein Bauer gestattete uns sogar, ihn an seinen Wagen anzuhängen. Auch Maria und ihre Familie konnten ihren Wagen anhängen. In der Tschechei, hofften wir, würden wir sicher sein. Denn auf die Tschechei hatten die Russen, so meinten wir, keinen Zugriff. Gleich hinter der Grenze, in Braunsdorf, machten wir auf einem großen Gutshof Halt. Dieser Gutshof war voll mit Flüchtlingen. Es war kein Platz mehr für uns. Wir mussten auf der zugigen Tenne schlafen. Auf Stroh, mit unserem Oberbett – Mutter sei Dank! – zugedeckt, lagen wir so eng nebeneinander, dass sich niemand bewegen konnte, ohne den anderen zu wecken. Die Deutschen hatten eine Gulaschkanone aufgestellt. Mittags und abends gab es Eintopf, morgens etwas Brot und Milch.

Herumbummelnd suchten Maria und ich unsere Lage zu verbessern. Wir horchten überall, ob es etwas zu essen oder eine Decke gäbe, wie es weitergehen sollte, wo die Front jetzt wäre. Die Soldaten berichteten, dass einen Tag nach unserem Aufbruch aus Osterdorf die Russen vorgerückt seien. Sie mordeten, vergewaltigten, brannten und plünderten, sagten sie. Bauerwitz war gefallen, und in seiner Nähe hatten sie ein großes Sammel- und Aufmarschgebiet eingerichtet. Nun war es endgültig. Es gab kein Zurück mehr. Bauerwitz lag hinter einem breiten, unüberwindlichen Graben und verschwand in nebelhaftem Grau. Ich konnte mir nicht mehr vorstellen, wie es jetzt dort aussah. Aber der Gutshof hier konnte auch nicht unser zukünftiges Leben sein. Niemand schien zu wissen, wie es weitergehen sollte. Wir brachten die Tage mit unbestimmtem Warten zu.

Andere junge Leute schliefen auf den Treckwagen, damit über Nacht nichts gestohlen wurde. Auch wir wollten von unseren Eltern weg und von der zugigen Enge auf der Tenne. Also boten wir einem Bauern an, auf seinem Wagen zu schlafen, wenn er uns Decken zur Verfügung stelle. Dort draußen erlebte ich zwei trotz allem wunderschöne Nächte. Ich wachte auf, weil die eiskalte Luft über mein Gesicht strich. Und als ich unter der Plane nach vorn kroch, sah ich den Mond über mir. Er war genauso schön und ruhig, wie ich ihn von meinem Kinderzimmer aus gesehen hatte. In seinem spärlichen Licht waren die Wagen zu erkennen mit ihren schräg zum Boden geneigten Deichseln, die Pferde scharrten und schnaubten im Stall. Nichts war von dem aufgeregten Treiben des Tages übrig geblieben. Ich genoss die Stille. Es war das erste Mal in meinem Leben, dass ich eine Nacht im Freien verbrachte, und es war das erste Mal, dass ich mich ganz allein fühlte. Niemand hatte Zeit, sich um mich zu kümmern, niemand fragte, wie es mir gehe. Meine Mutter auf der Tenne, meine Freundin neben mir, ich brauchte sie eigentlich nicht. Ich war ohnehin allein in diesem Chaos. Und waren die Erwachsenen nicht ebenso hilflos und ratlos wie ich selbst?

Am nächsten Abend plauderten wir mit deutschen Soldaten. Ein Offizier bot uns an, in seinem bequemen Personenwagen zu übernachten. Dort stellte er uns seinem »besten Unteroffizier« vor. Dieser zog mit Maria ab, er wollte ihr etwas zeigen. Ich setzte mich im Auto des Offiziers auf den Beifahrersitz, klappte die Rückenlehne herunter, deckte mich mit seiner wunderbar weichen, warmen Decke zu und versuchte zu schlafen. Doch es gelang mir nicht. Ich wartete auf Maria, aber sie kam nicht zurück. Plötzlich ging die Fahrertür auf, der Offizier kletterte herein und rückte zu mir herüber. Er zog mich fest an sich, sodass ich mich kaum bewegen konnte. So war das also! Mit aller Kraft stieß ich ihn zurück und floh. Nach einer Weile kam Maria. Der Unteroffizier hatte ihr einen Cognac angeboten, war aber sonst ganz harmlos gewesen. Gefallen hatte es ihr trotzdem nicht. Aber wo sollten wir jetzt bleiben? Die anderen schliefen alle schon. Also gingen wir wieder zu dem Auto zurück und banden die Türen von innen mit Stricken zu. Schlafen konnten wir nicht, aber es geschah auch nichts mehr.

Wir waren froh, als der Treck am nächsten Morgen erneut aufbrach. Das Land wurde bergig. Immer wieder mussten wir durch Schnee und Schneematsch waten. Am Straßenrand lagen Bündel, die Flüchtende vor uns als Ballast abgeworfen hatten. Schließlich erreichten wir – es war inzwischen Karsamstag – Neplachowitz, ein lang gestrecktes Straßendorf. Hier, im deutschen Sudetenland, war immer noch alles gut geregelt, und wir wurden auf Privatquartiere verteilt. Die Leute kamen aus ihren Häusern und suchten sich aus, wen von uns sie haben wollten. Ich kam zu einer kleinen Familie, meine Mutter ein paar Häuser weiter zu einem allein stehenden Mann, was den Vorteil hatte, dass wir unseren Handwagen auf seinem langen Flur unterbringen konnten. Mir war dieser Mann sehr unsympathisch. Er war klein und hatte etwas Gnomenhaftes an sich. Zu ihm wäre ich nicht gerne gegangen. Er lächelte dauernd ohne Grund. Es war gerade dunkel geworden, da kam meine Mutter zu mir und sagte, sie fände den Mann so unheimlich, dass sie bei ihm nicht bleiben wolle. Zum Glück nahmen sie meine Leute auf. Ich schlief sehr unruhig, musste an diesen Mann denken und fürchtete, er würde sich an uns rächen. Wie er so spinnenhaft um uns herumgetänzelt war!

Und dann begann ein wunderschöner Ostersonntag. Der Himmel war strahlend blau. Gut gelaunt ging ich mit Maria den weiten Weg in die Kirche, immer an der Straße entlang. Die Einheimischen waren festlich gekleidet, alle Glocken läuteten. Fast hätte man meinen können, es sei Frieden. Überall waren die Frühlingsblumen erblüht. Wir gingen an einem Forsythienstrauch vorbei, der mir so schön schien, dass ich glaubte, noch nie etwas so Herrliches gesehen zu haben. Ich schaute den Strauch an, sein leuchtendes Gelb vor dem tiefen Blau des Himmels, und war wie verzaubert. Es war, als wären diese Forsythien und ich allein auf der Welt, als kennten wir uns schon ewig. Mich durchströmte ein großes Glücksgefühl. Die Zeit einfach anzuhalten, das wäre die beste Lösung, dachte ich.

Auch nach dem Gottesdienst hielt die gute Stimmung an. Maria und ich sangen und machten wieder unsere alten dummen Sprüche. Zwar war uns schon klar, dass wir im Ungewissen unterwegs waren, aber gleichzeitig spürte ich eine Kraft und Freude in mir, die mir das Gefühl gab: Ich werde es schaffen.

Am Osterdienstag zogen wir weiter. Wieder spannten wir die Pferde an, holten unseren Handwagen und machten uns auf den Weg, immer der Straße nach. Fast hatte ich mich daran gewöhnt. Niemand blieb stehen, niemand fiel aus dem schaukelnden Tritt. Jeder Versuch, das Schritttempo zu wechseln oder sich zu räkeln, brachte Unordnung in den Zug und irritierte die anderen. Hin und wieder ermunterte einer die Pferde, sonst war kein Laut zu vernehmen, höchstens mal ein Flüstern. Wir waren zu müde zum Reden. Und allmählich trotteten die lahmen Füße

wie von selbst dahin, während das Denken längst aufgehört hatte. Ich bewegte mich wie in Trance, erschöpft und gleichmäßig. Ewig folgte ein Schritt auf den anderen. Es nahm kein Ende, stundenlang, tagelang.
Wieder kamen wir in die Berge und immer wieder auch in den Schnee. Wenn es bergauf ging, mussten alle absteigen. Unsere Handwagen wurden abgehängt. Wir schoben, um die Pferde zu entlasten. Wenn es bergab ging, wurden dünne Baumstämme vor die Räder gelegt, um zu bremsen. Manchmal rutschte ein Pferd aus, oft stieß eine Deichsel wild nach vorn. Die Bauern spornten die Pferde abwechselnd an und beruhigten sie wieder. Es war sehr mühsam und kostete Zeit. Aber die Ausläufer des Altvatergebirges, durch die wir zogen, waren wunderschön. Und Marias Vater, ein musischer, empfindsamer Mensch, bei dem wir in der Schule Musikunterricht gehabt hatten, sagte: »Hier komme ich später nochmal her.«
Dann wurden die Täler offener. Wir kamen durch kleine Dörfer. Inzwischen konnte ich nicht mehr gehen und durfte vorn auf einen Wagen. Da hörte ich plötzlich einen Schrei. Ich fuhr hoch und schaute unter der Plane durch. Schräg vor mir hing ein Mann an einem Laternenpfahl. Er kam immer näher. Sein Kopf hing schief. Er pendelte hin und her. Schließlich erkannte ich die deutsche Uniform. Nur die Stiefel fehlten. Fette, schwarze Krähen flogen auf, durch uns gestört. Und auf dem Bauch des Gehenkten hing ein Schild: »Ich glaubte nicht an den Führer.« So etwas kannte ich vom Kreuzweg: INRI. Auch bei Jesus hatte man den Grund für seine Ermordung angegeben. Noch hatte ich nicht begriffen, was ich da sah, da hing am nächsten Laternenpfahl die zweite Gestalt: »Ich bin ein Feigling«, der Nächste: »Gerechte Strafe« und noch einer. Vier waren es – eine Straße der Gehenkten.

Am nächsten Tag zur Mittagszeit, nach einer kurzen Pause, trennten wir uns von dem Treck. Das war in Lobnig. Der Treck zog weiter nach Süden ins Tschechische, nach Sternberg, wo es ein großes Flüchtlingslager geben sollte. Meine Mutter und ich wanderten nach Westen. Wir wollten in einem großen Bogen aus der Tschechei in die Grafschaft Glatz gelangen, nach Wölfelsdorf zu meinem Onkel und meiner Tante. Bis dorthin war die Front noch nicht vorgedrungen. Dort konnten wir gemeinsam abwarten, wie es weitergehen würde.

Der Abschied von Maria war schwer. Unvorstellbar, ohne sie weiterzuziehen. Seit fünf Jahren waren wir inzwischen befreundet, alles hatten wir zusammen gemacht. Nie hatte sie mich enttäuscht. Wo die eine war, war die andere nie weit. Sie hatte braune Zöpfe, ich blonde. Gleich groß, gleich dünn, nannte man uns bloß »die beiden Mädel«. Wir versprachen uns, auf jeden Fall zurückzukehren, wenn der Krieg vorbei war, und tauschten Adressen von Verwandten aus, über die wir uns notfalls erreichen konnten.

In der Tschechei

Mutter und ich waren den Treck nun los, der uns zum Schluss lästig geworden war. Immer hatten wir mit unserem Handwagen hinter einem großen Fuhrwagen hertrotten müssen, das Schnaufen der Pferde vom nächsten Wagen im Nacken. Oft packten die Bauern ihre guten Sachen aus, die sie dann mit Genuss aßen, während wir schon lange nichts mehr zu essen hatten und von dem Brot am Morgen und dem Eintopf am Abend leben mussten. Die Kehrseite war, dass wir nun auch keinen Schutz mehr hatten. Deshalb gingen wir möglichst über das freie Feld, wo um diese Zeit niemand etwas zu tun hatte, einfach nach Westen.

Es war ein besonders schöner Frühling, überall begann es in den prächtigsten Farben zu blühen, das Gras wurde grün. Die Lerchen – meine Lerchen, denen ich hinter unserer Scheune so gerne zugehört hatte – standen jubilierend hoch in der Luft. Es war ein Kontrast, der mich fast zerriss: unsere Verlorenheit in dieser vitalen Natur. Sie nahm keine Rücksicht auf uns. Es war ihr gleichgültig, ob wir da waren oder dort. Sie blühte auf jeden Fall, und zwar so üppig und strahlend, als wollte sie uns verhöhnen.

Bei einem freundlichen Bauern, der noch andere Deutsche aufgenommen hatte, bekamen wir ein paar Kartoffeln und ein Ei und durften in seiner Scheune schlafen. Es tat gut, weg von den Leuten zu sein. Wir blieben dort ein paar Tage, um uns etwas auszuruhen. Als uns eines Morgens die Sonne weckte, zogen wir weiter. Irgendwann erreichten wir eine Stadt. Meine Mutter kam auf den guten Gedanken, wir könnten vielleicht mit der Bahn weiterkommen. Zwar besaßen wir nur Reichsmark, aber versuchen konnten wir es ja. Es führte ein langer, leerer Weg zu einem kleinen, alten Bahnhof am Ortsrand. Aber wir hatten kein Glück. Es fuhren keine Züge nach Westen, nur zurück nach Jägerndorf, woher wir gekommen waren, oder in die Tschechei hinein nach Olmütz. Also gingen wir zu Fuß weiter. Mitten im Ort sahen wir plötzlich zwei Lehrerinnen meiner Schule auf uns zukommen. Sie zogen einen kleinen Handwagen hinter sich her, gingen aber in die falsche Richtung, nach Osten. Das irritierte uns sehr. Wir konnten nicht zu ihnen hinüber, weil gerade ein langer Konvoi von Militärautos vorbeifuhr. Die Sudetendeutschen waren freundlich und hilfsbereit. Wir bekamen immer etwas zu essen und durften bei Bauern auf der Diele oder in der Scheune schlafen. Hier und da fingen die Leute an zu tuscheln. Gerüchte machten sich breit, die Tschechen würden sich für das in der Besatzungszeit erlittene Unrecht nun grausam an' den Deutschen rächen. Sie setzten angeblich deutsche Bürgermeister ab, vertrieben die Deutschen von ihren Posten, jagten sie aus ihren Häusern. Vagabundierende Horden verunsicherten das Land. Wir konnten das erst gar nicht glauben und verstanden nicht, warum das so sein sollte. Es passte nicht zu den Erfahrungen, die wir auf unseren Wanderungen durch das Altvatergebirge gemacht hatten. Wir hatten gedacht, in der Tschechei seien wir sicher. Aber diese Gerüchte waren so allgegenwärtig und bedrohlich, es musste ja etwas dran sein an diesen Todesbrigaden, die die Deutschen verfolgten. Wieder breiteten sich Angst und Schrecken aus. Deshalb mieden wir die größeren Orte, baten selten jemanden um Auskunft und gingen zielgerichtet gemäß dem Sonnenstand immer nach Westen.

An einem Abend kamen wir an einen Hof, der abgelegen in einer Mulde lag. Er sah gut aus, sodass wir beschlossen, dort nach einer Übernachtung zu fragen. Irgendwie kam ich mir vor wie im Märchen. Dort hatten die jungen Burschen auf ihrem Weg in die Welt auch immer irgendwo angeklopft und um Herberge gebeten, hatten ihr Bündel zum Kopfkissen gemacht und waren dann für ein »Vergelt's Gott« weitergezogen. Doch als wir den Hof betraten, fanden wir alle Türen und Tore offen. Kein Mensch war zu sehen. Nur ein schlanker Jagdhund schnupperte auf dem Boden herum, als ob er eine Spur suchte. Er nahm von uns keinerlei Notiz. Wir gingen in die weitläufige Diele hinein. Dort brannte Licht. Um den großen runden Eichentisch knieten sechs oder sieben Personen. Sie waren ganz still und bewegten sich nicht. Ihre Köpfe waren nach vorn gefallen. Als wir näher kamen, sahen wir, dass sie mit der

Zunge an der Tischkante festgenagelt worden waren. Dem Bauern hatten sie die Augen ausgestochen, die Hände der Bäuerin lagen merkwürdig verdreht vor ihr auf dem Tisch. Mehr sah ich nicht, ich fiel um.
Als ich zu mir kam, lag ich im Hof, meine Mutter hatte mich herausgezogen. Überstürzt machten wir uns davon. Dabei verloren wir den Koffer. Es war inzwischen ganz dunkel geworden. Im nächsten Ort waren die Straßen wie leer gefegt und die Türen verrammelt. Nirgendwo brannte Licht. Wir klopften an viele Fenster, niemand machte auf. Schließlich huschte vor uns eine Frau über die Straße. Sie war völlig verschüchtert, ließ sich aber ansprechen und brachte uns zu Bekannten, wo wir die Nacht über bleiben konnten. Und dort erfuhren wir, dass Horden durch den Ort gezogen waren und Jagd auf die Deutschen gemacht hatten. Einige seien erschossen worden, bei anderen hätten sie geplündert. Wir dürften auf gar keinen Fall weitergehen. Am nächsten Morgen, noch in der Dämmerung, stand dann ein Tscheche vor uns, der uns wegbringen wollte. Er lud uns mit unserem Handwagen auf seinen Lastwagen und fuhr uns nach Eisenberg. Von dort aus konnten wir mit dem Zug bis zur schlesischen Grenze und dann mühsam und umständlich nach Habelschwerdt fahren. Es herrschte totales Chaos. Die Züge waren überfüllt, und auf dem Bahnhof war kein Durchkommen mehr. Die Grafschaft Glatz war überschwemmt von Flüchtlingen aus Breslau und Mittelschlesien. Dennoch kamen wir voran, und immer noch sah das Glatzer Land so freundlich aus, wie ich es aus unseren letzten Ferien kannte.
Die Gesichter meines Onkels und meiner Tante spiegelten ihre Gefühle wider: Überraschung, Zurückweichen und am Ende ein Wiedererkennen. Meine Mutter fragte: »Dürfen wir hier bleiben? Wir können nicht mehr nach Hause.«

Willkommen waren wir nicht gerade. Das war verständlich. Die beiden hatten vom Krieg außer über Nachrichten und Zeitung noch nichts mitbekommen. Da erinnerte ich mich daran, wie schwer es mir gefallen war, die Frauen aus Beuthen anzunehmen, als sie in unsere Wohnung in Bauerwitz drängten. Nun waren wir die Einquartierten.

Vertreibung

Zurück nach Hause

Am Abend vor Hitlers Geburtstag waren wir in Wölfelsdorf angekommen. Aber in diesem Jahr dachte niemand an Hitler. Ich schaute mir die Leute an. Es waren doch dieselben wie im vorigen Jahr, als wir alle – sie hier und ich zu Hause – diesen Tag vorbereitet hatten, mitmarschiert waren, »Heil Hitler« gerufen hatten. Es konnte nicht sein, dass alle den Termin vergessen hatten. Der Ortsgruppenleiter zum Beispiel, der jetzt in Zivil herumlief, was ging in ihm vor? Jetzt versuchte er, mit allen freundlich zu sein. Ich fand das peinlich. Aber irgendwie saßen wir alle wieder in demselben Boot.

Das Land wimmelte von Menschen. Es gab zwar noch Lebensmittelkarten, aber fast nichts mehr darauf zu kaufen. Mein Onkel bekam ab und zu etwas von den Bauern zugesteckt, und am Anfang profitierten wir ein wenig davon. Er ging auch noch in die Schule und scharte möglichst viele Kinder, einheimische und fremde, um sich. Von Unterricht konnte allerdings keine Rede mehr sein, die Kinder wurden eher beschäftigt. Mich nahm er immer mit. Ich spielte dann so eine Art Hilfslehrer, und das machte mir riesigen Spaß. Oft war ich allein mit den Kindern, die ja nur wenig jünger waren als ich selbst, und sang mit ihnen, ließ sie Gedichte auswendig lernen oder übte Nacherzählungen ein. Und ich staunte, dass sie mir keinerlei Schwierigkeiten machten.

Ansonsten war mir oft langweilig. Wir lebten wieder in

diesem Zustand des Wartens, in der Schwebe: Wie es jetzt war, würde es bald nicht mehr sein. Wir wussten, dass die Russen mit Sicherheit kommen würden, nur wann, das wussten wir nicht. Einerseits nahm die Spannung zu: Immer wieder schauten wir ängstlich zur Straße hinüber oder stiegen einen Hügel hinauf, um sie rechtzeitig zu entdecken. Andererseits wünschten wir uns sehr, alles wäre endlich vorbei.

Bei dem ungewöhnlich schönen Wetter wanderte ich oft über die Felder oder hinauf zur Wallfahrtskirche Maria Schnee, die auf dem Spitzigen Berge lag. Es war noch kein Jahr her, da waren wir in den Sommerferien mit Kuchen und Limonade im Rucksack dort hinaufgezogen. Kaum zu glauben! Inzwischen hatten wir den 9. oder 10. Mai 1945, und kein Mensch war unterwegs, als ich allein steil bergauf ging, quer durch den Wald. Ich hörte den Vögeln zu, sah mir Bäume und Blumen an, verfolgte die letzten Stationen des Kreuzwegs, ging in die Kirche und genoss danach den weiten Blick ins Tal. Dort unten, fünf Kilometer entfernt, lag das kleine Wölfelsdorf still und friedlich in der flimmernden Nachmittagssonne. Hatte ich die letzten Monate nur geträumt? Der Kontrast war zu groß. Er verwirrte mich. Meine Erlebnisse passten nicht zu diesem idyllischen Bild vor mir. Irgendetwas konnte nicht stimmen. Ich wusste gar nicht mehr sicher, wer ich wirklich war.

Da sah ich plötzlich locker über die Landschaft geworfene graugrüne Perlenschnüre, die sich langsam fortbewegten. Oder waren es große Blindschleichen, die sich durch das Land schlängelten? Was bedeutete das? Ich erschrak – russische Panzer überzogen das Land wie riesige Tentakel. Von allen Seiten kamen sie und bewegten sich nach Süden. Ich suchte die Gegend mit den Augen ab, die Wege, auf denen sie vorrollten und ihre blitzenden Rohre drohend in

alle Richtungen drehten. Vorsichtig und misstrauisch schoben sie sich vorwärts. Plötzlich waren sie überall. Ich starrte auf diesen Tausendfüßler, der über die Felder kroch. Seine glitzernden Augen schauten zu mir herauf. Ich hatte keine Chance, vor ihnen in Wölfelsdorf zu sein. Trotzdem lief ich los, den Berg hinunter, erst durch den Wald, dann über die Felder, von einem Gebüsch zum anderen, durch Gräben hindurch, mich duckend oder versteckend. Es kam darauf an, in der Mitte zwischen zwei Panzerschlangen möglichst nahe ans Dorf heranzukommen. Aber je tiefer ich in die Ebene eintauchte, desto mehr verlor ich den Überblick. Wenn ich stehen blieb, hörte ich sie, das dumpfe Rasseln ihrer breiten Raupenketten, unheimlich in ihrer zielgerichteten Langsamkeit. Wie in den Wochenschauen, dachte ich, genauso. Sie durften mich auf keinen Fall sehen. Aber schließlich musste ich doch die Straße überqueren. Vorsichtig erreichte ich eine Kurve, in der Bäume und Sträucher standen. Und als der eine Panzer um die Kurve und der andere noch nicht da war, sprang ich über die Straße. Aber da hielt der Panzer links von mir, ein Soldat sprang ab und schrie »Stoj!«. Ich rollte mich zu einer Kugel zusammen und drückte mich zwischen einen Strauch und hoch stehendes Gras. Der Soldat schimpfte, schoss zweimal in meine Richtung und ging dann wieder zu seinem Panzer zurück. Ich rührte mich nicht mehr und wagte kaum zu atmen. Denn dicht über mir hörte ich einen Panzer nach dem anderen vorbeirollen, ich weiß nicht, wie lange. Endlich war es still geworden, und ich schlich weiter. Als ich das erste Haus erreicht hatte, war ich gerettet. Hinter den Häusern, durch Gärten und Scheunen kam ich zwar nur langsam voran, aber es sah mich niemand. Kein Mensch war unterwegs.
Auf der Höhe der Kirche beobachtete ich durch die Häu-

serlücken hindurch, dass sich viele von den Panzern auf dem Dorfplatz versammelt hatten. Die Soldaten waren heruntergestiegen. Sie hatten ihr Ziel erreicht und alberten herum. Alle waren sehr jung, lachten, machten Späße. Einige hatten das Gewehr schussbereit unter dem Arm und sicherten den Platz. Manche hatten Schiffchen-Mützen auf, einige runde Tellermützen mit einem roten Band und dem Sowjetstern über dem Schild. Weite Hosen steckten in kurzen Stiefeln, und darüber trugen sie eine Art Bluse ohne Knöpfe, dafür mit Stehkragen, die ein Gürtel mit einem Koppelschloss zusammenhielt. Das waren sie also, unsere schlimmsten Feinde, die in den Wochenschauen wie Barbaren und Unmenschen dargestellt worden waren, grausam und brutal. Aber so schrecklich sahen sie gar nicht aus. Trotzdem traute ich ihnen nicht. Aus allen Häusern hingen weiße Bettlaken und Tücher. Damit wollten die Leute zeigen, dass sie sich ergaben und keine hinterhältigen Absichten hegten. Großdeutschland hatte kapituliert.

Am dritten Tag trauten wir uns wieder auf die Straße. Wir brauchten Brot und etwas zu essen. Die Russen strichen durch das Dorf, beschlagnahmten die schönsten Wohnungen, tanzten auf dem Dorfplatz um ein Feuer, spielten auf ihrer wehmütigen Balalaika und lungerten herum. Wenn es ihnen zu langweilig wurde, plünderten sie Häuser. Plötzlich standen sie dann polternd und schreiend in der Wohnung. Wir stoben auseinander und konnten doch nicht weg. Immer wieder hörten wir von Übergriffen auf Frauen. Aber dann sagten die Leute oft, die deutschen Mädchen seien ja wohl selbst schuld daran gewesen. Vergewaltigung war etwas, was es in Deutschland nicht gegeben hatte. Deutschland sei ein sauberes Land, ohne Mord und Totschlag, Verbrechen, Überfälle und Diebstahl – das wurde uns in der Hitlerjugend eingetrichtert; den Gegen-

satz bildeten die »hässlichen Juden« und die kommunistischen Russen. Ich jedenfalls wusste nicht genau, was Vergewaltigung war. Jetzt machte mir das umso mehr Angst. Die Schule war natürlich inzwischen geschlossen. Lebensmittelkarten gab es auch nicht mehr. Wir waren alle zu »Selbstversorgern« geworden. Als solche wurden im Krieg die Bauern eingestuft, die für bestimmte Nahrungsmittel keine Lebensmittelkarte brauchten. Mein Onkel hatte immer noch genug zu essen. Oft schlich ich an der Tür vorbei, hinter der seine Quark- und Buttergefäße standen, wo die Eier, Äpfel und Kartoffeln lagerten, und versuchte einen Blick zu erhaschen. Wir bettelten bei den Bauern.
Es gab keine Nachrichten mehr, keine Zeitungen, ab und zu Appelle, wie wir uns zu verhalten hätten. Deutsche, die mit den Russen kooperierten, sorgten für erhebliche Unruhe. Wieder begann sich Misstrauen breit zu machen gegen die eigenen Landsleute.
Um den 20. Mai herum stand plötzlich meine Schwester Bärbel vor der Tür, in Arbeitsdienstuniform. Ich freute mich riesig. Nun waren wir wieder zu dritt, und ich hatte eine Verbündete. Auch sie war erleichtert und froh, dass sie uns hier wirklich gefunden hatte. Ihre Anspannung löste sich in einem langen Redeschwall. Nach der Ausbildung in Küstrin sei sie in die Lausitz zu einem Bauern gekommen, dann zum Torfstechen ins Emsland. Als im Herbst 1944 die Amerikaner näher rückten, seien sie in die Nähe von Kassel und bald darauf in den Thüringer Wald verlegt worden. Dort hätten sie in einer gut getarnten, halb unter der Erde liegenden Munitionsfabrik arbeiten müssen, Granaten drehen. Und da habe es sie beinahe erwischt. Schon vorher hätten sie immer wieder Fliegeralarm gehabt. Dies eine Mal jedoch seien russische Flugzeuge ohne jede Vorwarnung auf einmal über ihnen gewesen und hätten sie bom-

bardiert. Der im Freien gelegene Teil der Anlage sei getroffen worden. Sie habe gerade eine leere Lore in die unter der Erde gelegene Halle zurückschieben müssen. Alles sei über ihr zusammengestürzt. Zuerst habe sie gedacht, sie sei tot. Aber als sich der Staub gelegt hatte, stellte sie fest, dass sie sich noch bewegen konnte. Später habe sie wohl das Bewusstsein verloren. Dann habe plötzlich ein Suchhund neben ihr gebellt.

Ich konnte das alles gar nicht so schnell verstehen, denn sie sprach, als ob sie eine Geschichte aus dem Lesebuch nacherzählte, völlig unaufgeregt und unbeteiligt. Ich starrte sie entsetzt an. Da sagte sie: »Ja, Unkraut vergeht nicht! Wenn man bedenkt, dass sechs von uns dabei umgekommen sind!« Ich war verstört. Bärbel war immer so weich und freundlich gewesen, jetzt verzog sie den Mund in Bitterkeit und schaute uns nicht an. Meine Fragen beantwortete sie gar nicht. Sie erzählte dann nur noch, wie sie am 6. Mai zu einem Fahnenappell antreten mussten und ihnen die Führerin eröffnete, sie seien entlassen, das Großdeutsche Reich könne im Augenblick nichts mehr für sie tun. Da stand sie plötzlich allein auf der Straße. Die anderen gingen nach Hause. Sie wusste nicht, wohin. Von Schlesien erzählte man sich schreckliche Dinge. So fuhr sie zunächst mit einer Kameradin mit, die in Sachsen wohnte. Ein paar Tage später machte sie sich auf den Weg nach Glatz. Sie habe sich halt durchgeschlagen, sagte sie. Meine Tante in Glatz konnte mit ihr in der Stadt nichts anfangen und schickte sie nach Wölfelsdorf. Ob wir ihr etwas zum Anziehen mitgebracht hätten, fragte sie. Da wurde mir plötzlich bewusst, wie arm wir waren. Bärbel hatte sich immer gern hübsch gemacht. Oft hatte ich mich über sie lustig gemacht, wenn sie stundenlang vor dem Spiegel stand oder wenn sie plötzlich in die Kirche ging, um den hübschen jungen Offizier zu

sehen. Nun hatten wir nicht einmal mehr ein Kleid für sie. Gleichzeitig wunderte ich mich darüber, dass sie meinte, wir hätten ihr etwas mitbringen können. Sie konnte sich wohl wirklich nicht vorstellen, was wir erlebt hatten.
Da der Krieg vorbei war und viele der Meinung waren, die Russen würden nun sowieso das ganze Land besetzen, fassten meine Mutter und ich den Entschluss, nach Bauerwitz zurückzukehren. Wir wollten wissen, ob wir dort wieder leben könnten. Außerdem wollte ich Maria wiedersehen. Ohne sie fühlte ich mich allein. Dass wir ganz aus Schlesien vertrieben werden könnten, kam niemandem in den Sinn. Bärbel wollte in Wölfelsdorf bleiben. Meinen Geburtstag warteten wir noch ab. Es war ein wunderschöner Sonntag, voller Sonne und Helligkeit. Überall blühte es. Ich ging noch einmal in der Nähe des Hauses umher, hinunter zur Wölfel auf die Holzbrücke. Doch am Montag brachen wir auf, mit leichtem Gepäck, denn es war ja Sommer.
Wir gingen zu Fuß nach Habelschwerdt. Von dort konnten wir mit dem Zug nach Glatz fahren. Aber dann ging nichts mehr. Und schon bald merkten wir, dass es gar nicht so leicht war, nach Bauerwitz zu kommen. Zunächst konnten wir die Situation überhaupt nicht einschätzen. Es war überall so leer. Kein Auto, kein Pferdefuhrwerk, kein Radfahrer auf der Straße. Niemand arbeitete auf den Feldern. Kein Mensch war unterwegs. Die kürzesten Entfernungen wurden von den Leuten schnell und geduckt zurückgelegt. Türen und Fenster waren verschlossen. Das Land wirkte wie ausgestorben. Nur auf den Dorfplätzen standen Panzer und Gruppen von Russen, die sofort auf uns zukamen, wenn sie uns sahen. Wie oft musste Mutter ihren Ausweis zeigen, erklären, wohin wir wollten, warum, für wie lange! Wie oft wurden wir und unsere Sachen durchsucht! Und was einem Soldaten gefiel, das nahm er sich einfach. Wir

versuchten also bald, die Dörfer zu umgehen. Aber das war auch nicht besser. Denn es war noch gefährlicher, wenn einer plötzlich um irgendeine Ecke mit seinem Gewehr hervorstürzte und wir ihm hoffnungslos ausgeliefert waren. War er freundlich, ließ er uns weitergehen. War er schlecht gelaunt, nahm er uns mit zur Kommandantur, wo wir wieder gefilzt wurden und oft stundenlang warten mussten. Hinzu kam, dass wir kein Wort verstanden und deshalb nie einschätzen konnten, was sie mit uns vorhatten. Ihre anzüglichen Blicke beunruhigten uns. Ich behielt sie immer möglichst alle im Auge und tat doch so, als sähe ich sie nicht. Einige machten sich lustig über unsere Angst, nahmen uns an den Händen und tanzten mit uns im Kreis herum. Dann wieder durften wir von dem Stuhl, auf den sie uns gesetzt hatten, nicht aufstehen. Die kleinste Bewegung reichte, dass einer das Gewehr auf uns richtete. Und wir waren sehr erleichtert, wenn sie uns wieder ziehen ließen oder mit ihren Stiefeln hinauswarfen. Immer fanden wir zum Glück Leute, die uns über Nacht aufnahmen, entweder in ihrer Wohnung oder in ihrer Scheune, und uns etwas zu essen gaben.

Als wir einmal eine kleine Landstraße entlanggingen – der Himmel war blau, wir hatten einen weiten Blick über die schöne Landschaft und waren guter Stimmung –, kam mit großem Getöse ein offener Lastwagen hinter uns hergefahren. Wir sprangen auf die Seite, da stoppte er schon, dass die Bremsen quietschten und der Staub aufwirbelte. Es waren Russen. Breit lachend forderte uns der Beifahrer auf einzusteigen. Wir hatten viel zu viel Angst, um nein zu sagen. Also stiegen wir auf, meine Mutter ins Fahrerhaus, ich musste hinten hochklettern. Der Wagen hatte Apfel- und Kartoffelkisten geladen. Ich setzte mich obendrauf, konnte mich aber nirgendwo festhalten. Wie ein Wilder fuhr der Russe los, und gleich in der nächsten Kurve kippte der ganze Wagen um. Ich wurde über den Straßengraben hinweggeschleudert, die Kisten stürzten auf mich. Erstaunt merkte ich, dass ich unter ihnen wieder hervorkriechen konnte. Nur den linken Arm hatte ich mir verstaucht. Zuerst konnte ich überhaupt nicht gehen und musste mich hinsetzen. Aber bald machten die Russen den LKW wieder flott, und es ging weiter. Zum Trost bekamen wir ein paar Äpfel. Eigentlich wollten wir nach Neiße. Aber da der Fahrer nichts verstand, fuhr er irgendwohin, immer weiter, und ließ uns freundlich lachend erst heraus, als er sowieso hielt und es schon dunkel geworden war. Wir waren dadurch ein ganzes Stück zu weit nach Norden geraten und hatten Mühe, uns zu orientieren, denn die Ortsschilder waren mit kyrillischer Schrift überklebt.

Am nächsten Morgen stellten wir fest, dass wir in ehemaliges Kampfgebiet gekommen waren. Auf den Feldern sahen wir viele liegen gebliebene Panzer, Tierkadaver zogen Scharen von Aasvögeln und -fliegen an, die hochschwirrten, wenn man in ihre Nähe kam, und immer wieder sahen wir abgeschossene Kirchtürme, Ruinen, wo einmal ein Dorf war. Hier und da wurde an der Straße vor Minen gewarnt, sodass wir nicht mehr wagten, über Feldwege zu gehen. Aber irgendwann, nach ungefähr zehn bis vierzehn Tagen, kamen wir zu Hause an.

Russische Besatzung

Aber was heißt zu Hause! Die Spuren der Kämpfe waren überall sichtbar: Die Straßen waren voller Löcher, von Häusern, an denen ich täglich vorübergegangen war, waren nur noch Steinhaufen geblieben. Dächer waren ausgebrannt, Schornsteine ragten sinnlos in den Himmel. Es gab tiefe Trichter von Bomben und Granaten und viele, viele Einschüsse an den Wänden. Unser Haus stand noch, nur ein Stück vom Dach war abgerissen. Die Türen waren alle offen, zum Teil aufgebrochen, die Räume ausgeräumt. Vaters Kirschbaum-Kommode war noch da und stand jetzt im Kinderzimmer, daneben ein leeres Bettgestell. Auch den ovalen Küchentisch gab es noch. Im Wohnzimmer fanden wir einen meterhohen Berg von Unrat vor. Es sah aus, als hätten sie dort die Toilette eingerichtet. Wir säuberten alles, so gut es ging, besorgten uns aus einem leer stehenden Nachbarhaus zwei Stühle, von unserem Bauern, der längst wieder da war, bekamen wir zwei Strohsäcke. Einen Topf und Besteck hatten wir mitgebracht, denn Bernhard hatte mir schon in Neiße gesagt: »Das Wichtigste, was ein Soldat im Feld braucht, ist ein Essgeschirr.« Und so richteten wir uns ein. Wir hätten uns noch mehr Möbel besorgen können. In der Nähe des Bahnhofs waren sie zu einem riesigen Berg zusammengetragen. Das meiste hatten die Russen schon abtransportiert, dies war nur der Rest. Wertvolle Eichentische, alte Schränke mit Einlegearbeiten, Stilmöbel lagen, vom Regen aufgequollen und zerbrochen, im Freien, zerhackt und der Vernichtung preisgegeben.

Wir waren unter den Letzten, die nach Bauerwitz zurückkamen. Der Rektor Ferenz war schon da, Kollegen meines Vaters, die Bauern sowieso, aber auch Kaufleute und viele andere. Im Juli 1945 wurden 2000 Deutsche registriert. Vor Kriegsende hatte Bauerwitz ungefähr 4500 Einwohner gehabt. Nach zwei, drei Tagen erfuhr ich, dass auch Maria, ihre Eltern und ihr Bruder zurück waren. Aber ich traute mich zunächst nicht, sie zu besuchen. Unser Prälat und Pater Glatzel waren die ganze Zeit in Bauerwitz geblieben. Solange es einen Deutschen im Ort gebe, wollten sie nicht weggehen, hatten sie gesagt. Und mindestens das Altenheim war ja noch von Deutschen bewohnt. Alle kamen nach Hause, um zu Hause zu sein.

Die Russen waren allgegenwärtig. Überall liefen sie mit ihren Gewehren herum, kamen auf ihren kleinen schnellen Panjepferden angesprengt. Im Rathaus hatten sie ihre Kommandantur eingerichtet, in den besseren Häusern wohnten die Offiziere, die einfachen Soldaten kampierten wohl meistens im Freien. Aber sie waren unberechenbar. Sie konnten am hellen Tag in die Wohnung stürmen, um sich die Ausweise zeigen zu lassen. Dabei inspizierten sie alles, was wir noch hatten. Da nahm einer unseren Löffel mit, wenn er ihm gerade gefiel, oder er warf ihn zum Fenster hinaus, ein anderer spielte mit dem soeben erbettelten kostbaren Stück Brot Fußball. Sie kamen in der Nacht, nachdem sie gesoffen und getanzt hatten, und suchten den ganzen Straßenzug nach Frauen und Mädchen ab. Weil sie sehr laut waren, gelang es mir dann vorher, mich in Sicherheit zu bringen. Aber wie viele Nächte habe ich voll Angst, mit klopfendem Herzen auf dem Dachboden hinter dem Kamin gehockt, während sie, gezielt oder nicht gezielt, in der Gegend herumschossen, wilde Flüche ausstießen und den Frauen drohten, sie zu erschießen, falls sie nicht zum Vorschein kämen. Und wenn dann, nachdem sie welche gefunden hatten, die gellenden Schreie aus den Nachbarhäusern zu mir herüberhallten! Wie oft bin ich in der Dämmerung, bevor diese schrecklichen Nächte begannen, auf den nahe gelegenen Friedhof ausgewichen, um mich dort im Gebüsch zu verstecken. Mir fiel dann manchmal eine Wendung aus Goebbels' Hetzreden ein: »die wilden bolschewistischen Tiere aus dem Osten«. Am ruhigsten war es zwischen drei und sieben Uhr, denn da schliefen sie ihren Rausch aus.

Oft zogen sie in Gruppen von einer Stelle zur anderen. Ab und zu nahmen sie auch Quartier in unserem Hof. Dort brannten sie Schnaps, machten ein Feuer, brieten Hühner oder was sie den Leuten sonst abgejagt hatten, tanzten, spielten auf ihrer Balalaika und sangen dazu ihre verträumten Lieder. Mir gefiel diese Musik sehr gut, ich öffnete dann das Fenster, um mitzuhören. Die Soldaten waren alle sehr jung und aus ganz verschiedenen Landesteilen. Manche waren hellblond und blauäugig, andere sahen mongolisch aus. Oft saß einer ganz versonnen und traurig auf dem Mäuerchen in der warmen untergehenden Sonne, unansprechbar für die anderen. Bestimmt hatten sie Heimweh. Aber dann ging plötzlich ein Ruck durch die ganze Gruppe, sie sprangen auf, tanzten ihre wilden Tänze, holten sich Mädchen zum Tanzen, lachten und lärmten, gossen irgendwohin Benzin, schossen es in Brand und freuten sich wie kleine Kinder an dem Feuer. Wenn sie dann abzogen, war alles gut, wenn sie aber weitertranken, bis sie umfielen, musste ich verschwinden. Es kam darauf an, der Gefahr voraus zu sein, die Situation richtig einzuschätzen, sich nicht überraschen zu lassen. Allmählich entwickelte ich einen sechsten Sinn dafür.
Nie ging ich einfach auf die Straße oder aus dem Haus. Erst musste ich sicher sein, dass da kein Russe war, und auch dann huschte ich meist hinter den Häusern her oder durch die Höfe, wo ich mich schnell in Sicherheit bringen konnte. Aber ab und zu mussten wir ja etwas zu essen »organisieren«.
Nachdem wir in Bauerwitz angekommen waren, meldeten wir uns auf der Kommandantur. Wir wurden registriert, und ein Flintenweib – so nannte man die Frauen in der russischen Armee –, sie war viel brutaler als die Männer, durchsuchte uns, nahm meiner Mutter ein Tuch weg und

befahl, dass wir jeden Morgen zur Arbeit anzutreten hätten. Zuerst taten wir gar nichts. Wir wussten nicht, wann und wo, und es war außerdem nicht klug, allen Befehlen sofort zu folgen. Denn oft sagte einer etwas, wovon die anderen gar nichts wussten. Schneller Gehorsam konnte genau so gefährlich sein wie keiner. Aber am dritten Morgen traten zwei Russen mit ihren Stiefeln gegen die Haustür, schlugen mit den Gewehrkolben dagegen, stürmten die Treppe herauf und stießen uns schimpfend auf die Straße: »Dawai, dawai!« – zur Arbeit. Auch aus den anderen Häusern standen schon Frauen da. Auf einem Lastwagen holperten wir in die Gegend des Bahnhofs. Dort wurden wir eingeteilt.

Ich musste am Bahndamm arbeiten. »Reparazioni, reparazioni« schrien sie um uns herum. In kleinen Gruppen mussten wir die Bahngleise säubern. Wir hatten zwischen und neben den Schienensträngen das Unkraut zu entfernen, mit den Händen natürlich. Und wenn ein Soldat kam und ihm etwas nicht passte, wurde der Deutsche entweder abgeführt oder geschlagen. Die härteste Strafe aber bestand darin, dass er nichts zu essen bekam. Denn alle anderen, die arbeiteten, bekamen am Abend einen Teller Suppe und eine zwei Zentimeter dicke Scheibe nasses, klitschiges Schwarzbrot.

Nach zwei Tagen entdeckte ich in einem anderen Trupp Maria. Sobald es möglich war, wechselte sie zu mir herüber, und wir beschlossen zusammenzubleiben. Das war jedoch gar nicht so einfach. Wir mussten nach russischer Zeit gegen acht Uhr an der Bahn sein, bei uns war es dann aber erst sechs. Wir hatten keine Uhren mehr und mussten uns nach der Sonne richten. Maria und ich machten aus, uns vor der Arbeit auf halbem Wege zu treffen und zusammen zur Bahn zu gehen. In den ersten Tagen klappte es natürlich nicht. Mal war ich zu früh, mal sie. Irgendwo herumzustehen und zu warten war jedoch viel zu gefährlich. Also kam sie manchmal fast bis zu mir, oder ich war schon bei ihr, bevor sie überhaupt aufgebrochen war. Allmählich jedoch gelang es, uns am Sonnenstand zu orientieren.

Am Friedhof und hinter den Scheunen entlang traf ich um diese Zeit nie einen Menschen. Bis auf ein einziges Mal. Ich bog um die Ecke von Pfarrers Scheune, als ich sah, wie in ungefähr dreißig Meter Entfernung eine Gruppe von Russen sechs bis acht Frauen eingekreist hatte. Eine von ihnen wurde gerade von einem Soldaten in die Mitte gezerrt. Sie schrie. Die anderen Russen lachten und warteten, bis sie an die Reihe kämen. Ich hatte mich schon zu weit vorgewagt. Einer hatte mich bemerkt und schrie: »Stoj! Frau, komm!«, und lief auf mich zu. Ich drehte mich blitzschnell um und rannte weg. Er schoss hinter mir her, aber ich rutschte durch ein eingeschlagenes Fenster in den Kartoffelkeller von Pfarrers Scheune. Als er um die Ecke kam, war ich verschwunden. Er fluchte, schoss um sich, gab aber dann auf. Lange saß ich in diesem dunklen Keller und hatte Angst, dass man mich finden und erschießen würde, bis ich vorsichtig Ausschau hielt und, als niemand mehr da war, herauskroch. Da es jedoch verboten war, der Arbeit fernzubleiben, schlich ich mich über die Mauer in mein Versteck auf dem Friedhof.

Mutter und ich hatten erfahren, dass nur eine von uns zur Arbeit musste. Also beschlossen wir, dass meine Mutter zu Hause bleiben und für das Essen sorgen sollte. Sie ging am Vormittag, wenn wieder alles ruhig geworden war, auf die Felder, um Ähren zu sammeln, die nach der Ernte liegen geblieben waren. Das Getreide, das trotz der Kriegshandlungen gereift war, wurde unter strenger Bewachung von

den Deutschen gleich auf dem Feld gedroschen, auf Lastwagen verladen und dann nach Osten abtransportiert. Maria musste tagelang bei der Getreideernte helfen. Die aufgelesenen Ähren mahlte meine Mutter dann in einer alten Kaffeemühle, die unter den Leuten reihum ging, und backte daraus »Kartoffelpuffer«. Manchmal ging ich nach der Arbeit an Pfarrers Scheune vorbei und holte richtige Kartoffeln aus dem Keller. Wenn sich dann noch meine Mutter bis zum Silo der Zuckerfabrik gewagt hatte und es ihr gelungen war, unter der Wellblechwand Zuckerrübenschnitzel herauszuklopfen, und wenn sie es anschließend noch geschafft hatte, ihre beiden vollen Eimer nach Hause zu bringen, ohne dass man sie ihr wegnahm, gab es für ein paar Tage ein Festessen: Kartoffeln mit Sirup. Aber die Gänge zum Silo wurden bald zu weit und zu gefährlich. Und nur ab und zu brachte ich in meinen Taschen noch Kartoffeln mit.
Der zweite große Arbeitseinsatz fand auf unserem Spiel- und Sportplatz statt. Lastwagen und kleine Fuhrwerke lieferten Heu an, und wir mussten es zu Schobern aufschichten. Die hatten die Ausmaße von Häusern, ungefähr zwölf mal zehn Meter, sechs Meter hoch. Wir bildeten eine Kette. Die, die unten standen, reichten das Heu mit einer Gabel nach oben weiter, die oberen taten dasselbe in der zweiten und dritten Stufe, bis es oben angekommen war. Maria und ich versuchten, so schnell wie möglich ganz nach oben zu kommen. Dort waren wir am sichersten. Maria hatte die eine Hälfte des Heuschobers im Blick, ich die andere. Wir fanden es gut, zusammen zu sein, und fingen bald an, uns über die Situation und die dummen, mit ihren Gewehren umherstolzierenden Russen zu amüsieren. »Guck mal, das Hinkebein!« Bis plötzlich, wer weiß woher, ein Russe vor uns stand und uns aufforderte mitzukommen. Ich ließ die

Gabel fallen und rutschte blitzschnell senkrecht den Heuhaufen hinunter. Maria rief: »Pass auf, er kommt!« Aber da hatte ich mich schon drei Meter weiter ins Heu gebohrt und mein Loch mit Heu verdeckt. Unten angekommen, schoss er um sich, aber er traf mich nicht, und er fand mich nicht. Einmal wurden wir beide getrennt. Hatten wir nicht aufgepasst, oder waren wir zu weit auseinander geraten – Maria blieb jedenfalls bei den Heuschobern, ich musste auf einem Lastwagen, der Heu geladen hatte, zum Güterbahnhof mitfahren. Dort wurde das Heu in Waggons verladen. Wir arbeiteten immer zu zweit. Ich stand mit meiner Heugabel im Güterwagen und nahm das Heu an, die andere stand auf dem Lastwagen und gab es herüber. Dieses Mal war ich schlechter dran. Denn während die Frauen auf den Lastwagen hin- und herfuhren und eine Verschnaufpause hatten, rollte für mich sofort die nächste Ladung an. Einen Tag lang musste ich das Heu im Güterwagen stapeln. Dann, am zweiten Nachmittag, kam nichts mehr nach. Wir sprangen von den Waggons herunter und wollten nach Hause gehen. Doch die Russen hielten uns fest und begannen untereinander ein großes Palaver. Sie stritten sich lärmend. Einer schoss in die Luft. Es war klar, dass es um uns ging. Ihrem wilden Gestikulieren entnahmen wir, dass in jedem Güterwagen eine deutsche Begleitperson mitfahren sollte. Es waren acht Güterwagen, aber zehn Frauen und Mädchen. Wer von uns durfte gehen, wer musste bleiben? Da stellte uns einer kurzerhand in einer Reihe auf, mit dem Rücken zu den Russen. Dann brandete die Diskussion wieder auf, wir hörten aufgeregten Lärm und Streit. Bis einer ein Kommando gab. Und schon fiel der erste Schuss. Ich war die Vierte in der Reihe und zählte mit. Die drei neben mir blieben stehen. Jetzt ich. Mein Herz klopfte bis zum Hals, mein Atem stockte, in meinem Bauch krallte sich etwas zusammen, die Beine zitterten. Gleichzeitig sah ich mich aus der Distanz, wie ich in der Reihe stand, im schwarz-weiß karierten Rock, die weiße Bluse, die blonden Zöpfe, die Holzsandalen, und wurde ganz ruhig. Ich beobachtete alles – wie in Zeitlupe. Was da geschah, ging mich nichts an. Es berührte mich nicht. Ich konnte mich auch nicht bewegen, ich war wie gelähmt. Als der vierte Schuss fiel, war ich schon tot. Ich fiel hin. Da trat mir ein Russe in die Seite: »Njet, du nix tot, du gut, Frau, komm!« Die Frau neben mir fiel auch hin und stand nicht auf. Mich schoben sie in einen Güterwagen und verriegelten die Tür von außen. Dieses Geräusch des schweren, fallenden Riegels – ich habe es noch heute im Ohr – hatte etwas Endgültiges. Mein Schicksal war besiegelt. Wohin fuhr man mich?

Ich war wie betäubt, stumm und ohne Gefühl. Geräusche erreichten mich nur aus weiter Ferne, wie durch einen dichten Nebel. Ich verstand sie nicht. Der Geruch des frischen Heus machte mich benommen. Ich saß, mit dem Rücken an die Tür gelehnt, auf dem Boden. Die Heugabel war schräg über mich gefallen. Sie hatte das herunterrutschende Heu aufgehalten und mir ein Luftloch verschafft. Aber jetzt stürzte der ganze Haufen über mir zusammen. Ich versuchte an eine Ritze in der Tür zu kommen. Durch ein Astloch sah ich in die Nacht. Allmählich spürte mein Körper wieder das gleichmäßige Rattern des Zuges. Ich dämmerte vor mich hin. Irgendwann gab es einen lauten Knall, und meine Tür wurde aufgeschoben. Ich fiel heraus, direkt vor die Füße eines Mannes, und konnte gerade noch erkennen, dass er in Zivil war und kein Gewehr trug.

Als ich wieder zu mir kam, lag ich in der Ecke einer Stube, auf Stroh und mit einer Decke zugedeckt. Es waren viele Leute da, die über mich redeten. Ich verstand kein Wort, denn sie sprachen polnisch. Sie gaben mir etwas zu essen, einen wunderbaren Borschtsch mit geschnittenem Fleisch und eine Art Dickmilch. Ich spürte, wie diese Suppe meinen Körper erwärmte. Das Beste war, dass ich die Nacht über bleiben konnte. Ich merkte, dass mir die Leute wohl wollten. Niemand würde kommen und mit dem Gewehrkolben gegen die Türen schlagen, um mich abzuholen. Ich fiel in einen tiefen Schlaf.

Am nächsten Morgen war eine alte Frau da, die ein wenig Deutsch konnte. Sie hatte eine Landkarte bei sich und zeigte mir, wo ich war. Ganz in der Nähe lag ein See, die nächste Stadt hieß Pleß. Der Mann, der mich gefunden hatte, arbeitete bei der Bahn. Er kannte einen Kollegen, der mich im Zug bis Rybnik mitnehmen konnte. Auch er war sehr freundlich zu mir. Es war meine erste Begegnung mit Polen, und ich war erleichtert, dass sie so freundlich zu mir waren. Als wir in Rybnik ankamen, wurde es jedoch bereits wieder dunkel. Zum Glück gelang es mir noch, aus der Stadt herauszukommen. Ich fand einen offenen Verschlag und deckte mich mit Heu, das auf der Wiese herumlag, zu. Die Sterne standen über mir, gefühllos und kalt, und ich aß hastig die Butterbrote, die mir die Polen mitgegeben hatten. Am nächsten Morgen ging ich durch eine weite, wellige Landschaft westwärts. Ich fand eine kleine Zuckerrübe und ein paar Löwenzahnblätter. Und als ich so auf einem Baumstamm saß und über das Land schaute, wusste ich, dass ich ganz allein war auf dieser Welt und dass es nie einen Menschen für mich geben würde. Ich wollte nicht mehr nach Bauerwitz zurück. Ich wollte nicht mehr nach Wölfelsdorf zurück. Ich wollte nirgendwohin. Ich wollte nicht mehr so leben, aber ich wollte auch nicht so sterben. Ein tiefer Schmerz zerriss mir das Herz, ein Gefühl von Heimweh und Vergeblichkeit.

Ich muss lange da gesessen haben, denn schließlich lief ich in die untergehende Sonne hinein. Der Weg verlor sich im blauen Horizont, und das helle, friedvolle Rot hinter den weißen Wolken wechselte schnell zu Purpur. Am nächsten Tag nahm mich ein Pferdefuhrwerk ein Stück mit, und am übernächsten Nachmittag kam ich zu Hause an. Meine Mutter hatte sich große Sorgen gemacht. Überall hatte sie herumgehört, ob mich jemand gesehen hätte, war auf den Jernauer Sportplatz zu den Heuschobern gegangen. Schließlich hatte sie nur noch zu Hause gesessen und gewartet. Wir lagen uns weinend in den Armen, sie war glücklich, mich unversehrt wiederzuhaben. Sonst hatte mich niemand vermisst. Maria dachte wohl, ich sei in eine andere Arbeitsgruppe geraten, und so war es ja auch.

Da ich mich nicht mehr mit Maria traf und unsere Arbeit im Heu beendet war, ging ich nun morgens zur Kommandantur. Jetzt wurden wir jeden Tag anderswohin eingeteilt. Mal musste ich auf dem Ring die Wohnungen der Offiziere putzen, mal für sie Hühner rupfen oder Kartoffeln schälen. Einmal wurden wir zu dritt in einen verwilderten Garten gegenüber der Post abkommandiert, wo wir Gemüse anpflanzen sollten. Der Russe, der uns beaufsichtigte, wollte, dass wir die Pflanzen verkehrt herum einsetzten. Wir versuchten, ihm seinen Irrtum zu erklären, aber er schrie nur herum und fuchtelte mit seinem Gewehr. Da taten wir ihm seinen Willen. Am nächsten Tag, als alles vertrocknet war, suchte er uns, die Schuldigen. Ich versteckte mich hinter einer anderen Gruppe. Einmal mussten wir einen Pferdekadaver ausgraben, der während der Kampfhandlungen am Straßenrand verscharrt worden war. Mit bloßen Händen wurde das ekelhafte, stinkende Zeug auf einen Fuhrwagen geladen und außerhalb der Stadt wieder vergraben.

Und einmal fingen sie mich wieder ein, als ich hinter den Scheunen vorbei in die Stadt wollte. An der Aufregung und dem Geschrei merkte ich schon, dass etwas Besonderes los war. Zum Weglaufen war es zu spät. Ich geriet in eine Gruppe von sieben oder acht Kindern, hauptsächlich Mädchen, von denen ich wohl die Älteste war. Sie trieben uns, mit dem Gewehr im Anschlag, zum Friedhof. Direkt daneben hatten die Russen einen eigenen Soldatenfriedhof angelegt. Er wirkte sehr streng und düster, denn die hölzernen Grabmale waren ganz dunkelrot. Am Eingang standen zwei rote Fahnen, dann kamen die Gräberreihen. Es waren viele Gräber. So viele Russen hatten hier sterben müssen und waren nun bei uns »in fremder Erde« begraben. Ich dachte an die deutschen Soldaten, die auch irgendwo in Russland »in fremder Erde« – so hieß es oft in den Todesanzeigen – bestattet waren. Es war absurd. Diese hier hatten kein Kreuz, sondern einen Sowjetstern auf ihrer Holztafel. Wofür waren sie gefallen? Hatte ich etwas damit zu tun? Ich war ein Kind dieser Stadt, das gerne spielte, las, lernte und Späße machte. Ich hatte ihren Tod nicht gewollt. Und doch empfand ich diesen Russenfriedhof wie eine bedrohliche Anklage, wie einen Spiegel, der uns vorgehalten und in dem offenbar wurde, was wir angerichtet hatten. Schließlich war auch ich in der Hitlerjugend mitmarschiert. Dieser dunkelrote Russenfriedhof war mir unheimlich. Oberhalb der Gräber war eine große Gedenktafel aufgestellt worden mit einer beherrschenden Heldenszene und dem Kopf Stalins. Und ganz oben stand ein massiver Obelisk, auf dem ein riesiger goldener Sowjetstern thronte. Noch als Tote demonstrierten die Russen ihre einschüchternde Macht.

Die Soldaten, die uns hergetrieben hatten, waren gereizt und nervös. Wenn jemand nicht schnell genug begriff, was er tun sollte, oder wenn einer nicht ordentlich in der Spur ging, schlugen sie los. Wir mussten das Feld um den Friedhof herum nach liegen gebliebenen Panzerfäusten absuchen, diese sofort an Ort und Stelle entschärfen und dann auf einem Haufen zusammentragen. Kinder waren wohl für diese Arbeit besonders geeignet. Sie war höchst gefährlich in dem verwilderten hohen Gras. Wir riskierten unser Leben. Das machte mich so wütend, dass ich beschloss, niemand von uns dürfe hier zu Schaden kommen. Ich war hellwach. Bis zum Hals schlug mein Herz, als ich den anderen zurief, sie sollten eine Kette bilden, eng nebeneinander gehen, und bevor sie einen Schritt machten, das Gras mit dem Fuß zur Seite schieben und erst dann auftreten. Den Kleinsten nahm ich neben mich. Die Russen schauten misstrauisch zu. Als einer von uns eine Panzerfaust gefunden hatte, winkten wir einen Russen herbei, der uns zeigen sollte, wie man sie entschärft. Dann trug ein Junge sie weg. Wir anderen warteten, bis er zurückkam, damit er sich wieder einreihen konnte. Das dauerte einem Soldaten zu lange, er trieb uns an weiterzumachen. Da trat ich zitternd vor Aufregung und Angst aus der Reihe, zeigte auf das verminte Feld und auf den Jungen neben mir und sagte: »Njet!« Da ging er weg und ließ uns in Ruhe, vielleicht, weil die Russen eigentlich sehr kinderlieb sind? Wir brauchten sehr lange, bis wir das Feld abgesucht hatten, und fanden sechs oder sieben Panzerfäuste. Niemandem ist etwas passiert. Anschließend bekamen wir sogar eine Suppe und Dickmilch. Wir waren entspannt und dankbar, lachten und redeten durcheinander. Und zum Schluss begannen die Russen zu tanzen und holten uns in ihren Kreis.

Die Polen kommen

Der halbe Monat Juli war inzwischen vorbei. Da stellte meine Mutter fest, dass wir mit unseren leichten Sommerkleidern für den Winter schlecht gerüstet seien, und beschloss, nach Wölfelsdorf zu gehen und ein paar dickere Sachen zu holen – für mich die Überfallhose von Bernhard, die ich schon auf der Flucht getragen hatte, eine Strickjacke, die mehr aus Holz als aus Wolle bestand, und meinen Lodenmantel. Ich sollte solange bei Maria wohnen. Das ganze Unternehmen würde mindestens drei Wochen dauern, denn sie musste zu Fuß gehen und auf dem Rückweg auch noch die Sachen tragen. Einfach war der Weg ungefähr 140 Kilometer lang.

Ich hatte nichts dagegen, zu Maria zu ziehen. So waren wir wieder zusammen. Und außerdem wohnten in ihrem Haus russische Offiziere. Das war ein großer Schutz vor allen möglichen Übergriffen. Wir wähnten uns dort sicherer. Aber auch dort galt die Devise, dass wir arbeiten mussten, um etwas zu essen zu bekommen. Zuerst gingen wir wieder zu den organisierten Arbeitstrupps. Dann forderte uns ein Offizier auf, Kartoffeln für das Essen zu schälen und im Haus zu putzen. Wir zogen also mit dem Putzeimer durch das Haus und holten das Wasser dafür an der Pumpe im Hof.

Eines Tages kam ein junger Russe herein, der den Offizieren eine Meldung machte und offenbar auf eine Antwort warten musste, denn er hielt sich in der Nähe der Haustür auf. Sofort fiel er mir auf. Er sah gut aus und war sehr schlank. Seine vorstehenden Backenknochen und dunklen Augen verliehen ihm ein exotisches Aussehen; er war Mongole. Er wirkte intelligent und gepflegt, ganz anders als die anderen, derben, lauten Soldaten. Seine weit geschnittene Bluse hatte einen Stehkragen und wurde mit einem Gürtel zusammengefasst. Sie war ohne jedes Emblem, außer zwei kleinen Sowjetsternen am Kragen. Die weite Hose, die von kurzen Stiefeln zusammengehalten wurde, ließ ihn grazil erscheinen. Er strahlte schlichte Eleganz und Vornehmheit aus. So konnte ein Russe also auch sein! Aber meine Neugier hatte ihn auch auf mich aufmerksam gemacht. Ich musste den Boden im Klavierzimmer wischen, als er von hinten auf mich zukam und sich über mich beugte. Ich fuhr zusammen und schleuderte ihm den nassen Putzlappen ins Gesicht. Erschrocken lief er weg. Maria sagte: »Er wollte dich doch nur küssen!« Wir nannten ihn Poll.

Einen oder zwei Tage später, Maria war draußen, um Wasser zu holen, beobachtete mich ein anderer Russe. Da griff ich schnell nach meinem Putzeimer und ging so unauffällig wie möglich in den ersten Stock. Es dauerte nicht lange, da hörte ich seine Schritte hinter mir auf der Treppe. Ich ließ alles stehen und liegen und lief die Bodentreppe hinauf. Schnell holte er mich ein, warf mich zu Boden und schoss aus seiner Pistole an meinem Körper entlang, genauso, wie ich es aus Karl-May-Büchern kannte, wenn Indianer ihren weißen Gefangenen an einen Baum stellten und mit ihren Pfeilen seinen Körperumriss nachzeichneten. Dann warf er sich auf mich, aber da rief jemand von unten nach ihm. Er sprang auf, zog sich seine Uniform zurecht und war verschwunden. Ich war ihm sehr dankbar dafür, dass er so gut schießen konnte.

Inzwischen waren die ersten Polen ins Land gekommen. Sie wurden Kongresspolen genannt. Und wir verstanden überhaupt nicht, was sie hier wollten. Sie gehörten doch nicht zu den Siegermächten, die ein Recht darauf hatten, die Besatzung zu bilden. Aber allmählich sickerte durch, dass die Polen die Russen ablösen würden. Immer noch dachten wir, das geschehe im Auftrag der Russen. Und in gewisser Weise freuten wir uns darüber. Ich dachte an Chopin, den meine Mutter gern auf dem Klavier gespielt hatte, und an den Roman »Quo vadis?« von Sienkiewicz, den ich begeistert gelesen hatte. Die Polen hatten eine ähnliche Kultur wie wir. Sie konnten nicht so fremd und brutal sein wie die Russen, deren Verhalten wir nie richtig einschätzen konnten. Außerdem waren sie katholisch wie wir. Sie würden auf jeden Fall menschlich mit uns umgehen.

Alle paar Tage gingen Maria und ich in unsere Wohnung, um nach dem Rechten zu sehen. Die wenigen Sachen in der Kommode waren unangetastet, auch die Ähren, die meine Mutter für den Winter gesammelt hatte, waren noch da. Im Übrigen stand ohnehin alles offen. Natürlich gingen wir hinter den Scheunen herum, um möglichst niemandem zu begegnen oder gesehen zu werden. Aber eines Nachmittags, als wir gerade an der Ecke waren, wo man zum Friedhof hinauf abbog, sprengte ein polnischer Milizionär auf uns zu und schrie uns etwas zu, das nur bedeuten konnte, dass wir stehen bleiben sollten. Wir jedoch waren, fast reflexartig, auf die Sträucher, die den Hang hinab wuchsen, zugesprungen. Wütend lenkte er sein galoppierendes Pferd direkt auf uns zu und schoss. Eine Kugel zischte an meinem linken Ohr vorbei – es können nur Millimeter gewesen sein. Er trieb uns, auf seinem Pferd sitzend, vor sich her. Das Pferd stampfte und schnaubte direkt in unserem Nacken. Wieder hatte ich das schon bekannte Gefühl, sowieso nichts machen zu können, ausgeliefert zu sein. Als wir um die Ecke bogen, sahen wir eine große Herde von Kühen, es mögen mehrere hundert gewesen sein, und ein paar Frauen und Mädchen, von denen einige einen Stock in der Hand hatten. Die Kühe brüllten verschreckt. Einige

stiegen aggressiv mit den Vorderhufen hoch, andere waren eher apathisch. Wir mussten diese Kühe weitertreiben. Da die Straße viel zu schmal war, brachen sie immer wieder auf die angrenzenden Felder aus. Es war sehr mühsam und anstrengend, sie wieder einzufangen und zurückzubringen. Kühe hatte ich wohl auf unserem Hof öfter gestreichelt und mit ihnen gesprochen. Aber sie antreiben und schlagen konnte ich nicht. Ich blieb also immer weiter zurück. Schon hörte ich das Schreien und die Schüsse der Miliz hinter mir. Da lief ich einfach zwischen die Kühe. Aber auch das wurde bald zu gefährlich. Denn die nahmen mich gar nicht wahr, sondern trampelten schnaubend weiter. Ich geriet immer mehr in Bedrängnis und war froh, als mich eine Frau herausholte.
Nach vielen Stunden kamen wir auf einem großen Gut an. Dort warteten schon Hunderte von weiteren Kühen auf uns. Der ganze große Hof war voll mit Kühen, die alle schrien und gemolken werden wollten. Wir durften uns auf die Holzbänke setzen und bekamen eine Suppe und Dickmilch. So saßen wir da und warteten. Allmählich wurde es dämmrig und kalt. Da tauchten plötzlich Marias Vater und ihr jüngerer Bruder auf. Der Vater war kriegsversehrt aus dem Ersten Weltkrieg heimgekehrt. Seine rechte Hand war amputiert worden, und nach einer Rippenfellentzündung war er noch sehr geschwächt. Schwitzend und außer sich vor Anstrengung, Sorge und Angst, kam er auf uns zu.
Was war passiert? In der Nähe der Friedhofsecke, an der wir aufgegriffen worden waren, lag das Haus des Chorrektors – so nannte man bei uns den Organisten. Dorthin war die ganze Pfarrei umgezogen, nachdem die Russen das Pfarrhaus in Brand geschossen hatten. Die Pfarrwirtin hatte gesehen, wie uns der Pole zum Kühetreiben gezwungen hatte.

Sie hatte es schnell dem Prälaten gesagt (»Die beiden Mädel sind weg!«). Der war zu Marias Vater geeilt. Und sofort hatte dieser sich mit Marias Bruder Siegfried auf den Weg gemacht. So kam es, dass er nur ungefähr anderthalb Stunden nach uns auf dem Gutshof auftauchte.
Lange und erregt verhandelte er mit dem Kommandeur der Miliz, er sprach zum Glück perfekt Polnisch. Dieser wollte uns zuerst nicht laufen lassen, doch schließlich durften wir gehen. Schnell machten wir, dass wir wegkamen. Und lange sahen wir uns um, ob uns auch niemand folgte, um uns zurückzuholen. Wir eilten die dreizehn Kilometer zurück. Es war Nacht, als wir zu Hause ankamen. Auf dem Rückweg erzählte uns Marias Vater, was der Prälat ihm noch gesagt hatte: dass die Polen Tausende von Kühen sammelten, um diese dann von zufällig aufgegriffenen Frauen nach Innerpolen oder Russland weitertreiben zu lassen.[2]
Als meine Mutter Anfang August wiederkam – darüber, was sie unterwegs erlebt hatte, sprach sie nicht –, zog ich wieder zu ihr in unsere Wohnung. Inzwischen waren immer mehr Polen bei uns eingetroffen.
Mit Zügen kamen sie an, zum Teil aus Zentralpolen, die meisten aus Galizien. Sie brachten ihre Kühe und Schweine mit. In ihrer Kleidung, langen kaftanartigen Mänteln, großen Kopftüchern, erinnerten sie mich an Zigeuner. Sie drängten in unsere Häuser. Hartnäckig kämpften sie mit ihren Pappkartons, Hühnern und Ziegen um die besten Wohnungen. Und sie richteten sich offenbar für die Dauer ein. Gerüchte gingen um, dass wir umgesiedelt werden sollten. Sofort machte sich Angst breit, wir könnten nach Polen oder Sibirien verschickt werden. Bald gründeten die Polen in dem herrschaftlichen Gebäude neben dem Rathaus, das der Pächter des Dominiums bewohnt hatte, eine Kommandantur und setzten Miliz ein, die für Recht und

Ordnung sorgen sollte. Aber Recht hatten nur sie selbst. Wir rückten in immer weniger Wohnungen zusammen, bis wir auch von dort wieder weichen mussten.

Am Anfang hatten wir also zwei Kommandanturen, die russische und die neue polnische. Es kam immer wieder vor, dass Deutsche zum russischen Kommandanten gingen, um über polnische Willkür und Ungerechtigkeit zu klagen, und dass sie dort Recht bekamen. Leider hörte man von den Russen immer weniger, während sich die Polen immer mehr Macht aneigneten. Und Mitte bis Ende Juli zogen die Russen ganz ab, bis auf eine kleine Gruppe, die sozusagen die Besatzungsmacht vertrat. Bevor sie aufbrachen, warnten sie uns noch vor den Dingen, die die Polen mit uns vorhätten. Es klang bedrohlich. Wir spürten auch Misstrauen, ja Feindschaft zwischen den beiden Besatzern, aber ich wusste nicht, warum das so war. Nicht lange, und wir bedauerten den Wechsel von den Russen zu den Polen. Ich selbst erlebte bald, wie hinterhältig diese Polen waren. Sie lockten uns in Fallen, um sich anschließend zu amüsieren. Einmal sollten wir nach der Arbeit etwas zu essen bekommen. Aber als wir dort ankamen, drohten sie uns mit ihren Reitpeitschen. Ein Junge aus meiner Nachbarschaft, so alt wie ich, wurde mitgenommen und eingesperrt, weil er ein Nazi gewesen sein soll. Wohin man ihn brachte, blieb unklar. Die Russen hatten oft im großen Stil geplündert. Die Polen aber hielten richtige Razzien ab, trieben uns dabei mit Schlägen vor sich her und verhöhnten uns. Sie kamen in den ersten Wochen fast jede Nacht. Oft grinsten sie nur zur Tür herein, einmal warf mir einer ein Brot zu, aber dann wieder schossen sie schon auf der Straße. Wie Irrlichter tauchten sie auf, stürmten herein und suchten mit Blendlaternen nach Frauen oder irgendetwas Verwendbarem. Oft waren es keine Soldaten, sondern Halbwüchsige, die man von den polnischen Straßen weg zur Miliz eingezogen hatte und die sich nun an uns austobten. Auch unter ihnen waren die uniformierten Frauen oft die Schlimmsten. Wenn sie nur noch herumkreischten, mussten sie von den Soldaten gezügelt werden. Die Angstschreie der Menschen und die stakkatoartigen Befehle der Polen erhoben sich mal hier, mal da und verloren sich wieder in der Nacht. Sie hatten einen maßlosen Hass auf uns. Der Vater eines Schulkameraden kannte im Nachbardorf einen Bauern, bei dem er sich ab und zu ein Brot erbettelte. Die Russen nahmen ihm das Brot weg, wenn sie ihn erwischten. Die Polen nahmen ihm nicht nur das Brot weg, sondern prügelten ihn dermaßen, dass er entstellt nach Hause kam.

Ein Bauer, der Polnisch verstand, flüsterte voller Angst und Entsetzen, der Kommandant habe gesagt, sie wollten uns alle ausrotten und vernichten wie Ungeziefer. Sie wollten uns nach Polen oder Sibirien verschicken, vielleicht auch gleich umbringen. Aber ich hielt es für ausgeschlossen, dass die westliche Welt dabei untätig zusehen würde. Die würde das verhindern, davon war ich fest überzeugt. Was hatten wir getan, um so rechtlos zu sein?

Wir waren jedoch in der Tat wie Ungeziefer, wehrlos, vogelfrei. Wir mussten arbeiten und hatten Glück, wenn wir dafür ein Stück klitschiges Brot bekamen. Und immer häufiger wurde uns nun hämisch erklärt, wenn wir essen wollten, müssten wir für Polen »optieren«. Das bedeutete, dass wir innerhalb von drei Jahren die polnische Staatsangehörigkeit erhalten würden und Polnisch können mussten. Für mich kam das überhaupt nicht infrage, da brauchte ich keine Sekunde lang zu überlegen. Eine Polin zu werden war für mich unvorstellbar. Immer wären wir die Feinde geblieben. Was ich über unsere Kultur und Geschichte gelernt hatte, konnte ich nicht einfach vergessen und so denken wie die, die mich hassten und quälten. Ich verstand gar nicht, dass das überhaupt jemand von mir erwarten konnte. Aber die Bauern hofften, auf diese Weise ihre Höfe behalten zu können. Sie wollten lieber Polen werden als in der Fremde leben. Viele von ihnen optierten bei uns in Oberschlesien für Polen. Und in der Tat bekamen alle, die für Polen stimmten, zu essen. Wir anderen mussten von nun an am linken Oberarm eine weiße Binde tragen, auf der ein deutliches N (für Niemiec) zu sehen war. Das bedeutete »Deutscher«. Wir waren nun verfemt und gekennzeichnet, wie wir die Juden mit dem Judenstern gebrandmarkt hatten. Es war zunächst einmal ein Problem, diese weiße Armbinde anzufertigen. Wir liefen hin und her, bis wir jemanden fanden, der Nadel und Faden hatte oder über den Rest eines Betttuchs verfügte. Wer ohne dieses N erwischt wurde, werde eingesperrt, drohten sie.

Wir wurden weiterhin auf die Felder gejagt, um bei der Ernte zu helfen und Ähren aufzulesen, die dann nach Polen transportiert wurden. Selbst auf dem Weg zur Arbeit hatten wir keine Ruhe. Einmal teilte uns ein Milizsoldat in zwei Gruppen ein, die eine musste Nazilieder singen, die andere dauernd wiederholen: »Ich bin ein Nazischwein.« – »Lauter!«, schrien sie, »lauter!« Ich durfte singen, und ich muss gestehen, dass ich die alten Lieder gerne gesungen habe. Den ganzen Protest legte ich da hinein, den ganzen Trotz. Überhaupt konnte jeder kleine Soldat mit uns machen, was er wollte.

Selten gab es mal einen Tag, an dem wir nicht arbeiten mussten. Aber an solchen durften wir uns nicht draußen sehen lassen, denn sofort kam dann einer, der uns mitnahm und zu irgendeiner unsinnigen Arbeit zwang. Auf dem Feld mussten wir einmal über einen verrosteten Pflug springen. Ein Soldat drückte mir seine Peitsche in die Hand, damit ich die Langsamen antrieb. Ich warf sie ihm vor die Füße und lief weg. Wieder wurden Tierkadaver ausgegraben und verbrannt. Anschließend sollten wir das glimmende Feuer unter der Asche mit den Füßen austreten. Zum Glück bewahrte uns der Einspruch eines Soldaten davor. Zwei Tage lang musste ich zusammen mit zwei anderen den Platz vor der Kommandantur putzen. Wassereimer um Wassereimer trugen wir auf das holprige Straßenpflaster und schrubbten es mit Handbürsten und Seifenlauge ab. Sprach jemand von uns dabei ein Wort, erhielt er einen Kolbenstoß in die Seite, oder er wurde so getreten, dass er umfiel. Nichts ging ohne Anschreien und Fuchteln mit dem Gewehr. Immer diese wütenden Gesichter.

Je mehr wir gedemütigt und gequält wurden, desto mehr verachtete und hasste ich die Polen. Wir waren Freiwild, gehetzt, geschlagen, verhöhnt, ausgeliefert. Ich war kein Mensch mehr. Es gab nichts mehr, was mir gehörte. Da entwickelte ich einen inneren Widerstand, der mich unantastbar machte. Ich funktionierte manchmal wie in Trance, führte Befehle aus wie ein Automat. Meine Gefühle waren bis zur Betäubung abgestumpft. Gleichzeitig aber richtete ich meine ganze Aufmerksamkeit auf die dauernd drohenden Gefahren. Bis zum Äußersten wachsam und angespannt, passte ich auf, dass mir nichts passierte.

In dieser Zeit verlor ich die Fähigkeit zu beten. Es gab niemanden mehr, der zu mir gehalten hätte, niemanden, der mir zurief, wie mein Vater früher, wenn ich ohne Schal in den Schnee hinauslief: »Kind, du wirst dich erkälten!« Es gab niemanden mehr, von dem ich Hilfe erwarten durfte. Auch meine Mutter konnte mir nicht helfen. Es gab nur Menschen, die mich vernichten wollten, und Menschen, die hilflos waren wie ich selbst.

In die Kirche durften wir Deutsche nicht gehen, sie war nur

für Polen. Als ich mich an einem Sonntagmorgen dorthin wagte und auf meinen Platz setzte, warf mich der Pfarrer, der vom Seiteneingang hereingekommen war, hinaus. Und draußen stand ein »Kirchendiener«, der mir sagte: »Du nix beten, du arbeiten.« Unser Prälat und Pater Glatzel waren zwar im Ort, aber man sah sie nicht. Als ich Pater Glatzel einmal zufällig auf meinem Weg von der Kommandantur traf, wo unsere Arbeitsgruppen aufgelöst wurden, sagte er, er habe überhaupt nichts mehr zu melden. Eine Messe lesen dürfe er nur alle drei Tage in der Sakristei mit Erlaubnis des polnischen Pfarrers, Deutsche zu besuchen sei ihm verboten. Er war also so machtlos wie ich. Und wo war Gott? War er so ohnmächtig wie seine Priester? Waren wir ihm so gleichgültig? Hatte Jesus nicht versprochen, er wolle uns nicht als Waisen zurücklassen? Mich aber hatte er zum doppelten Waisenkind gemacht. Ich hatte nun überhaupt keinen Vater mehr. Die »Tröstungen der Kirche« waren gelogen, naiv und geradezu unanständig. Mich überfiel eine tiefe Trauer. Außerdem ärgerte ich mich maßlos, dass ich so auf Gott hereingefallen war. Ich konnte es einfach nicht fassen.

Unsere Situation wurde immer unerträglicher. Nur abends nach der Arbeit gab es meistens eine Scheibe nasses Brot und eine Wassersuppe. Wer nicht arbeitete, hatte auch nichts zu essen. Während ich aus diesem Grund arbeiten ging, suchte meine Mutter in der Natur nach Essbarem. Ähren, Sauerampfer, Löwenzahn, Birkenrinde, die sie rieb und mit Futterrüben vermischte, Wegerich, Hagebutten, faulende Äpfel, gefrorene Kartoffeln und immer wieder, immer wieder Holunderbeeren. Hätte sie nicht jeden Tag stundenlang gesammelt, hätten wir diese Zeit kaum überlebt. Und dann schob sie mir immer noch das meiste zu mit der Erklärung: »Ich habe schon beim Suchen etwas gegessen.«

Im Lager

Am 4. September holten sie uns ab. Wir hörten Lärm auf der Straße, Schüsse, Schreie. Als ich aus dem Fenster sah, erblickte ich einen langen Zug von Menschen, der sich auf uns zu bewegte. Seine Spitze war ungefähr hundert Meter von unserem Haus entfernt. Milizsoldaten holten die Leute aus den Häusern. Sie trieben sie an, schlugen sie mit ihren Gewehrkolben, traten sie mit Füßen. Schnell zogen wir uns an, rafften unsere Sachen in Rucksack und Tasche, da waren sie schon da. Ich hatte keine Zeit mehr, mich umzusehen. Einer verstellte mir den Weg. Ein anderer kam grinsend auf mich zu. Sie durchkämmten die ganze Straße. Unten reihten wir uns ein. Befehle und Drohungen flogen wie Geschosse durch die Luft, und wehe dem, der sie nicht verstand. Nichtverstehen oder Missverstehen lenkte den Zorn auf einen, und das bedeutete erneut Schläge, Tritte, Flüche.

Wir wussten nicht, was sie mit uns vorhatten. Würden wir jetzt nach Sibirien transportiert? Niemand sagte ein Wort. Wie Blei drückte das Schweigen uns nieder, die Angst war lähmend. Aber ich sah, dass unser Rektor da war mit seiner Frau, und der Postmeister und ein Kaufmann, den wir gut kannten. Es gingen jeweils vier bis fünf Leute in einer Reihe. Ich drängelte mich sofort in die Mitte. Die Mitte war der sicherste Platz, nicht hinten, nicht vorne, nicht an der Seite. Nichts sagen, sich nicht bücken oder schneller gehen, keine überraschende Bewegung machen. Nur nicht auffallen. Als wir ans Ortsende kamen, wurden die Leute unruhig. Doch dann bog der Zug nach rechts ab, auf das Gelände der Riedel'schen Ziegelei. Wir befanden uns im vorderen Drittel des Zuges. Da rief der Rektor uns zu: »Bleiben Sie bei uns, wir bleiben zusammen.« Und so schlossen wir uns der

Gruppe an, die in ein kleines Ziegelhaus rechts des Eingangs eingewiesen wurde. Es lag ein wenig im Schatten des Riedel'schen Wohnhauses, etwas abseits vom weiträumigen Hof und von den großen Fabrikgebäuden, die ihn von drei Seiten umgaben. Wozu es gedient hatte, wussten wir nicht. Das Erdgeschoss hatte nur einen gestampften Lehmboden, dafür viele kleine Räume. Der erste Stock bestand aus einem einzigen Raum, in dessen Mitte eine alte Dreschmaschine stand. Er hatte einen Bretterboden, und es roch nach Getreide. Dieser Raum hatte von außen einen eigenen Zugang über eine Holzstiege. Wir strebten alle nach oben, ungefähr sechzig bis siebzig Leute. Dann hieß es, wir dürften uns Stroh holen. Und wieder drängten sich alle zum Ausgang, damit sie etwas abbekamen. Da wir die Ersten waren, hatten wir Glück. Es reichte, um auf den Brettern eine dünne Schicht Stroh auszubreiten. Ich bekam meinen Platz neben einer Holztür, die ohne erkennbare Funktion ins Freie führte, aber verschlossen war. Neben mir lag meine Mutter, in der Ecke der Rektor mit seiner Frau, und dort der Postmeister mit Frau und der Tochter Uschi, die eine Schulkameradin von mir war.

Den ganzen Tag und Abend geschah nichts. Wir richteten uns ein. Alle Gepäckstücke kamen ans Kopfende, an die Wand, gewissermaßen als Kopfkissen. Dort waren sie auch vor Diebstahl sicherer. So saßen wir auf dem Stroh und besprachen die Lage. Zu essen gab es nichts. Am nächsten Morgen polterten sie die Holzstiege herauf und machten uns klar, dass alle zwischen 15 und 65 Jahren arbeiten mussten. Da ich sehr jung aussah, konnte ich oft selbst entscheiden, ob ich zu den Kindern gehören wollte oder zu den Großen. Viele Mädchen und Frauen zogen sich lange Röcke an, banden sich ein großes Kopftuch um und schwärzten sich das Gesicht, um alt auszusehen. Sie wollten sich so vor

Vergewaltigungen schützen. Bei den Russen hatte ich das auch erst getan. Ich hatte es den anderen einfach nachgemacht. Bald aber fand ich diese Verkleidung hinderlich. Sie nahm mir meine Schnelligkeit und Wachsamkeit. Und außerdem merkte ich, dass ich besser damit fuhr, mich so zu zeigen, wie ich war. Viele Russen griffen Kinder nicht an, aber einige machten auch bei Achtjährigen und Kleinkindern keine Ausnahme. Ich war also auch als »Kind« nie sicher. Abgesehen davon, dass man, wenn man arbeitete, etwas zu essen bekam, war man in einer Arbeitsgruppe besser vor Vergewaltigungen und anderen Übergriffen geschützt. Deshalb ging ich meistens arbeiten.

Das war auch unter den Polen so. Auch sie kamen frühmorgens oder spätabends und holten sich Frauen und Mädchen aus den Häusern des Lagers. Deshalb wurde es fast zur Gewohnheit, dass jemand, sobald es dunkel geworden war, eine Kerze hervorholte und die ganze Gruppe laut betete. Und wenn die Polen die Stiege heraufkamen, schwoll der Ton angstvoll an. Die Worte wurden geradezu in den Himmel geschleudert. Manchmal hielt sich die Soldateska sogar zurück, bis wir fertig waren.

Weil ich direkt vor der Dreschmaschine lag, musste ich die Kerze auf das Gestell stellen und aufpassen, dass sie nicht umkippte. Das hätte sofort das Stroh in Flammen gesetzt. Einmal wollte die angetropfte Kerze nicht stehen bleiben. Da hielt ich sie mit ausgestrecktem Arm und sagte laut: »Ich bin Luzifer!« Sofort kam der Rektor auf mich zu. Ob ich sie alle in Teufels Namen ins Verderben stürzen wolle. Ich wusste nicht, was er meinte. Zwar hatte uns Pater Glatzel erzählt, dass Luzifer »Lichtträger« heißt, dass es aber auch der Name des Teufels war, wusste ich nicht mehr. Von da an durfte ich keine Kerze mehr halten. Es kam mir vor, als hätte ich eine Todsünde begangen. Ich fühlte mich schuldig und verstand doch nicht, warum.

Oft kamen die Polen auch am Tag, wenn sie Wache hatten und im Lager herumlungerten. Manchmal blieb ich da, weil ich, erschöpft, einfach nicht mehr arbeiten konnte, und dann versteckte ich mich in den Hürden, die gleich hinter unserem Häuschen begannen. Meterhoch waren Lattenroste übereinander gebaut, auf denen früher die Ziegel getrocknet worden waren. Es gab keine Außenwände. Die ganze Anlage war durchsichtig bis auf einige Stellen, an denen immer noch Ziegel gestapelt waren. Weil diese Hürden so einsehbar waren, kamen die Polen nicht auf die Idee, dass wir uns dort verstecken könnten. Deswegen boten die wenigen aufgeschichteten Ziegelblöcke einen relativ guten Schutz.

Insgesamt waren ungefähr achthundert bis tausend Leute in der alten Ziegelei untergebracht. Bald entdeckte ich Maria, die mit ihren Eltern und ihrem Bruder in ein zugiges Gebäude eingewiesen worden war, weit weg von mir, direkt vor dem Stacheldraht, der das Lager umgab. Sofort beschlossen wir, wieder in dieselbe Arbeitsgruppe zu gehen. Die Arbeit war die gleiche wie unter den Russen. Frühmorgens wurden wir aus den Gebäuden gejagt, in Gruppen eingeteilt und unter Bewachung abgeführt. Wir gingen aufs Feld, mussten putzen oder irgendwo im Haushalt helfen. Ein Junge berichtete später, es sei besonders schlimm gewesen, wenn sie zur Arbeit in die Zementei geholt wurden. Die Polen, die sie durch die Stadt führten, machten sich einen Spaß daraus, sie im Paradeschritt marschieren zu lassen. Hoben sie die Füße nicht hoch genug, wurden sie auf die nackten Beine geschlagen. Einer hatte dafür sogar ein Stück Stacheldraht dabei.

Nach ein paar Tagen wurden von einem polnischen Bauern in Zinnatal, dem Nachbarort, zwei Frauen angefordert. Da meldeten wir uns, Maria und ich. Der Bauer ließ uns von einem Milizsoldaten mit drohendem Gewehr abholen und abends wieder ins Lager zurückbringen. Immer ging dieser hinter uns her. Wir wagten kaum zu reden und hüteten uns, eine falsche Bewegung zu machen. Bei dem Bauern mussten wir wieder viel putzen. Manchmal misteten wir die Ställe aus und schrubbten im Kuhstall die Böden, reinigten die Gullyabflüsse, wuschen und striegelten das Fell der Kühe. Abends bekamen wir dort etwas mehr zu essen. Davon konnten wir für meine Mutter und Marias Familie etwas mit ins Lager nehmen. Aus diesem Grund gingen wir nicht ungern dorthin. Einmal jedoch war mir schlecht, und ich erbrach mich in der Tür zum Kuhstall, wo wir gerade geputzt hatten. Das hatte die Polenbäuerin gesehen. Wütend kam sie auf mich zu und befahl mir, das Erbrochene aufzulecken. Maria war schon vorausgegangen. Sie hatte diese Szene nicht mitbekommen, aber sie tröstete mich hinterher: »Von der lassen wir uns doch nicht kleinkriegen!«

Inzwischen war die polnische Währung eingeführt worden. Offiziell sollten wir vier Zloty am Tag für unsere Arbeit bekommen. In Wirklichkeit bekam nur ganz selten mal jemand einen oder zwei Zloty. So ging es Tag für Tag. Man war froh, wenn man am Morgen unbehelligt aufstand, zur Arbeit ging und abends Brot bekam.

Unser Rektor führte so eine Art Strichliste über Datum und Wochentag und stellte Rechnungen an. Aber so ganz genau wusste auch er nicht mehr, welcher Tag es war. Wir waren zeitlos geworden. Immer die gleichen Abläufe, die gleichen Aufregungen, die gleichen Ängste, die gleiche Art, den Tod eines anderen aufzunehmen. Überhaupt, dieser leichte Umgang mit dem Tod! Abends, wenn es ruhig geworden war und wir auf unseren Plätzen auf dem dünnen Stroh lagen, stand die Zeit gänzlich still. So wurde es Tag und Nacht und wieder Tag, und an der langsamen Veränderung der Natur merkten wir, dass das Jahr fortschritt. Die Tage wurden kürzer, die Abende kühler. Aber war nicht die Zeit schon lange eingefroren? Und auch meine innere Uhr war stehen geblieben. Ich machte mir keine Gedanken mehr über morgen. Ich lebte nur im Augenblick. Weiter reichte meine Kraft nicht mehr. Wer sich aufregte, brach zusammen oder beging Selbstmord.

Die hygienischen Verhältnisse im Lager waren katastrophal. Es gab in den Ecken zwei sich diametral gegenüberliegende provisorische Toiletten, Fallgruben hinter primitiv aufgestellten Brettern, die dauernd besetzt und unsäglich dreckig waren. Nur ab und zu wurde etwas Kalk hineingestreut. Zum Glück war ich nie bei den Trupps, die sie auszuräumen hatten. Es gab wenig Wasser. Wir konnten uns während der ganzen Lagerzeit nicht waschen und behielten Tag und Nacht dieselben Kleider an. Was Mädchen und Frauen machten, die noch ihre Menstruation hatten, weiß ich nicht.

Der Hunger wurde immer schlimmer. Wir konnten uns ja selbst nichts mehr beschaffen. Ungeziefer befiel uns – Kopfläuse, Kleiderläuse, Flöhe, Wanzen, vor nichts blieben wir verschont. Läuse liefen im Gänsemarsch über unsere Körper. Ein alter Mann auf unserem Boden hatte nicht mehr die Kraft, sie abzusuchen. An den entzündeten Läusebissen ist er dann, aufgefressen vom Ungeziefer, qualvoll gestorben.

Unsere Kleider strotzten vor Schweiß und Dreck. Und dann brach der Hungertyphus aus. Er wurde zum Gespenst, das wahllos um sich griff und vor niemandem Halt machte. Fühlte sich jemand matt, bekam Kopfschmerzen und Fieber, dann brach seine Umgebung in Panik aus. Es gab keine Rettung vor dieser Seuche. Geschwächt, wie wir waren, kamen Hunderte durch sie ums Leben. Wer nicht sofort im Lager starb, kam in die Typhusstation, die man in der Stadt im Hotel »Sonne« eingerichtet hatte. Hier wurden die Kranken von unseren beiden Ärzten betreut, Dr. Thomas und Dr. Gebauer, die bei uns blieben, bis die Krankheit auch sie selbst hinwegraffte. Da löste sich die Station auf.

Die Toten wurden frühmorgens auf den Sammelplatz des Lagers gebracht, der sich vor unserer Stiege erstreckte. Dort wurden sie auf Fuhrwerke geladen und außerhalb der Stadt begraben. Immer seltener schaffte ich es, zur Arbeit zu gehen. Dann versuchte ich oft, mich bei der ersten Dämmerung, bevor die Polen kamen und sich das Leben wieder regte, in den Ziegelhürden zu verstecken. Aber einmal hatte ich zu lange geschlafen. Sie erwischten mich, und ich musste helfen, die Toten aufzuladen. Ich war starr vor Schreck. Es waren ja alles Bekannte. Ich vermied es, in ihre Gesichter zu sehen, und hielt mich an ihr Fußende. Aber die Gliedmaßen waren so knochig und verkrampft, so quer und steif, dass wir das Verladen selbst zu dritt und viert oft nicht schafften. Am schlimmsten war es für mich, sie anzufassen. Noch heute fühle ich die Eiseskälte ihrer Körper, die mich erschauern ließ. Noch heute atme ich den süßlich-strengen Geruch des Todes.

Aus Angst vor Ansteckung kamen die Polen immer seltener ins Lager und hielten sich von uns fern. Die Suppenkessel stellten sie in sicherer Entfernung auf dem Platz ab, das Brot legten sie auf den Boden. Wer von uns zuerst da war, kriegte etwas ab, wer zu spät kam, ging leer aus. Immer rücksichtsloser und brutaler wurde der Kampf um ein Stückchen Brot. Oft wurde in der Gier die kostbare Suppe verschüttet, Schlägereien brachen aus, die Polen schossen in die Menge, schreiend stoben die Leute auseinander. Weil ich schnell war, bekam ich oft etwas von dem Essen ab.

Zweimal in der Woche kam Pater Glatzel zu uns ins Lager. Immer zog er unter seiner Soutane ein Stück Brot für mich hervor, das er mir heimlich zusteckte. Das Strahlen jedoch war aus seinem Gesicht geschwunden. Auch er wusste nichts mehr zu sagen, konnte mir nichts mehr erklären. Er sah blass, krank aus, und auch an seiner Soutane liefen die Läuse bis zur Schulter hoch. Nachts auf dem Stroh befiel mich oft ein so großer Hunger, dass ich weinte und Gerichte vor mir sah, die ich zu Hause so gern gegessen hatte: Heidelbeerpfannkuchen, Bratkartoffeln, Grießbrei mit Himbeersoße oder Streuselkuchen. Meistens schlief ich darüber ein.

Wir hatten schon ein paar Typhus-Todesfälle auf unserem Boden gehabt, als eines Morgens auch die Frau neben mir tot dalag. Sie hatte oft versucht, mir etwas Gutes zu tun, mir von ihrem Brot gegeben und ihren halben Mantel über mich gedeckt. Dazu hatte sie oft gesagt: »Du bist jung, du musst leben!« An diesem Morgen wollte ich ihr wie gewohnt den Mantel zurückgeben, als ich merkte, dass sie sich nicht mehr bewegte. Ich schrie und war außer mir vor Entsetzen. Wie oft hatte sie mich vor den Polen beschützt, wenn diese unerwartet die Holzstiege hochpolterten und ich nicht mehr weglaufen konnte. Dann musste ich an die Wand quer zum Kopfende. Schnell hatte sie immer das Gepäck vor mir so zurechtgerückt, dass man mich nicht sah, und sich dann auch noch breit davor gesetzt. Sie hätten schon alles wegräumen müssen, um mich zu finden. Jetzt war auch sie nicht mehr da.

Daraufhin fassten meine Mutter und ich den Entschluss, aus dem Lager auszubrechen. Wir hielten unseren Plan geheim, um nicht verraten zu werden. Da ich nicht mehr arbeiten gehen konnte und nur noch dahinvegetierte, hatte ich auch Maria schon lange nicht mehr gesehen. Und die einzelnen Lagergebäude wurden so streng bewacht, dass wir keine Möglichkeit hatten, uns gegenseitig zu besuchen. Ich wusste eine Stelle, wo ein Loch im Maschendraht war. Außen am Zaun entlang verlief ein Feldweg, der beidseits mit Büschen bewachsen war. Wenn es gelang, über diesen Feldweg aufs freie Feld zu entkommen, hatten wir es geschafft. Meine Mutter mit ihrer Tasche, ich mit dem Rucksack, so schlichen wir uns, bevor es hell wurde, an den Zaun. Zwanzig Meter weiter hörten wir die Schritte des Wachsoldaten. Sobald wir sicher waren, dass er sich entfernt hatte, sprangen wir über den Feldweg und rannten über den blanken Acker. Als wir den Rand des nahen Wäldchens erreicht hatten, fühlten wir uns gerettet. Wir lachten und freuten uns, dem Grauen des Lagers entronnen zu sein.

Hinter dem Dorf Zinnatal schlichen wir uns auf die Auen. Da begann es langsam hell zu werden. Und es dauerte nicht lange, da kam schräg von hinten ein Mann auf uns zugelaufen und schrie uns an. Sofort blieben wir stehen. Er rief einen Milizsoldaten, der stieß uns vor sich her, zurück nach Bauerwitz. Sein Gewehr hielt er schussbereit auf uns angelegt, und zusätzlich pflanzte er auch noch das Bajonett auf. Schweigend gingen wir die Straße entlang, enttäuscht, irgendwie vernichtet. Wie Verbrecher wurden wir abgeführt. Als wir am Lager vorbeikamen, standen die Leute hinter dem Zaun und fragten entsetzt: »Wo kommen Sie denn her? Was haben Sie gemacht?« Als meine Mutter zu antworten begann, bekam sie sofort einen solchen Tritt in die Beine, dass sie hinfiel.

Wir wurden zur polnischen Kommandantur gebracht. An

der linken Seite des Gebäudes war ein schmaler Durchgang, von dem eine kleine Treppe zu einem Keller hinunterführte. In diesen Keller stieß uns der Soldat hinein. Es war stockdunkel, ein Fenster gab es nicht. Und es war feucht. Auf dem Boden und an den Wänden wuchs Moos. Es fühlte sich weich an, roch aber so modrig, dass mir schlecht wurde. Hinsetzen konnte ich mich nicht, der Boden war zu nass. So lehnte ich mich in die Ecke. Bald krabbelten Tiere über meine nackten Füße, und Spinnen krochen über mein Gesicht. Es war ekelhaft. Nach endloser Zeit kam jemand, der uns herausholte. Wir hatten gehofft, etwas zu essen zu bekommen, aber wir hatten uns getäuscht. Stattdessen wurden wir an die Wand gestellt. Die Soldaten diskutierten endlos, was sie mit uns machen sollten. Schließlich sagte einer zu uns: »Du Deserteur, wir schießen!« Da brach meine Mutter zusammen. Sie setzte sich auf den Boden und weinte und bettelte, sie sollten uns am Leben lassen. Immer wieder hörte ich sie schreien: »Meine Jungen, was sollen meine Kinder machen, wenn ich nicht mehr da bin!« Ich weinte mit. Es war wohl das Ende. Wir mussten uns an die Wand stellen, und sie schossen. Ich wunderte mich, als ich ihr Gelächter noch hören konnte. Sie hatten nur Spaß gemacht. Danach kamen wir wieder in den Keller.

Als wieder einer die Tür aufmachte, war es dunkel geworden. Wir hörten über uns wilden Lärm, Musik und Gelächter. Da zeigte meine Mutter fragend nach oben und ging dann einfach hinter dem Soldaten her. Ich lief ihr nach. Als wir oben in den Saal kamen, waren dort viele Soldaten versammelt, die Wodka tranken und umhertaumelten. Meine Mutter sah ein offenes Klavier, ging sofort darauf zu und fing an zu spielen. Die Soldaten stutzten, begannen zu tanzen und zu lärmen, klatschten und freuten sich über die

Musik. Und meine Mutter spielte einen Walzer nach dem anderen. Mich hatte man vergessen. Da mir dieses wilde Treiben Angst machte, ging ich in den Keller zurück. Endlich wurde das Trampeln und Schreien leiser, schließlich hörte es ganz auf. Es muss sehr früh am Morgen gewesen sein, jedenfalls war es noch dunkel, als meine Mutter kam, um mich aus dem Keller abzuholen. Und wir machten, dass wir wegkamen. Natürlich ins Lager, wohin sonst?
Und so war alles wie vorher. Die Leute um uns starben weiter vor Hunger, Erschöpfung und an Typhus. Doch nach etwa einer Woche ging das Gerücht um, man gestatte uns, für zwanzig Zloty eine Schipuska, eine Ausreisebescheinigung, zu kaufen. Bloß, wie das Geld auftreiben? Ich war sehr überrascht, als schon bald Maria zu mir kam – sie hatte sich irgendwie durchgeschlagen, um sich zu verabschieden. Ihr Vater hatte ihren Schein bereits gekauft. Am nächsten Morgen wollten sie aufbrechen. Sie selbst hatte bis vor wenigen Minuten nichts davon gewusst. Die Eltern hatten es vor ihr geheim gehalten. Ich begleitete sie morgens bis zum Zaun; ein paar Meter davon entfernt stand ein Wegkreuz, und dort verabschiedeten wir uns. Unsere Wege trennten sich für immer. Sie gingen in einer kleinen Gruppe weg, zusammen mit zwei anderen Familien. Und als ich sie so ziehen sah, dachte ich: Wir wären gern mitgegangen. Warum sind sie mit anderen Leuten losgezogen, ohne uns? Es dauerte Tage, bis wir meine zu klein gewordene Strickjacke und unsere einzige Tasche versetzt hatten und schließlich auch einen Schein kaufen konnten. Unfassbar: Wir gingen einfach auf den Lagerposten zu, zeigten unseren Passierschein vor und durften gehen. Er jagte uns nicht zurück, schlug nicht zu, trat nicht nach uns, brüllte uns nicht an – wir durften wirklich gehen. Zuerst verhielten wir uns ganz still, weil wir fürchteten, man könne uns zurück-

holen. Aber als wir hinter Zinnatal angelangt waren, auf einer kleinen Erhebung, machten wir Halt und schauten zurück.
Da lag Bauerwitz, ausgebreitet in der welligen Landschaft. Eigentlich war nur der abgeschossene Kirchturm zu sehen und die Haube vom Rathaus neben ein paar Baumkronen, alle anderen Häuser und Höfe schmiegten sich in die Felder. Es kam mir vor, als beginge ich Fahnenflucht, als ließe ich meinen Ort, meine Kindheit im Stich. Ein unsichtbares Gummiband zog mich zurück, auch wenn ich froh war, dieser Hölle entronnen zu sein, in der wir umgekommen wären. Wir gingen erleichtert weiter. Es muss um den 10. Oktober herum gewesen sein.

Wieder in Wölfelsdorf

Wir kamen bis hinter Leobschütz. Obwohl wir ja nun eine Genehmigung hatten, schlichen wir uns an den Dörfern und Städten vorbei, und obwohl außer Soldaten nur wenige Menschen unterwegs waren, wichen wir allem Verdächtigen aus. Wieder klopften wir an Haustüren, die uns vertrauenswürdig erschienen, und man nahm uns auf und gab uns etwas zu essen. Wir wollten in einen Ort nördlich von Neiße, wo ein Bekannter meines Vaters Pfarrer war. Doch wir kamen zu weit nach Norden ab. Wir konnten uns nicht mehr orientieren, weil die Ortsschilder inzwischen polnisch überschrieben waren. Als wir dastanden und überlegten, was wir tun sollten, machte uns ein alter deutscher Mann aus einiger Entfernung Zeichen, nicht weiterzugehen. Er gestikulierte lebhaft, aber wir verstanden nicht, was er uns sagen wollte. So ging meine Mutter ein Stück zurück, um in einem Haus zu fragen, wo wir waren.

Während ich wartete, kam plötzlich ein polnischer Soldat mit einem Fahrrad auf mich zu. Die Bescheinigung hatte meine Mutter. Ich konnte mich nicht ausweisen, und so führte er mich ab, genau in die Richtung, die wir den Zeichen des alten Mannes nach meiden sollten. Der Milizsoldat ging in der Mitte, links führte er sein Fahrrad, rechts von ihm ging ich. Ich merkte bald, dass er betrunken war. Er roch stark nach Schnaps, und es sah aus, als ob er sich an seinem Fahrrad eher festhielt, als dass er es führte. Vor Angst und Verzweiflung verkrampfte ich mich vollkommen. Ich konnte kaum noch gehen und musste mich anstrengen, einen Schritt vor den anderen zu setzen, so wie es manchmal im Traum ist, wenn man weglaufen möchte und nicht von der Stelle kommt. Ich bewegte mich wie in Trance. Gleichzeitig jedoch »wusste« ich, dass ich geradewegs ins Verderben lief, und überlegte fieberhaft, wie ich entkommen könnte. Aber er hatte ein Gewehr, und ich hatte keine Chance. Nach einiger Zeit tauchte am Horizont ein Dorf auf. Die einzelnen Bäume entlang der Straße verdichteten sich zu einer schönen Allee. Da kam mir ein Zufall zu Hilfe. Der Milizsoldat blieb plötzlich stehen, rief mir zu, ich solle warten – so verstand ich jedenfalls sein kehliges Grunzen –, lehnte sein Rad an einen Baum und wollte austreten. Hinter seinem Rücken sprang ich leise in den Straßengraben. Wenige Meter in der Richtung, aus der wir gekommen waren, hatte ich einen Feldweg in die Straße einmünden sehen. Auf den rannte ich geduckt zu, sprang über ihn hinweg und drückte mich auf seiner abgewandten Seite an den Hang ins wuchernde Gras. Bevor der Mann sich wieder umdrehte, war von mir nichts mehr zu sehen. Als er merkte, dass ich weg war, rastete er aus, schrie, lief hin und her, schoss in alle Richtungen, drehte sich aber bloß im Kreis und kam nicht bis zu dem Feldweg zurück. Als er sich schließlich davongemacht hatte, lief ich zurück zu dem Haus, in dem Mutter nach dem Weg fragen wollte. Sie war außer sich und natürlich heilfroh, dass ich wieder da war, und wir beschlossen, einander nicht mehr aus den Augen zu lassen.

Noch am selben Abend erreichten wir den kleinen Ort bei Neiße und fanden Aufnahme bei dem Pfarrer. Mir fiel auf, dass er sich sehr verängstigt und misstrauisch verhielt. Alle Fenster und Türen waren verschlossen und verriegelt, die Haustür sogar mit Brettern vernagelt. Der Unterschied zu der Situation in Bauerwitz sprang sofort ins Auge: Hier wohnte man noch im eigenen Haus. Nachdem der Pfarrer die Seitentür hinter uns verriegelt hatte, begann das große Erzählen. Als er von meinem Erlebnis mit dem Soldaten hörte, erschrak er und klärte uns darüber auf, in welcher Gefahr ich mich befunden hatte. Der Ort, in den mich der Milizionär hatte führen wollen, hieß Lamsdorf. Dort hatten die Polen für die Deutschen ein Todeslager eingerichtet. Im Juli hatten sie plötzlich damit begonnen, die Bevölkerung bei Nacht und Nebel aus ihren Häusern zu jagen und nach Lamsdorf zu treiben. Tausende waren es gewesen, ganze Dörfer hatten sie entvölkert, um ungehindert plündern zu können und um – wie ich später erfuhr – Platz zu schaffen für die aus Galizien einziehenden Polen. Aber auch Einzelne, die zufällig vorbeikamen, wurden aufgegriffen und ins Lager verschleppt. So war es einer Nachbarin von ihm ergangen, die nach ihrer Mutter im nächsten Dorf sehen wollte. Sie war spurlos verschwunden. Ein Mann aus seiner Pfarrei, der im Lager gewesen war und in einer Arbeitsgruppe Rohre hatte transportieren müssen, hatte ihm erzählt, wie die polnischen Milizsoldaten Schießübungen auf sie gemacht hätten. Er habe sich fallen lassen und tot gestellt, und nachts sei es ihm dann gelungen zu fliehen.

Dieser Mann hatte dem Pfarrer auch erzählt, dass Kinder erschossen worden waren, als sie Milch am Lagerzaun abholen sollten, schwangere Frauen waren in einem Teich ertränkt worden, alte Männer zu Tode geprügelt, und Unzählige waren verhungert. Der Pfarrer wagte kaum, das alles auszusprechen, und doch stand er wie unter einem Zwang, es uns mitzuteilen. Er flüsterte und sah sich ängstlich um, bat uns, ihn nicht zu verraten, und legte uns nahe, am nächsten Morgen in aller Frühe weiterzugehen. Ich bekam plötzlich keine Luft mehr, mir wurde schlecht, und ich erbrach mich.[3]

Am nächsten Tag kamen wir nach Reichenstein. Dort wohnte eine Jugendfreundin meiner Mutter. Sie wollte uns zuerst nicht hereinlassen. Nachdem sie aber meine Mutter erkannt hatte, behandelte sie uns wie Gäste. Sie stellte uns ein Zimmer mit zwei blütenweiß bezogenen Betten zur Verfügung. Es wäre so schön gewesen! Seit meinem Geburtstag hatte ich nicht mehr in einem Bett geschlafen. Seit Juni hatte ich meine Kleider nicht mehr ausgezogen. Aber meine Mutter lehnte die märchenhaften warmen Betten ab, für die wir zu verdreckt und verlaust waren. Wir schämten uns, überhaupt in diese gepflegte Wohnung gekommen zu sein, und richteten uns im Flur mit einer Decke ein. Es war uns peinlich, am nächsten Morgen an einem gedeckten Tisch zu sitzen und von richtigem Geschirr zu essen. Ich kam mir vor wie ein Bettlerkind im Schloss. Ich wäre so gerne einfach dageblieben.

Einen Tag später waren wir in Glatz. Dort wollten wir bei Mutters Schwester auf dem Ring übernachten. Doch ihre Wohnung war abgeschlossen, und sie war nicht da. In der Stadt wimmelte es von Soldaten. Die Russen waren in der Minderzahl, die viereckigen Mützen der Polen überall, und dazwischen drängten sich Flüchtlinge und Vertriebene, mit Handwagen, Koffern und Bündeln von Gepäck. Wir versuchten es bei einer Freundin meiner Mutter. Deren Wohnung aber war von allen möglichen Leuten so überfüllt, dass wir nicht bleiben konnten. Wir legten uns in der Wohnung nebenan auf den Fußboden, zu essen gab es nichts.

Die letzten 25 Kilometer bewältigten wir am nächsten Tag. Es war schon dunkel, als wir endlich in Wölfelsdorf ankamen. Als mein Onkel die Tür aufmachte, sagte meine Mutter erneut: »Wir können nicht mehr zurück. Dürfen wir hier bleiben?« Er war überrascht und wandte zuerst ein, Bärbel sei ja schon da. Trotzdem konnten wir bleiben. Für Onkel und Tante war ja noch alles wie immer. Sie wohnten in ihrer Wohnung. Ab und zu polterten ein paar Russen herein, stießen etwas mit dem Fuß um, nahmen auch mal eine Schale oder Vase mit. Sonst war nichts los. Mir wurde als Schlafplatz das Sofa im Wohnzimmer zugewiesen. Es war zu kurz, zu schmal und völlig unbequem. Aber ich war die Kleinste. Und ich war froh, dass ich überhaupt irgendwo unterkam.

Während wir uns über alles Mögliche unterhielten, kam von hinten meine Schwester zur Tür herein, leise und scheu, wie ich sie gar nicht kannte, und setzte sich in eine Ecke. Es war so viel passiert inzwischen, dass wir uns zunächst stumm gegenübersaßen. »Du bist groß geworden«, fing Bärbel schließlich an, und ein wenig lächelnd fügte sie hinzu: »Wie eine Bohnenstange.« Ich schaute an mir herunter. In der Tat, es passte mir nichts mehr. Bärbel erzählte von sich aus nichts über ihr Leben in Wölfelsdorf. Wir mussten alles aus ihr herausfragen. Kurz nachdem Mutter und ich nach Bauerwitz aufgebrochen waren, war ein Aufruf im Dorf erfolgt, dass sich aus jeder Familie eine Person zur Arbeit auf der russischen Kommandantur melden

solle. Diese befand sich im Schloss neben der Kirche. Es war klar, dass meine Schwester gehen würde. Ihr Erscheinen dort wurde streng kontrolliert. Als ich sie fragte, was sie denn da machen müsse, sagte sie: »Die ersten Tage mussten wir putzen, dann Bücher sortieren.« Ich gönnte es ihr. Bücher zu ordnen war ja eine angenehme Beschäftigung. Und weil das Schloss alt war, war dort sicher eine große Bibliothek zusammengekommen. Die Russen nahmen ja alles mit, warum nicht auch die Bücher? Andererseits – was sollten die Russen mit deutschen Büchern? Als ich Bärbel deshalb im November fragte: »Seid ihr immer noch nicht fertig mit den Büchern?«, antwortete sie merkwürdig unbestimmt: »Ich weiß auch nicht so genau. Die haben immer etwas zu tun.« So ging sie weiterhin jeden Morgen nach dem Frühstück ins Schloss, mal früher, mal später, manchmal kam sie am frühen Nachmittag nach Hause, manchmal am späten Abend. Mich wunderte diese Unregelmäßigkeit. Aber da Bärbel es mir nicht erklären konnte oder wollte, fragte ich auch nicht mehr, und alles ging seinen Gang. Ich glaube, auch meine Mutter und die beiden anderen wussten nichts Genaues. Aber sie fragten auch nicht nach, und vielleicht wollten wir es auch gar nicht so genau wissen.
Nach und nach kamen auch hier die Polen an. Immer wieder liefen Gerüchte durch das Dorf, dass die Deutschen ausgewiesen werden sollten. In Glatz, in den umliegenden Dörfern und Bädern hingen bereits Plakate, auf denen die Bevölkerung zu immer neuen Leistungen verpflichtet wurde: Sämtliche deutsche Aufschriften an öffentlichen und privaten Häusern, an Hotels, Läden, Straßen und Denkmälern waren zu übermalen. Es durfte kein Eigentum aus den Wohnungen entfernt werden, Wertgegenstände mussten gemeldet oder abgegeben werden. Es wurde ver-

boten, an öffentlichen Stellen die Hände in der Tasche zu halten oder zu mehr als zwei Personen zusammen zu gehen. Zwischen 21 und 7 Uhr wurde ein Ausgehverbot verhängt. Und jedes Mal wurde gedroht: Wer gegen diese Bestimmung verstößt, wird schwer bestraft.

Bereits im April 1945, als der Krieg noch nicht einmal zu Ende war, hatte es einen polnischen Aufruf gegeben, der die Bevölkerung Niederschlesiens zur »restlosen Unterordnung« und zur »strikten Befolgung aller Anordnungen« verpflichtete. Gleichzeitig wurde uns großzügig die Möglichkeit gegeben, »zum Polentum zurückzukehren, für das die besten Söhne und Töchter dieser urslawischen Gebiete geblutet haben«. Und ab Juni 1945 (immer noch lange vor Abschluss der Potsdamer Verträge, in denen über die deutschen Ostgebiete entschieden wurde, wovon wir damals natürlich nichts wussten) ergingen Befehle, dass laut Anordnung der Regierung Polens die gesamte deutsche Bevölkerung das polnische Staatsgebiet zu verlassen habe. Für Glatz musste diese Aktion, wie uns meine dort lebende Tante später sagte, bis zum 29. Juni um 12 Uhr abgeschlossen sein. Die Route des Fußmarsches nach Westen war vorgeschrieben. Sie führte über Frankenstein, Reichenbach, Schweidnitz, Striegau, Jauer; Goldberg, Löwenberg und Lauban nach Görlitz. Es wurde gestattet, 20 Kilogramm Handgepäck mitzunehmen. Und unmissverständlich war die Drohung, dass alle »mit Gewalt entfernt« würden, die dieser Anordnung nicht nachkämen. Wir dachten dabei inzwischen sofort an Deportation oder Arbeitslager.

Immer häufiger, immer dringlicher und drohender wurden die Nachrichten, die bis in unser kleines Dorf drangen. Wir hörten von unsäglichen Qualen jener Deutschen, die sich nun wieder zu Tausenden über die Straßen schoben.

Wir gingen kaum noch aus dem Haus, rührten uns einfach nicht. Es kam mir vor, als spielten wir »Toter Mann«. Im Schutze der Dämmerung huschten wir, wie alle anderen auch, zu Bauern, die vielleicht noch etwas zu essen hatten. Das ganze Dorf duckte sich, um nicht gesehen zu werden. Geriet man in die Dunkelheit, so fand man nur noch tastend nach Hause. Der elektrische Strom war längst abgeschaltet.

Die Menschen verzweifelten, viele waren verweint, tief verunsichert und verletzt. Einige nahmen sich das Leben. Immer wieder hörte ich den Satz: »Wir können nur einen Tod sterben.« Die Verzweiflung wurde noch dadurch gesteigert, dass wir nichts Genaues wussten. Abgeschnitten von der Welt, hatten wir keine Ahnung davon, wie sich die Westmächte zu der Lage verhielten, wie es im übrigen Deutschland aussah. Wir waren immer noch überzeugt davon, dass die Polen die Vertreibung im Alleingang angezettelt hatten und dass alles aufgeklärt und rückgängig gemacht würde, wenn erst einmal die Westmächte regulierend eingreifen würden. Unsere Situation war so unfassbar. Ich las in dieser Zeit viel, denn mein Onkel hatte ja noch seine Bücher.

Schließlich kam der 25. November, mein Namenstag. Ich lag im Wohnzimmer mit einer schweren eitrigen Mandelentzündung und hohem Fieber auf dem Sofa. Die vier anderen waren hinausgegangen, um nach etwas Essbarem zu suchen. Meine Tante kannte einen Hang, wo Schlehen wuchsen. Und da es am Tag vorher gefroren hatte, waren sie gerade richtig, um geerntet zu werden. Da polterte jemand an die Haustür. Ich bekam Angst und machte nicht auf. Da hörte ich ein Krachen und Splittern. Sie brachen die Tür auf. Und es dauerte nicht lange, da kamen sie die Treppe herauf, zwei Männer und eine Frau. Sie rissen die

Tür auf und schrien mich an, aber ich konnte weder sprechen noch sie verstehen. Da fingen sie an, die Möbel zu begutachten und den Inhalt der Schränke zu durchsuchen, und schließlich setzten sie sich in die Sessel, um zu warten. Einer riss mir den Schal vom Hals und trieb mich aus dem Bett, um die Polsterung des Sofas zu prüfen. Schließlich kamen meine Leute mit den Schlehen zurück. Da wies der große Grauhaarige mit der Lederjacke auf seine Uhr und sagte: »In fünf Minuten raus!« Ich zog mich schnell an, wir packten den Rucksack und zwei Taschen – mehr hatten wir ohnehin nicht –, meine Verwandten legten hastig ein paar Sachen in einen Koffer, da drängten sie uns schon durch die Tür. Meine Tante hatte nicht einmal Zeit, sich umzuziehen. Sie hatte ihren viel zu dünnen Mantel an, vergaß die Handschuhe. Weinend stand sie auf der Straße. Nun hatten wir wieder kein Dach mehr über dem Kopf.

Da fiel meiner Tante zum Glück ein, dass das Haus des Bürgermeisters, das so genannte Brauner-Häuschen, leer stand. Es lag etwa 500 Meter von uns entfernt auf der anderen Seite der Wölfel. Der Bürgermeister war Parteigenosse gewesen und schon vor ein paar Wochen verschwunden. Er hatte alles im Stich gelassen. Und so fanden wir vor, was wir brauchten. Wohl gefühlt habe ich mich in den fremden Möbeln und Sachen nicht. Wir legten Wert darauf, dass nichts kaputtging, damit der Besitzer alles wieder übernehmen konnte. Bald kamen andere Leute hinzu, die auch aus ihren Häusern hatten weichen müssen. Sie bewohnten die andere Hälfte des Brauner-Häuschens. Einer meiner neuen Nachbarn hat mir besonders gefallen. Er hatte so starke Brillengläser, dass ich nie herausbekam, welche Augenfarbe er hatte. Er war gütig und sanft, und vor allem brachte er immer Neuigkeiten aus dem Dorf mit, über die dann stunden- und tagelang geredet wurde. Ich freute mich besonders über seinen Dialekt. Es war die Heimatsprache meiner Mutter, dieser weiche, gemütliche, etwas singende Klang, die bildreiche Sprache, die ich später in Gerhart Hauptmanns Dramen wiederfand. Ich hätte ihm stundenlang zuhören können. Mit mir machte er immer Späße und erzählte mir Heimatgeschichten und Sagen. Es war nämlich sehr langweilig geworden. Ich hatte nichts mehr zu lesen, es wurde früh dunkel, und die Nächte, einzig von einer Kerze erleuchtet, wurden endlos lang. Ich sehnte mich heftiger denn je nach der Schule. Fast ein Jahr lang lebte ich schon von einem Tag zum anderen, von der Hand in den Mund. Niemand interessierte sich für uns. Selbst die Aufforderungen, sich zu Fuß auf den Weg nach Görlitz zu machen, verstummten. Ob man uns in diesem Dorf vergessen hatte oder dachte: Die werden schon aus ihren Löchern herauskommen, bevor sie verhungern? Am Heiligen Abend brachte unser Nachbar uns ein kleines Bäumchen mit. Es war ungefähr 50 Zentimeter hoch, sah wunderschön aus, gleichmäßig gewachsen und stolz. Er wollte es am nächsten Tag wieder einpflanzen. Vor dem Baum stellte er unsere Kerze auf, und dann fing er an zu erzählen. Zuerst sprach er vom vorigen Weihnachten. Wir nickten mit dem Kopf, hier und da wischte sich jemand eine Träne ab. Ich dachte an den Besuch meiner Tante Gussi bei uns und wie alles mit den bunten Christbäumen am Himmel angefangen hatte. Dann erzählte er Weihnachtsgeschichten aus dem Glatzer Land, und zum Schluss sangen wir unsere schlesischen Lieder. Die Stimmung wurde immer gehobener, niemand war mehr traurig. Schließlich verabschiedete er sich mit den Worten: »Nu schlofa die Puppa gutt!« An Silvester band er sich ein Halstuch um und setzte einen schwarzen Hut auf, der wohl einen Zylinder darstellen sollte. Mit einer Mundharmonika in der

Hand kam er auf mich zu und fragte: »Auf welchem Stern möchtest du jetzt leben?« Es fiel mir nicht schwer, mir eine Welt auszumalen, in der es mir gut ging. Mein Onkel protestierte, er solle mir keine Flausen in den Kopf setzen. Für uns werde es so eine Welt nicht mehr geben. Da sagte der Mann: »Sie können uns alles nehmen, auch Gesundheit und Leben, aber unsere Berge können sie nicht versetzen«, und schloss: »Onsre Heemte bleibt onsre Heemte.« Ich hatte dieses Wort längst vergessen. Was war das – Heimat? In diesen Wochen und Monaten in Wölfelsdorf passierte nichts, und doch kamen wir nicht zur Ruhe. Wir verbrachten die Zeit ohne einen Inhalt, sie wurde diffus und löste sich auf. Wir warteten und wussten nicht, worauf. Die Vergangenheit spielte ebenso wenig eine Rolle wie die Zukunft. Man stand auf, wenn es hell wurde, ging schlafen, wenn es dunkel wurde, und verbrachte die Tage damit, etwas zu essen zu finden und zuzubereiten, über alles zu reden und zu spekulieren und es sich auszumalen. Wir versetzten uns sogar in die Lage der Polen und fragten uns, was sie mit uns jetzt am besten machen sollten, ja, was sie machen müssten. Denn so könnten sie ja hier nicht leben, mit uns als »Stachel im Fleisch«. Es schien so, als begännen einige von uns, sie zu verstehen. Und irgendeinem taten sie fast sogar schon Leid. Ich konnte dieses Gerede oft kaum noch ertragen, ging dann in den Schuppen und wollte nur noch zu Hause sein. Alles war wieder da im Schuppen, Stimmungen, Gerüche, Sonnenuntergänge, das Lachen; kleinste Bilder und Erinnerungen machten mich vor Freude unruhig. Aber sobald ich den Schuppen verließ, waren Gedanken und Träume von der Realität verschüttet.
Es schneite viel. Bald verschwanden die kleinen flachen Gebirgshäuser in der Landschaft, denn auch die Dächer wurden weiß. Eine dunkle Gestalt hätte man weithin er-

kennen können, aber es kam keine Gestalt, und man sah niemanden. Nur der Wind heulte ab und zu auf und legte sich wieder, die Bäume schüttelten den Schnee ab und reckten sich. Zum Glück mussten wir nicht frieren. Der Bürgermeister hatte viel Holz unter den Fenstern gestapelt. Er hatte vorgesorgt.

Für immer fort

Nach langer Zeit wurde das Wetter etwas milder. Die Wölfel setzte sich in Bewegung und brachte Schmelzwasser von den Bergen. Da, irgendwann Mitte März 1946, es war wieder früh in der Dämmerung, krachten Gewehrkolben gegen die Haustür. Heisere Schreie brachen sich an der Hauswand, und schwere Schritte stapften durch den Schnee. Sie kommen! Schon waren sie vor unserem Fenster. »Aufmachen! Raus!« Wieder stiegen wir hastig in die Kleider, suchten ein paar Sachen und etwas zu essen zusammen, da splitterte schon eine Scheibe. Keine zehn Minuten, und wir standen auf dem Weg vor dem Haus. Mein Bett, in dem ich gerade noch geschlafen hatte, war noch warm, da trieben sie uns schon vor sich her zur Straße. Dort wartete bereits ein langer Zug armseliger Gestalten mit Bündeln und Taschen, Rucksäcken und Koffern. Wieder zu viert oder fünft nebeneinander, wieder flankiert von Soldaten mit aufgepflanztem Bajonett. Wieder schrien sie herum, schlugen auf jeden ein, der nicht eng in der Reihe ging, traten mit Füßen, stießen mit dem Gewehr. Ich schlängelte mich wieder in die Mitte der Reihen. Meiner Tante, die das alles noch nicht kannte, stand das blanke Entsetzen ins Gesicht geschrieben, und sie reagierte auf die Tritte eines Soldaten mit den Worten: »Bitte, ein bisschen freundlicher!« Da schlug er so zu,

dass sie in den Schneematsch fiel und ihr das Blut über das Gesicht lief. Schnell half ihr jemand auf und stützte sie. Denn schon drängten die anderen von hinten nach, von Peitschenhieben getrieben.
Etwas später hörte ich hinter mir den Schrei eines Mannes. Als ich mich umdrehte, sah ich unseren Nachbarn. Er war gestolpert, gefallen und hatte seine Brille verloren. Hilflos suchte er sie mit den Händen im Schnee. Da zerrten sie ihn schon an den Rand und trampelten auf ihm herum. Ich lief zurück, um ihm zu helfen, da rief er mir zu: »Geh weiter! Geh bitte weiter! Ich komme nach!« Aber er kam nicht nach. Ich habe ihn nie mehr gesehen. Durch meine versuchte Hilfsaktion hatte ich den Koffer meiner Tante verloren, den ich nach ihrem Sturz ergriffen hatte. Aber ich hätte ihn wohl sowieso nicht mehr lange tragen können. Denn unser Weg war weit.
Allmählich hatte der Zug seinen Rhythmus gefunden. Schweigend trotteten wir dahin. Kinder weinten, niemand wagte ein Wort zu sagen. Dafür begleiteten uns die Schreie und das Hohngelächter der Soldaten, die sich einen Spaß daraus machten, uns mit Schlägen und Stößen weiterzujagen. Immer wieder stellten sie einem ein Bein, dass er stolperte und hinfiel, immer wieder schossen sie in die Luft und freuten sich über unsere Angst.
Es war später Nachmittag, als wir am Bahnhof von Mittelwalde ankamen. Schon von weitem sahen wir den Güterzug an der Rampe stehen. Die Türen der Waggons waren zu unserer Seite hin offen. Mit den Gewehrkolben wurden wir hineingestoßen. Die Alten, die nicht schnell genug waren, mussten von den andern hinaufgezogen und -geschoben werden. Eine Frau stolperte und fiel hin, sie wurde von den Soldaten hinterhergeworfen. Auf unserem Wagen sah ich die Nummer 39. Ein paar Männer wurden aussor-

tiert. Mein Onkel war nicht dabei, er hatte sich rechtzeitig eine Decke umgewickelt und ein Kopftuch aufgesetzt. Siebzig bis achtzig Leute wurden in unseren Wagen gepfercht. Das meiste Gepäck musste draußen bleiben. Dann wurde die Tür zugeschoben, und der Riegel fiel ins Schloss. Das Geräusch kannte ich ja. Es durchfuhr mich wieder wie ein Todesurteil. Ich schlängelte mich durch die Menge in die hintere rechte Ecke, weg vom Eingang, und machte mich ganz klein. Meine Verwandten hatte ich verloren. Plötzlich krachte ein Schuss aus nächster Nähe. Heiseres Gebrüll. Die Tür wurde wieder aufgeschoben, Soldaten drängten herein. Eine Razzia: »Geld, Geld, Uhr, Geld!« Die Menschen schrien auf. Blendlaternen suchten die Gesichter ab. Starr schaute ich ins Licht. Nur nicht auffallen! Pistolenschüsse zischten über die Köpfe. Die Soldaten trampelten über die Leute. Geschrei überall. Koffer und Taschen flogen nach draußen. Frauen und Mädchen wurden hinausgezerrt. Ihre Angehörigen hielten sie fest. In dem Gerangel löste sich ein Schuss. Endlich waren sie weg, und die Türen wurden wieder zugeschoben. Es war ganz dunkel, als die Lokomotive aufstöhnte. Ein Ruck ging durch den Zug, und bald rumpelte er mit uns davon, als wäre das die größte Selbstverständlichkeit der Welt.
Mitten in der Nacht hielt er an. Er fuhr ein Stück vor und wieder zurück und blieb dann auf einem toten Gleis stehen, über einen Tag lang. Wir hörten von draußen gedämpfte Hilferufe. Ein Mann, der an einem Schlitz in der Wagenwand stand, sagte, er könne nicht erkennen, wo wir seien. Nachdem wir wieder gefahren waren und wieder lange gestanden hatten, machte die Miliz die Türen auf. Wir durften hinaus, stürzten uns an den Bahndamm, suchten Gräser und Baumrinde und Pfützen, in denen etwas Wasser stand. Vor mir warf sich eine Frau auf den Boden,

um aus der Drecklache zu schlürfen. Ich fand Schneereste, die ich mir in den Mund stopfte. Überall versuchten Leute auszutreten. Die Letzten waren noch gar nicht ausgestiegen, da wurden wir schon wieder zurückgejagt. Nun war ich wieder bei meinen Verwandten. Am nächsten Tag sank ein alter Mann zusammen, stöhnte und war tot. Die Frau neben ihm schrie auf. Er wurde in die Wagenecke mir gegenüber geschafft. Endlich zockelte der Zug weiter. Oft rangierte er und stand viele Stunden still. Jedes Mal atmeten wir auf, wenn es weiterging.

Als plötzlich erneut die Türen aufgerissen wurden, standen wir auf freiem Feld. Wir stürzten hinaus. Diesmal wurden nur die hinteren Wagen geöffnet, die vorderen blieben zugesperrt. Kein Laut drang aus ihnen heraus. Dabei waren so viele Menschen in ihnen. Diese Stille war unheimlich. Wir fanden ein paar Rüben und Kartoffeln, die nicht geerntet worden waren. Weil ich schneller laufen konnte, wagte ich mich etwas tiefer in die Felder hinein. Da fuhr der Zug auf einmal ab, und wir waren alle draußen. Die Soldaten amüsierten sich über unsere Angst. Nach fünfhundert Metern blieb der Zug stehen, und wir stolperten und stürzten ihm hinterher. Es war ein langer Zug. Jetzt war ich froh, dass ich meine Wagennummer wusste. Jedes Mal, wenn die Lokomotive pfiff, erschraken wir, denn dann erwartete uns eine Veränderung. Nie bedeutete das etwas Gutes.

Sobald sich das Tempo verlangsamte, verstummten alle. Wenn der Zug dann hielt, schwappte eine Welle von Angst über uns. Mein Herz hämmerte dann, ich bekam keine Luft mehr. Die Hände verkrampften sich. Dem Jungen neben mir klapperten die Zähne, und seine Mutter zitterte. Wir konnten unsere Angst nicht mehr beherrschen, sie war allgegenwärtig. Bis dann die Türen aufgerissen wurden und irgendein Kommando ertönte. Diesmal sollten wir Stroh aus einem Schober holen. Eine Gruppe von ungefähr fünfzehn Leuten wurde dafür abgezählt. Aber das Stroh war nass. Ein Mann zog von unten etwas aus dem Haufen heraus. Ich und ein paar andere taten es ihm nach. Aber wer nicht schnell genug war, dem wurde es wieder aus der Hand geschlagen. Manchmal, wenn der Zug hielt, wurden Tote ausgeladen. Sie wurden von unseren Leuten am Bahndamm, in alten Schanzlöchern oder einfach auf freiem Feld begraben. Diese Aufenthalte machten uns große Angst. Jeder konnte ja der Nächste sein.

Am schlimmsten war es in den Wagen selbst. Nur abwechselnd konnten wir liegen oder sitzen. Nachts legten wir die Beine und Arme übereinander, lehnten uns aneinander. Es war bedrückend, mit wildfremden Menschen eine solche Enge zu teilen. Ein Kind rief dauernd: »Mami, Mami«, eine alte Frau wimmerte auf herzzerreißende Weise. Ein älterer Mann bettelte die um ihn herum Sitzenden an, sie sollten ihm seinen Teddybären geben. Tag und Nacht gab es keine Ruhe.

Als wir schließlich wieder irgendwo stehen blieben, berichtete der Späher am Guckloch, er sehe eine Stadt. Und in Windeseile verbreitete sich die Nachricht, wir seien wohl bald in Görlitz. In Wirklichkeit war es wohl eher Kohlfurt. Erst einmal gab es noch einen besonderen Abschied aus Schlesien. Als es dunkel geworden war, kamen sie mit Blendlaternen und trieben uns hinaus. Das Gepäck musste im Wagen bleiben. Viele sprangen aus dem Waggon hinunter, ohne den Boden zu sehen. Dann wurden wir einzeln gefilzt, das heißt von oben bis unten abgetastet, die Frauen und Mädchen besonders gründlich und schamlos. Einige von uns wurden unter Stoßen und Schlagen ausgesondert. Wir anderen mussten um unseren Wagen laufen, zwischen den Puffern hin und her oder unter dem Wagen auf die andere Seite hindurchkriechen. Dort wurden wir mit Gelächter empfangen und wieder zurückgejagt. Meine Mutter setzte sich einfach irgendwohin. Ich sah, wie sie weitergezerrt wurde. Inzwischen hatten andere Soldaten die Güterwagen durchsucht. Eine Gruppe von uns musste unseren Waggon säubern. Wir hatten das wenige Stroh in eine Ecke gebracht und diese Ecke als Toilette benutzt. Einige hatten vom Grasessen Durchfall bekommen. Es stank furchtbar. Die abbeorderten Leute mussten alles mit den Händen herausschaffen. Dann wurden wir wieder in die Wagen getrieben. Mutter konnte nicht mehr. Ich setzte mich neben sie und weinte.

Als es hell wurde, setzte sich der Zug endlich wieder in Bewegung und fuhr wie ein normaler Güterzug weiter. Wir überquerten einen Fluss – und hatten Schlesien endgültig verlassen. Die Polen waren zurückgeblieben. Wir merkten es an der wohltuenden Stille. Erst langsam begriffen wir, dass wir nichts mehr zu befürchten hatten. Jetzt fielen aufmunternde Worte: »Haltet aus!« – »Sie können uns nichts mehr tun!« – »Wir haben es geschafft!« Und es gab wohl niemanden, der nicht geweint oder gelacht hätte. Alle streiften wir unsere Armbinden ab und ließen sie auf den Boden fallen. Wir spürten nicht einmal mehr den Hunger. Ich schlief in meiner Ecke ein.

Aufgeregte Stimmen weckten mich. Die Leute drängten sich um den Spalt, schauten hinaus und berichteten den anderen begeistert, was sie sahen. Das war so phantastisch, dass sie es immer wieder sagen mussten: Da fegt eine Frau ihre Treppe vor dem Haus! Da fährt ein Junge Fahrrad! Da spielen Kinder Ball! Eine Frau hat eine Einkaufstasche in der Hand! Da sitzen zwei junge Leute auf einer Bank! Oh, sieht der Park schön aus! Und Kinder kommen aus der

Schule! Da läutet eine Glocke! – Kamen wir ins Paradies?
Der Zug fuhr unbehelligt durch alle diese Orte, und bereits
am frühen Nachmittag hielt er ruhig und leise auf einem
größeren Bahnhof. Vom Verlauf des Weges von der schlesischen Grenze an hatte ich nicht mehr viel mitbekommen.
Vielleicht befanden wir uns in Magdeburg, vielleicht auch
in Marienborn. Vorsichtig, fast behutsam wurde die Waggontür zurückgeschoben. Und eine freundliche Stimme
begrüßte uns durch einen Lautsprecher: »Sie kommen in
die englische Besatzungszone.« Das war das Beste, was uns
passieren konnte, fand ich. Nur weit weg von den Russen
und Polen. Und nach allem, was ich aus dem Englischunterricht wusste, waren die Engländer ein sympathisches
Volk. Außerdem war Bernhard in englischer Gefangenschaft. Nun würden wir uns bestimmt bald wiedersehen.
Zuallererst bekamen wir etwas zu essen: einen Eintopf,
Brot und Quark, und zwar so viel wir haben wollten. Aber
ich konnte leider fast nichts essen. Mir wurde schlecht. Etliche Leute mussten sich setzen oder wurden gestützt.
Einige standen herum und diskutierten die neue Situation.
Es hieß, wir sollten diese Durchgangsstation vorerst nicht
verlassen – nicht, weil wir sonst erschossen worden wären,
vielmehr sollten wir ärztlich betreut und registriert werden
und einen vorläufigen Flüchtlingsausweis bekommen.
Nach dem Essen wurden wir desinfiziert und entlaust. Die
ärztliche Untersuchung wurde genau genommen. Mir sagte einer: »Gut, dass du jetzt etwas zu essen bekommst!«
Dann gab es einen großen Schrecken, als man feststellte,
dass meine Mutter nur noch 39 Kilogramm wog. Beim Abhören hatte man in ihrer Lunge Geräusche entdeckt. Sie
wurde aus der Reihe genommen und sollte ins Krankenhaus kommen. Da brach sie wieder zusammen. Sie war
immer öfter zusammengebrochen, seitdem wir aus Wöl-

felsdorf geflohen waren. Schließlich ließ man sie gehen, und sie konnte mit uns weiterfahren. Am meisten wunderte mich, dass uns niemand anschrie, dass man mit uns deutsch sprach und uns bat, dieses und jenes zu beachten oder hierhin und dorthin zu gehen. Ich weinte, weil man so gut zu mir war. Sofort kam eine Rote-Kreuz-Schwester zu mir und fragte mich, was mir fehle. Sie gab mir eine Banane und eine Tafel englischer Schokolade. Ich nahm sie in die Hand wie etwas Heiliges, und nur in winzigen Stücken begann ich sie zu probieren. Dann kam eine wichtige Durchsage: »Dieser Zug geht nach Ahlen in Westfalen!« Wer lieber in der Braunschweiger Gegend bleiben wolle, solle sich melden. Mutter, Bärbel und mir war klar, wir wollten weiterfahren, möglichst weit weg von der russischen Zone. Tante und Onkel entschieden sich fürs Bleiben. Auf der anderen Bahnsteigseite stand ein Personenzug mit richtigen Sitzen und Abteilen und Fenstern, aus denen man hinaussehen konnte. Und wir hatten so viel Platz. Ich hätte mich sogar hinlegen können. Freundliche Beamte begleiteten uns, mit richtigen Dienstmützen, ordentlichen Uniformen, sauberen Schuhen. Einer rief uns, die wir noch zögerten einzusteigen, freundlich zu: »Steigt ein! Steigt nur ein!«

Die Zeit danach

In Ahlen kamen wir am Abend an. Wir hatten für die 180 Kilometer von Mittelwalde bis an die Lausitzer Neiße ungefähr acht Tage gebraucht, aber nur einen Tag von der schlesischen Grenze in das westfälische Ahlen. In Omnibussen wurden wir zur Berufsschule gefahren, wo wir ein Matratzenlager vorfanden. Und welche Überraschung – wir bekamen wieder etwas zu essen! Gab es hier immer etwas zu essen? Und alle wurden satt? Am nächsten Morgen sollten wir weitertransportiert werden.
Die meisten saßen ergeben auf ihren Matratzen oder gingen in den Fluren umher. Da fragte ich den Mann, der uns eingewiesen hatte, ob wir in der Schule bleiben müssten. Er wunderte sich über diese Frage. Da begriff ich, dass ich frei war, und machte mich sofort auf den Weg. Von den Stufen der Schule aus sah ich gefegte Straßen, gepflegte Gärten, Rasen ohne Unkraut, Blumen vor sauberen Häusern, hinter den Fenstern brannten Lampen. Ich ging in die Dämmerung hinein, der Schein der Straßenlaternen war noch schwach. Eine Frau mit einer Einkaufstasche ging vor mir her, ganz selbstverständlich, ganz normal. Kinder, die Ball gespielt hatten, liefen nach Hause, ein Radfahrer kam von der Arbeit. Ich konnte das alles nicht fassen. Hatten die Menschen hier immer so gelebt?
Immer geradeaus zog es mich in die Stadt hinein. In der ersten halben Stunde jedoch stand ich mehr, als dass ich ging. Ich war ganz benommen. Hier war die Welt stehen geblieben. Jeder kehrte zu sich nach Hause zurück ohne Hast und Angst. Jeder hatte sein Bett. Niemand schoss oder

schrie. Kinder konnten lachen, Frauen sich freundlich grüßen. Wie wäre es, wenn wir in Bauerwitz so weiterleben dürften wie die Leute hier, unter ihren Freunden und Nachbarn?
Dann erwachte meine Neugier. Ich drängte meine Gedanken und mein Heimweh zur Seite und ging los. Bereits nach wenigen Metern wurden meine Schritte schneller und leichter. Ich war frei. Als ich mich umblickte, folgte mir keiner. Niemand trottete neben mir. Ich war endlich, endlich allein. Nach einem Jahr endlich wieder allein, befreit von der bedrückenden Nähe anderer Menschen, von ihrem Reden, Weinen, ihren Geräuschen, ihrem schweren Atmen, ihrer Angst, befreit von ihrem Schweiß und ihrem Gestank nach Ungewaschenheit und Dreck, befreit von den beobachtenden Blicken und Ermahnungen meiner Mutter, und vor allem befreit vom engen gemeinsamen Schlafen, bei dem wir oft auf derselben Seite hatten liegen müssen, damit wir ineinander passten. Erst allmählich begriff auch mein Körper diese Freiheit. Ich spürte die Luft um mich herum, viel Luft. Ich atmete sie langsam ein. Es war schön, wieder atmen zu können. Ich fühlte mich leicht und schwerelos und fing an zu laufen, bis ich außer Atem war. Da tauchte rechts eine Kirche auf. Sie war offen. Und weil sie erleuchtet war, zog es mich hinein. Sie war leer. Es war eine neugotische Kirche aus dunklem Backstein. Mit einem feierlichen Gefühl, langsam, leise und vorsichtig, ging ich nach vorne. Denn dort stand ein Katafalk, zugedeckt mit einem bestickten schwarzen Tuch. Brennende hohe Kerzen rahmten ihn ein. Ich dachte sofort an die vielen Totenmessen in der Kirche zu Hause. Es war sehr merkwürdig: brennende Kerzen, und niemand war da. Es sah so aus, als ob dieser Katafalk schon den ganzen Tag hier stünde. Weihrauch hing in der Luft. Ich setzte mich in eine Bank. Es war

alles so vertraut und doch fremd. »Wenn du katholisch bist«, fiel mir wieder ein, »bist du überall zu Hause, wo man katholisch ist.« Damit war es jetzt vorbei. Am hinteren Ausgang hing eine Holztafel mit Mitteilungen. Ich las die Daten. Ach, am 15. März hatten sie hier ein Hochamt gehabt, und am 23. März war Schülergottesdienst gewesen – da hatte ich im Viehwagen gekauert.

Eine Frau kam herein und zündete an einem Lichtständer eine Kerze an. Ich schielte zu ihr hinüber. Wie bewegte sie sich? Was tat sie? Würde sie mich verstehen, wenn ich sie anredete? Ich gehörte ja nicht hierher. Vielleicht sah ich komisch aus mit meinen Zöpfen und der Überfallhose von Bernhards Hitlerjugend-Winteruniform? Mir klopfte das Herz, und dann fragte ich sie tatsächlich, was das schwarze Gestell und die Kerzen zu bedeuten hätten. Sie war verwundert, hatte aber meine Frage verstanden. »Unser Bischof wurde heute beerdigt, Graf von Galen.« Ich fragte nach dem Datum. »Der 28. März.« Als ich merkte, dass meine Unwissenheit sie irritierte, lief ich schnell hinaus und zurück in die Berufsschule. Nachts auf der Matratze – und ich hatte eine Matratze und eine Decke ganz für mich allein – bekam ich das unbegründete, aber sichere Gefühl, dass diese Stadt für mich wichtig werden würde.

Am nächsten Vormittag fuhr man uns nach Wadersloh, ein etwa 30 Kilometer entferntes Dorf, und wieder in eine Schule. Als wir aus dem Bus stiegen, standen ein paar gaffende, tuschelnde Leute herum und vermaßen uns mit ihren Blicken. Wir waren nicht willkommen. Aber wohin hätten wir denn gehen sollen?

Bis wir wieder registriert und verteilt waren, war es Spätnachmittag geworden. Als alle einen Platz angewiesen bekommen und sich wieder beruhigt hatten, kam der Bürgermeister, um zu sehen, wie es uns ging. In Wirklichkeit aber suchte er eine Hilfe für seinen Haushalt. Vor uns blieb er stehen, aber Bärbel lehnte sein Angebot ab. Da witterte ich meine Chance. Es war mir egal, was ich tun musste, wenn ich nur hier wegkam. Er wandte zwar erst ein, ich sei noch zu jung, deswegen könne er mir nicht so viel bezahlen. Aber das Geld interessierte mich nicht. Also wurden wir handelseinig. In den nächsten Tagen sollte ich mich bei ihm melden. Ich hatte es geschafft.

Am Morgen darauf machte ich mich mit meiner Mutter auf den Weg, um ausfindig zu machen, wo wir einquartiert werden sollten. Bärbel blieb in der Schule. Wir hatten einen Zettel des Bürgermeisters mit der Adresse in der Hand. Der Weg dorthin dehnte sich unendlich. Erst eine lange Straße entlang, dann an einem großen Hof vorbei, schließlich folgten kleinere Höfe und Häuser. Die Wege wurden immer schmaler. Immer wenn wieder ein Haus auftauchte, dachten wir, das müsste es sein. Aber es ging immer weiter. Wir waren enttäuscht, dass wir mitten auf dem Lande leben sollten. Schließlich baten wir einen Mann, der auf dem Feld arbeitete, um Auskunft. Er machte nur eine unbestimmte Geste und fragte: »Wo kommt ihr denn wech?« Ich fand seine Aussprache lustig. Auf meine Antwort: »Aus Schlesien« schüttelte er den Kopf: »Kalte Heimat, watt? Polacken! Kieschitzki und Co!« Wir waren entsetzt. Mit einem Schlag war uns klar, wofür man uns hier hielt: dahergelaufenes Pack mit zweifelhafter Herkunft.

Als wir endlich angekommen waren, im letzten Kotten, der noch zu Wadersloh gehörte, fünf Kilometer vom Dorf entfernt, wurde die Bäuerin gerufen. Sie war wortkarg, aber nicht unfreundlich. In den letzten Jahren hatte sie zwei Zimmer an Sommergäste vermietet. Eines davon stellte sie uns jetzt zur Verfügung. Die Betten waren bezogen. Wir waren wohl wirklich in der Sommerfrische gelandet. Doch zuerst mussten wir zurück in die Schule und Bärbel mit dem Gepäck abholen. Auch wenn es sich nur um einen Rucksack und zwei Taschen handelte, zu Fuß war es eine mühselige Plackerei. Und gleich am Abend trat unsere ganze Armseligkeit zutage. Wir hatten nichts, nichts zu essen, nichts zum Anziehen für die Nacht, keine Seife zum Waschen, kein Handtuch zum Abtrocknen. Wir mussten nach allem fragen, alles leihen.

Da war ich froh, dass ich nach zwei Tagen zum Bürgermeister nach Wadersloh ziehen konnte. Dort hatte ich wenigstens ein eigenes Bett. Ich bekam eine winzige schräge Bodenkammer zugewiesen, die ich nur über den großen dunklen Dachboden erreichen konnte. Ich hatte kein Licht, kein Wasser, nur ein altes, durchgelegenes Bett, einen Schrank und einen Stuhl. Aber ich hielt mich ja auch den ganzen Tag unten in der Wohnung auf.

Ich musste also im Haushalt helfen, bei allem, was da so anfiel: putzen, waschen, aufräumen, einkaufen, stopfen, Gartenarbeit, und nicht zuletzt Essen zusammenhamstern. Dafür sollte ich 15 Mark im Monat bekommen. Um sechs Uhr hatte ich mich zu melden – dafür bekam ich eine alte Uhr geliehen –, und noch vor dem Frühstück musste ich einen oder zwei Bauernhöfe abklappern, die zum Teil bis zu einer halben Stunde entfernt lagen, und um Eier, Butter, Milch, Quark, Kartoffeln oder Gemüse betteln. Wenn ich etwas zusammenhatte, ging ich zurück. Milch musste immer dabei sein, vorher durfte ich mich nicht blicken lassen. Oft hielt die Frau mir vor, dass es zu lange gedauert habe. Die Söhne müssten ja schließlich in die Schule. In der Tat, Wolfgang, ein Jahr älter, und Burkhard, ein Jahr jünger als ich, fuhren nach Lippstadt ins Gymnasium. Und ich stopfte ihre Socken, wienerte ihre Schuhe, machte ihre Zimmer. Zuerst würdigten sie mich keines Wortes. Wenn sie etwas wollten, forderten sie es über ihre Mutter an. Mit ihr saß ich nachmittags manchmal in der Küche, um Kleidungsstücke auszubessern, Socken zu stopfen und zu bügeln. Bei dieser Gelegenheit fragte sie mich dann einmal, woher ich komme. Als ich erzählte, ich sei auch aufs Gymnasium gegangen, staunte sie: »Ja, hattet ihr denn auch ein Gymnasium?« Ich sagte: »Nicht am Ort, ich musste in die Kreisstadt fahren, so wie Burkhard und Wolfgang nach Lippstadt fahren müssen.« Da kam heraus, dass sie glaubte, es hätte bei uns überhaupt keine höhere Schule gegeben. Außerdem fragte sie, ob wir denn elektrischen Strom gehabt hätten. Ihre Unwissenheit (oder Überheblichkeit?) war so groß, dass sie mich damit verletzte und ich nichts Persönliches mehr erzählte. Dann war es eine riesige Genugtuung für mich, dass sich Burkhard von mir bei den Hausaufgaben helfen lassen musste.

Das Ende meiner Dienstmädchenzeit kam schneller als erwartet. Ich hatte wie immer Milch und Eier für das Frühstück gehamstert und sollte anschließend in die Waschküche. Dort befand sich kochend heiße Wäsche in einem großen Bottich, und ich musste einen Hebel hin- und herdrehen, um sie in der Lauge zu bewegen. Die Waschküche dampfte, und nur mit äußerster Anstrengung gab der Schwenkhebel ein wenig nach. Bald schaffte ich es nicht mehr, bekam keine Luft mehr und glitt zu Boden. Dann ging alles sehr schnell. Ich durfte meine Sachen aus der Bodenkammer holen und stand, entlassen und immer noch ohne Frühstück und auch ohne einen Pfennig Lohn, wieder auf der Straße. Drei Wochen hatte diese furchtbare Zeit gedauert. Langsam bummelte ich zu meiner Mutter zurück. Erneut konnte ich mir keine Zukunft mehr vorstellen. Wenige Tage später kam meine Mutter auf die Idee, zum Oberschulamt nach Beckum zu fahren, um sich zu erkun-

digen, ob uns nicht eine Pension und Waisengeld zustehe. Am Abend kam sie gleich mit zwei guten Nachrichten zurück: Wir bekamen drei Viertel von Vaters Pension, und sie hatte am Oberschulamt einen Lehrer getroffen, der aus Ziegenhals, unweit von Leobschütz, vertrieben worden war und für sich um eine Stelle nachgefragt hatte. Dieser Lehrer erzählte ihr, dass seine Tochter es so gut getroffen habe. Sie sei in Ahlen im Internat bei Schwestern untergekommen, könne wieder das Gymnasium besuchen und habe satt zu essen, denn die Schule sei zur Hälfte noch Lazarett, und das wirtschafte mit einem kleinen Lebensmittelüberschuss. Wir sollten es da doch auch versuchen.
Und wir versuchten es. Ich war sehr aufgeregt und drängte, gleich am nächsten Tag hinzufahren. Ich zog mir meine klappernden Holzsandalen an, den engen schwarzen Rock, den mir meine Mutter aus einem geschenkten Stoffrest genäht hatte, meine weiße Bluse und die graue Holz-Strickjacke, die ich mir ja schon unterwegs mit meiner Mutter geteilt hatte. Nicht gerade elegant, aber ich hatte eben nichts anderes.
Die Direktorin war sehr freundlich, wollte aber mein Zeugnis sehen. Ich hatte keines. Da fragte mich meine Mutter: »Wie viele Dreien hattest du denn?« Ich sagte: »Keine.« Als die Direktorin von »Zweien« und »Einsen« hörte, stand sie abrupt auf und sagte: »Du kannst kommen. Wenn du willst, schon morgen!« Und – ich bekam einen Freiplatz, wir mussten keinen Pfennig bezahlen. Das Angebot meiner Mutter, die Hälfte ihrer Pension zu opfern, ließ die Direktorin nicht gelten. So glücklich war ich nie wieder in meinem Leben.
Ich konnte es überhaupt nicht erwarten. Singend sprang ich in der Gegend herum, entdeckte meine englischen Vokabeln wieder, deklamierte Gedichte, erinnerte mich an alles, was wir zum Schluss in der Schule durchgenommen

hatten – das war immerhin sechzehn Monate her –, lieh mir von unseren Wirtsleuten einen winzigen Koffer mit dem Versprechen, ihn beim nächsten Besuch wiederzubringen, und packte alle meine Sachen hinein: einmal Wäsche zum Wechseln, ein Paar Schuhe, Söckchen, die Strickjacke, noch eine Bluse. Den Lodenmantel, der mir zu klein geworden war, zog ich an. Und so erschien ich in St. Michael. Die Gruppenschwester, der ich zugeteilt war, wurde gerufen. Sie zeigte mir meinen Schlafplatz – ein eigenes Bett! – und meinen Schrank. Dann wollte sie mir beim Einräumen helfen. Als sie mein Köfferchen sah, meinte sie: »Und das andere kommt wohl noch?« Als ich ihr sagte, ich hätte nicht mehr, das sei alles, war sie erschrocken: »Da hat sich Schwester Gregoria, unsere Direktorin, wohl geirrt!« Und sie lief davon. Mein Schrank sah wirklich einfach leer aus, und für einen Moment bekam ich Angst, man könne mich wieder wegschicken. Aber nicht Schwester Gregoria hatte sich geirrt, sondern Schwester Amandine. Ich hatte das große Los gezogen. Die nächsten Jahre habe ich innerlich nur getanzt vor Freude und Dankbarkeit.

Ich freute mich auf jeden neuen Tag, ging gern in die Schule, liebte alle Fächer, machte alles mit, half gerne, wo ich konnte, auch in der Küche oder im Garten. Nachts schlich ich mich öfter ans Flurfenster, um den Nachtigallen in unserem wunderschönen Park zuzuhören. Ich fühlte mich wohl, es ging mir gut. Schon bald war ich zweite Klassensprecherin geworden. Nur an meiner Kleidung und Ausstattung sah man, dass ich nicht war wie die anderen. Aber man ließ mich hier meine Armut und Herkunft überhaupt nicht merken. Meine Klassenkameradinnen waren wirklich in Ordnung.

Bärbel hatte versucht, in Beckum auf eine Handelsschule zu gehen, und war dort auch angenommen worden. Aber schon der Weg zur Schule erwies sich als unüberwindbar. Jeden Tag um 6 Uhr aufzustehen, um nach einem einstündigen Fußmarsch zum Bahnhof mit dem Zug rechtzeitig in Beckum zu sein, war zu strapaziös, zumal wenn es dann noch regnete. Bärbel kapitulierte. Sie klagte nicht, aber ihre Ängstlichkeit nahm zu. Sie fühlte sich verfolgt, konnte nicht mehr schlafen, wurde psychisch krank und stumm. Nie mehr hat sie ein Wort über ihre Erlebnisse in Schlesien gesagt. Die Schwester in der Psychiatrie in Warstein, wo sie 1968 innerhalb von drei Tagen an Tuberkulose starb, sagte nach ihrem Tod: »Nun hat das Bärbelchen endlich ausgelitten. Der liebe Gott hätte sie schon früher von ihrem schrecklichen Schicksal erlösen sollen.«[4]

Meine Mutter hatte sich bei den neuen Wirtsleuten inzwischen beliebt und unentbehrlich gemacht. Sie war kaum noch in ihrem Zimmer, half den Kindern bei den Schulaufgaben, nähte viel, besserte die zerrissenen Sachen aus, strickte Pullover, und wenn sie einen ihrer Kuchen backte oder ein neues Rezept ausprobierte, eroberte sie damit die Herzen aller. Sie bekam dafür kein Geld, aber sie aß jetzt mit am Tisch und hatte etwas Anschluss an die Familie.
Andererseits hielt man sie auf Abstand. Friedrichs fuhren zwar jeden Sonntag mit der Kutsche in die Kirche, meine Mutter aber nahmen sie nicht mit. Sie fuhren an ihr vorbei. Mutter hätte ja das jüngste Kind auf den Schoß genommen, aber das stand gar nicht zur Diskussion. Wir hatten den Eindruck, Friedrichs konnten es sich vor den anderen Bauern nicht leisten, zu meiner Mutter zu stehen. Wenn man beobachtete, in welcher hierarchischen Ordnung die Kutschen an den ihnen zugewiesenen Stellen im Dorf abgestellt wurden, wie stolz die Familien ausstiegen und sich begrüßten, wie sie plattdeutsch miteinander redeten und

lachten und ihre guten Kleider vorzeigten, da passte eine Vertriebene nicht dazu. Nach außen hin achtete man auf Distanz.

Auch wenn meine Mutter ins Dorf einkaufen ging, nahm niemand sie oder ihre Tasche ein Stück weit mit. Meine Mutter war gekränkt, sie verstand es als Ablehnung ihrer Person als Vertriebene. Immer öfter hörte ich von ihr den Satz: »Wenn man bedenkt, wie gut wir es hatten!« Sie wurde bitter und zog sich immer mehr in sich zurück.

Trotzdem entwickelte sich allmählich eine gute Beziehung zwischen meiner Mutter und Frau Friedrich. Nach und nach nahm man sie immer lieber in der Kutsche mit und erleichterte ihr das Einkaufen. Mutter hatte die Kinder lieb gewonnen, vor allem den Jüngsten, und die Kinder mochten sie auch. Frau Friedrich fragte Mutter in vielen Dingen um ihren Rat und schätzte sie. Und auch lange nachdem Mutter von diesem Kotten weggezogen war, standen sie noch miteinander in Kontakt, besuchten einander und schrieben sich. Ich glaube, dass Frau Friedrich Mutters beste Bekannte im Westen gewesen ist.

Dann, im Oktober 1947, ich war gerade über das Wochenende »zu Hause« zu Besuch, kam Bernhard aus der Gefangenschaft zurück. Ein Nachbarsjunge hatte ihn zuerst entdeckt und verkündete: »Da kommt ein Fremder!« Fremde gab es in dieser Umgebung nicht. Hier kannte jeder jeden. Also musste es etwas mit uns zu tun haben. Ich lief die leichte Anhöhe hinauf. Da tauchte er vor mir auf. Es war sein Gang, seine Gestalt, sein helles Haar. Ich rannte ihm entgegen und wollte ihm um den Hals fallen, aber er wich mir aus. Aufgeregt fing ich gleich an zu fragen und zu reden, doch er war wortkarg. »Hier seid ihr gelandet? Etwas unpraktisch, würde ich sagen.« Er sagte nicht »wir«. Seine ersten Fragen, kaum dass er im Zimmer stand, waren: »Ist

euch etwas passiert?« und: »Habt ihr etwas retten können?« Er selbst habe es in der Gefangenschaft, in der Nähe von York, gut gehabt, durfte im letzten Jahr in der Bücherei des Camps arbeiten, in der Registratur und Ausleihe. Als er den Ätna hinauf ein Maschinengewehr hatte schleppen müssen, sei er beschossen und verwundet worden. Alle hätten ihn für tot gehalten. Im Lazarett in Salerno habe er sich wiedergefunden. Mehr sagte er nicht.
Im Sommer 1943, vier Jahre zuvor, hatte ich ihn zuletzt gesehen. Nun war sein Gesichtsausdruck ernst. Auf meine Blicke reagierte er nicht, die alte Vertrautheit war verloren. Kaum vorstellbar, dass wir auf seinem Fahrrad lustige Ausflüge zusammen gemacht hatten! Da es ihm sehr unangenehm war, zu dritt in dem Doppelbett schlafen zu müssen, ging er am nächsten Tag ins Dorf, um ein Feldbett zu besorgen. Er wollte auch zur Caritas gehen. Denn am Sonntag hatte der Pfarrer in der Kirche mitgeteilt, es gebe dort Kleiderspenden. Und da er nur eine braunrote Blousonjacke hatte, auf deren Rückenteil in gelber Farbe ein großes PW (Prisoner of War) aufgemalt war, hoffte er, ein brauchbares Kleidungsstück zu finden. Er kam mit einer eleganten Krawatte wieder. Ich bot ihm an, seine Überfallhose zurückzugeben, aber die wollte er nicht. Am nächsten Tag fuhr ich wieder zurück nach Ahlen.
Anfang Februar 1948 kam als Spätheimkehrer auch mein Bruder Franz wieder. Er war zunächst von den Amerikanern, zusammen mit Hunderten von Gefangenen, ein Vierteljahr lang auf den Rheinwiesen bei Bad Kreuznach auf einem von Stacheldraht umzäunten Gelände eingesperrt worden. Auf engstem Raum zusammengepfercht, unter freiem Himmel dem Hunger, der Hitze, dem Regen und der nächtlichen Kälte ausgesetzt, starben dort täglich an die 150 Gefangene. Später hatte er in Ostfrankreich Minen

suchen und in einem Lothringer Bergwerk arbeiten müssen, und zwar in Nachtschicht. Dort war die Todesrate niedriger gewesen. Bei der französischen Behörde hatte er ein Gnadengesuch eingereicht und war tatsächlich freigekommen. Er war krank, als er »zu Hause« ankam, und hat die Folgen dieser Strapazen nie überwunden. Als ich einmal mit ihm spazieren ging, sagte er mir, dass er es immer noch nicht glauben könne, frei zu sein, dass niemand ihn zum Appell rufe, herumkommandiere und mit Strafen drohe. Immer noch höre er die Stiefelschritte. Doch auch mit ihm kam ich nicht mehr wirklich in Kontakt. Wir hatten auch gar keine Gelegenheit dazu. In das kleine Zimmer in Wadersloh konnte immer nur einer zu Besuch kommen. Bis wir alle zusammen sein konnten, sollten noch Jahre vergehen.

Ich weiß nicht, wie es kam und warum es so kam. Nach drei Jahren ließ meine Freude, im Internat in Ahlen zu sein, nach, und ich zog mich immer mehr von den anderen zurück. Hatte ich zunächst begeistert im Chor gesungen und bei den Fronleichnamsprozessionen die schönsten Blumenteppiche im Park mitgestaltet, so verlor ich nun jedes Interesse. Die Internatsleiterin setzte mich in der Kapelle auf den letzten Platz in der letzten Bank, damit ich die anderen nicht störe. Denn ich las während der Messe in der Bibel und kümmerte mich um nichts anderes. Ab und zu traf ich im Park unseren Geistlichen Studienrat, bei dem ich auch Latein hatte. Er war krank aus russischer Gefangenschaft heimgekehrt und wurde von den Schwestern ein wenig aufgepäppelt. Er war ein Einzelgänger wie ich. Stundenlang führten wir theologische und philosophische Diskussionen, offen und bisweilen heftig, bis er mir zum Schluss entgegenschmetterte: »Eine Frau ohne Religion ist ein Monstrum!«

Auch die Schule interessierte mich nicht mehr. Kurz vor dem Schuljahrsende bekam ich einen »blauen Brief«, in dem stand, dass meine Versetzung gefährdet sei. Gerade in meinen liebsten Fächern, Deutsch und Latein, drohte mir eine Fünf. Meine Mutter, die den Brief unterschreiben musste, war fassungslos. Und auch ich selbst konnte es nicht verstehen.

Inzwischen hatte ich wieder Kontakt zu Pater Glatzel, und zwar über eine Adresse bei Aachen, die er Maria und mir beim Abschied in Bauerwitz gegeben hatte. Er war als Pfarrer in die »russische Zone« gegangen, nach Schleusingen. Ich schrieb ihm oft. Seine Antworten bedeuteten mir viel. Aber eines Tages merkte ich, dass meine Gruppenschwester seine Briefe las. Sie waren geöffnet, aber der Inhalt, mal ein Heftchen, mal ein Bild, war unversehrt. Ich fragte, ob die Briefe so angekommen seien. »Ja«, sagte sie, »da hast du Glück gehabt, dass unsere Post so sicher ist.« Ich war empört und wie erschlagen. Was mir wichtig war, hatte in dieser Nonne eine Mitwisserin bekommen. Ich hatte mich also wieder in den Menschen getäuscht. Und da schwor ich mir, mit meinem Vertrauen vorsichtiger umzugehen. Von nun an glaubte ich niemandem mehr in diesem Haus. Sie steckten alle unter einer Decke. Nur die Musikschwester, die mich für den gregorianischen Choral begeistert hatte, war unverdächtig. Aber auch der verehrten Direktorin gegenüber wurde ich misstrauisch. Ich hatte in Religion ein Referat über »Die Religiosität Georg Trakls« gehalten, und sie hatte es so kommentiert: »Ich muss dir ja wohl eine Eins geben, obwohl ich weiß, dass du nichts glaubst!« Nicht meine Leistung war ihr wichtig, sondern mein Glaube.

Nach der Enttäuschung über die geöffneten Briefe wurde ich krank. Weil ich aber nicht »nach Hause« konnte, kam ich zuerst auf die Krankenstation. Zum Glück war der Vater einer Klassenkameradin Chefarzt des Ahlener Krankenhauses. Er nahm mich für vier Wochen stationär auf, denn ich hatte eine Hepatitis. Überhaupt ging mit mir alles schief. Allen fiel ich zur Last. Alles musste man mir schenken. Ich war schuld daran, dass meine Mutter sich so aufregte. Ich war überhaupt an allem schuld. Nachdem ich Pater Glatzel geschrieben hatte, dass seine Briefe geöffnet würden, schrieb er mir nur noch selten. Ich war eigentlich ziemlich überflüssig und hatte das Gefühl, irgendwo verloren gegangen zu sein. Zum Glück gab es bald, nachdem ich aus dem Krankenhaus entlassen worden war, Osterferien.

Ich beschloss wegzugehen. Meiner Freundin Doris gab ich das verschnürte Päckchen mit den Briefen von Pater Glatzel und bat sie, es zu vernichten, wenn ich nicht wiederkäme. Meiner Mutter hatte ich geschrieben, dass mich eine Klassenkameradin eingeladen habe, mit zu ihren Eltern zu fahren. Das war sehr plausibel, denn ich tauchte sowieso nur selten »zu Hause« auf. Die Schwestern behielten mich Gott sei Dank auch während der Ferien im Internat. Dort fühlte ich mich wohler als im engen Zimmer mit meiner Mutter.

Als die anderen mit großem Hallo abreisten, ging ich zum Bahnhof und fragte am Fahrkartenschalter, wie weit ich an die Zonengrenze heranfahren könne. Ich wusste, dass die Russen dabei waren, die Grenze dichtzumachen, dass sie Zäune errichteten und Minen legten. Niemand traute sich mehr, sie zu überschreiten. Und ich dachte, wenn ich auf eine Mine träte oder erschossen würde, na und. Wenn ich geschnappt würde, käme ich eben auch nicht mehr wieder. Auf dem letzten Stück der Strecke war der Zug voll mit Arbeitern, die nach Hause fuhren. Mit meinem längeren Mantel, der aus einem amerikanischen Care-Paket stammte, und meiner Schultasche in der Hand fiel ich auf. Es war mir sehr unangenehm, dass die Leute mich so neugierig ansahen. Der Zug endete in Witzenhausen. Ratlos stand ich dort auf dem Bahnsteig. Einer sagte mir schließlich, es führe gleich ein Bus in ein Dorf direkt an der Grenze. Also fuhr ich mit. Dort fragte mich dann ein junger Mann, wohin ich denn wolle. Er wunderte sich, dass ich mich überhaupt nicht auskannte, kein Ziel nennen konnte, nur »auf die andere Seite« wollte. Aber er bot mir an, mich »rüber«zubringen. Er wolle im Ort hinter der Grenze seine Freundin besuchen. Da könne ich ja mitkommen. Zuerst redeten wir miteinander. Dann wurde der Wald immer dichter und wegeloser. Und bald sagte er, ich solle still sein, ganz genau hinter ihm hergehen und in seine Fußstapfen treten. Es dürfe kein Ast knacken und kein Geräusch gemacht werden, und ich müsse auf seine Zeichen achten. Wir schlichen auf einem schmalen Pfad durch den Wald und näherten uns dem Weg, der die Grenze bildete und den wir überqueren mussten. Wir warteten, bis zwei Posten vorbeigezogen waren, dann griff er meine Tasche und zog mich schnell über den Weg. Wieder hielten wir still. Ich atmete kaum. Und als noch einmal zwei Posten an uns vorbeipatrouilliert waren, gingen wir vorsichtig weiter, bis wir aus der Gefahrenzone waren. Ich hatte den Eindruck, der Junge kannte jeden Grashalm auf diesem Weg. In Arenshausen nahm er mich zu den Eltern seiner Freundin mit. Sie empfingen mich freundlich und ließen mich auf dem Sofa schlafen. Aufsehen erregte ich, weil der junge Mann gesagt hatte, ich wisse nicht, wohin ich wollte. Als der Vater des Mädchens mich dann noch einmal fragte, was ich denn vorhätte, log ich: »Ich will zu meinem Vater«, und erfand eine Geschichte, nach der er aus russischer Gefangenschaft in die Ostzone entlassen worden sei. Man gab sich mit dieser Auskunft zufrieden.

Am anderen Morgen, mein nächtlicher Führer war bereits in der Dämmerung zurückgegangen, brachte mich der Vater seiner Freundin zum Bahnhof. Er hielt es für besser, mir die Fahrkarte zu kaufen, damit ich gar nicht erst in die scharfe Grenzkontrolle geriete. Also musste ich jetzt ein Ziel angeben. Und da fiel mir als einziger Ort Schleusingen ein. Trotz einiger brenzliger Situationen wurde ich auch im Zug nicht kontrolliert. Und so kam ich tatsächlich am frühen Nachmittag in Schleusingen an.

Ich blieb die ganzen Osterferien über dort. Mich vermisste ja niemand. Ich begleitete Pater Glatzel auf seinen Wegen in die Dörfer, die er zu versorgen hatte, zu Fuß oder auf der Lambretta, die ihm die westliche Kirche geschenkt hatte. Heimweh ließen wir beide nicht aufkommen. Er hatte seine positive Lebenseinstellung wiedergewonnen, auch wenn sie nicht mehr so unbeschwert war. Unsere Gespräche waren sehr offen. Natürlich ging es vor allem um den Sinn des Lebens und die Zukunft, um Gott und meinen verlorenen Glauben. Seine Meinung dazu war überraschend. Ich solle mich nicht so anstrengen. Es sei nicht so wichtig, dass ich mit Gott nichts mehr anfangen könne. Wichtig sei, dass Gott mich liebe. Wovon ich natürlich überhaupt nicht überzeugt war. Aber wir ließen das einfach so stehen. Er machte seine Freundlichkeit nicht von meiner Frömmigkeit abhängig, und so gewann ich wieder Vertrauen, zunächst einmal zu ihm. Nach Ahlen fuhr ich auf demselben Weg zurück, auf dem ich gekommen war.

Ein Jahr später machte ich das Abitur und begann, in Münster zu studieren: Deutsch und Latein, aber auch Theologie. Ich hoffte, damit einen neuen Zugang zur Religion zu bekommen. Zwar fand ich alles sehr interessant, aber ein positives Verhältnis zu Gott und der Welt brachte es mir nicht zurück.

1949 war es meiner Mutter gelungen, im Dorf eine kleine Wohnung zu finden, sodass sie nicht mehr diese langen Fußmärsche zu machen brauchte. Die Wohnung bestand aus einem Zimmer und einer Küche, beides sehr klein und dunkel. Sie wäre zwar auch von der Straße aus zu erreichen gewesen, aber wir mussten hinten herumgehen, durch einen Hühner- und Abstellhof, dann durch einen Ziegenstall und eine Holzstiege hoch. Die Wohnung lag direkt über dem Ziegenstall. Die Gerüche waren manchmal unerträglich. Aber wir waren für uns, und Mutter konnte jetzt ins Dorf gehen, sooft sie wollte. Außerdem hatte es den Vorteil, dass wir nun auch mal zu dritt zusammen sein konnten, denn wir hatten das Feldbett in die Küche gestellt. Meine Brüder waren sehr schnell nach Münster gezogen. Dort wohnte eine Cousine meiner Mutter, zu der sie nach Jahrzehnten Kontakt aufgenommen hatte. Bei ihr in der Mansarde konnten meine Brüder wohnen. Bernhard fieberte geradezu darauf zu studieren. Schon während des Wiederaufbau-Semesters, das jeder Student vor dem Studium zu leisten hatte, ging er in Vorlesungen. Und dann legte er richtig los mit Griechisch, Latein und Geschichte. Franz musste erst sein Abitur nachmachen. Ihn hatte man ja von der Schulbank weg in den Krieg geholt.

Ich selbst kam zum ersten Mal 1948 nach Münster. Als ich die Stadt sah, war ich tief erschüttert. Mir fiel ein Satz ein, über den im Krieg ein Franziskaner bei uns in Bauerwitz gepredigt hatte: »Und als er (Jesus) die Stadt sah, weinte er über sie.« Die Fassaden vieler wohlhabender Bürgerhäuser auf dem Prinzipalmarkt standen leer vor dem Himmel. Trampelpfade verbanden die einzelnen Wohnblocks, Unkraut wuchs zwischen den Trümmern, der Dom, vor allem die Westpartie, war zerstört. Zwar waren die großen Straßen bereits geräumt und gaben der Stadt ihre alte Struktur zurück, aber was hatte sich hier abgespielt? Meine Tante, die immer in Münster geblieben war, sagte, die Bombenangriffe seien die Hölle gewesen. Zugleich aber hätten sie die Widerstandskraft und den Durchhaltewillen der Bevölkerung enorm gestärkt. Eine erfinderische Hilfsbereitschaft habe die Leute beflügelt. Kaum einer habe aufgegeben. Und nun konnte man die Stadt wieder aufbauen und leben wie früher. Es war beeindruckend zu sehen, wie die Münsteraner ihre Normalität wiederherstellten. Was war meine Normalität? Für uns gab es keine Normalität mehr. Wir gehörten nicht zu ihnen. Die emotionalen Schranken, ihre Vorsicht und oft auch Ablehnung waren zu offensichtlich. Wir konnten uns nur anpassen und möglichst nicht stören.

Das Erste, was ich in Münster brauchte, war ein Fahrrad. Und liebevoll ebnete mir Bernhard alle Wege. Er half mir bei der Immatrikulation und der Festlegung des Stundenplans. Wir beantragten die Befreiung von der Studiengebühr und einen Freitisch in der Mensa. Dafür musste ich dann am Semesterende gute Noten nachweisen und in jedem Studienfach zwei Leistungsprüfungen ablegen. Er ging mit mir das erste Mal ins Kino und kaufte mir eine Ananas, eine Frucht, die ich bis dahin noch nie gesehen hatte. Und er zeigte mir das Münsterland. An schönen Nachmittagen fuhren wir mit den Rädern die schmalen »Pättkes« zu den Wasserschlössern oder einfach ins Grüne. Ich begann Münster zu lieben, mehr die Stadt als die Menschen, und war glücklich, dort leben und studieren zu dürfen.

Bernhard machte ein glänzendes Philosophikum. Aber dann trat er, für mich völlig unverständlich, das nächste Semester nicht mehr an. Er erschien noch hier und da in Vorlesungen, war aber lustlos und angestrengt. Das begründete er mit der Behauptung, man beobachte ihn und mache sich über ihn lustig. Immer wieder lasse man ihn spüren, dass er als »Flüchtling« anderen, die hier Rechte hätten, nicht den Studienplatz wegnehmen dürfe. Mir bedeutete er immer wieder, ich hätte »in diesen Kreisen« nichts zu suchen, wir seien arm, kleine Leute, nicht gern gesehen und sollten uns entsprechend verhalten. Ab und zu fragte mich unser gemeinsamer Lateinprofessor, wo denn mein Bruder sei. Er solle sich doch bei ihm melden: »Sagen Sie ihm, er ist einer meiner hoffnungsvollsten Studenten.« Aber Bernhard ging nicht mehr an die Uni zurück.

Meine Mutter nahm mir vor ihrem Tod 1974 das Versprechen ab, für Bernhard zu sorgen. Es gelang mir sogar, ihn einem Psychiater vorzustellen, der aber konnte keine Diagnose stellen. Eine erbliche Belastung schloss er aus. Bernhard selbst blieb bis zu seinem Tod der festen Überzeugung, er sei nicht krank, man habe ihn lebensunfähig gemacht. Heute weiß ich, dass er Recht hatte – wenn ich das Wort »man« durch das Wort »Krieg« ersetze. Ich machte mir große Sorgen um meine Geschwister. Und viele Jahre lang fürchtete ich, mich könnte das gleiche Schicksal ereilen.

Aus diesem Grund machte ich so früh wie möglich mein Staatsexamen. Nach der Referendarszeit bekam ich eine Stelle als Lehrerin in Münster an einem städtischen Gymnasium. Da konnte ich mein Glück kaum fassen, denn Münster war der begehrteste Ort aller Referendare. Ich hatte mich auf diese Stadt eingelassen und in ihr wieder Fuß gefasst. Ich liebte sie, wenn auch sicherlich anders als die stolzen Münsteraner, vielleicht aber sogar mehr als sie. Hier fühlte ich mich wohl.

Einen Missklang gab es noch, als sich eine Mitreferendarin darüber beklagte, dass ich in Münster bleiben dürfe, während sie, obwohl Münsteranerin, ins Sauerland gehen müsse. Aber mein Glück war zu groß, als dass mich das hätte stören können. Ich hatte zum zweiten Mal im westlichen Leben das große Los gezogen und wurde eine begeisterte Lehrerin. War nun der Krieg für mich zu Ende?

Zwei Reisen nach Schlesien

Lange Zeit hatte ich Schlesien aus meinem Bewusstsein verdrängt, ja alles, was mich daran erinnerte, Briefe, selbst den Flüchtlingsausweis, weggeworfen. Nur Vaters Uhr, die er immer in seiner Westentasche getragen hatte, lag in der hintersten Ecke eines Aktenschränkchens. Aber auch sie hatte ich vergessen. Es hatte so viel Unverständnis, so viele Missverständnisse darüber gegeben, dass ich es vorzog, über meine Vergangenheit, für die sich sowieso niemand interessierte, nicht mehr zu reden.
Dann kam das Jahr 1986. Da habe ich den Bann gebrochen und zum ersten Mal ohne Notwendigkeit auf dem Klappentext eines Buches erklärt, dass ich aus Schlesien stamme. Das hat mich viel Mut gekostet, aber nun war ich frei genug, zu meiner Herkunft zu stehen. Natürlich war dieser Schritt nur für mich selbst von Bedeutung: Ich schlug den Bogen zu meinen Anfängen.
1987 bin ich dann mit meinem Mann und unserer Tochter Veronika nach Schlesien gefahren. Beide waren sehr an dieser Reise interessiert. Unser Sohn Tobias konnte leider nicht mitkommen, weil er gerade seinen Wehrdienst ableistete. Die Initiative war von Veronika ausgegangen. »Von unserem Vater wissen wir ja einiges, aber ich möchte endlich mal wissen, wo du herkommst«, hatte sie gedrängt. Nur widerstrebend gab ich ihrem Wunsch nach. Ein halbes Jahr verging, bis wir im Oktober losfuhren. Je näher die Reise kam, desto unruhiger wurde ich. Es gelang mir nicht, mir die Landschaft, den Ort oder unsere Wohnung von damals vorzustellen. Hatte ich mir in den vierzig Jahren vielleicht

eine Welt aufgebaut, die nur in meiner Phantasie bestand? Über Breslau ging es nach Bauerwitz, wo wir bei Inge, einer Freundin meiner Schwester, unterkamen. Drei Tage begleitete sie uns durch den Ort und die nähere Umgebung. So gut es auch gemeint war, ihre Redelust beeinträchtigte mich sehr. Ich war kaum einmal ein paar Minuten allein, um das, was ich sah, verarbeiten zu können. Auch Veronika fühlte sich überfordert. Obwohl sie mich anfangs mehrfach gebeten hatte, alles zu erzählen, hörte sie bald auf zu fragen, und ich hörte auf zu reden. Mit Recht hielt sie mir vor: »Du hast uns ja nie etwas davon erzählt!« Ich bewunderte ihren Mut und hätte sie gern getröstet. Aber ich selbst stand ja allem, was wir erlebten, so hilflos gegenüber. Es war mir unmöglich, mich darauf einzulassen.
Über Heinrichau, Glatz und Wölfelsdorf fuhren wir nach wenigen Tagen wieder zurück. Trotz der herrlichen Landschaft, die auch Veronika besonders stark beeindruckte, war mir überall eher zum Weinen zumute, so verwahrlost und traurig sah alles aus. Ich drängte darauf, nach Hause zu fahren.
Zu meinem sechzigsten Geburtstag schenkte mir Veronika ein Buch mit leeren Seiten und bat mich, »alles aufzuschreiben«.

Erst zwölf Jahre später, im Jahr 1999, wagte ich es noch einmal, mich einer Begegnung mit meiner Heimat zu stellen. Die Initialzündung ging von zwei Freunden aus, die mir anboten, mich auf meiner Reise zu begleiten. Ich war motiviert und beunruhigt zugleich.
Da Inge krank geworden war, fuhren Hans und ich schließlich am 19. August los. Wir wollten in Klöstern wohnen, weil es dort noch ein paar alte Schwestern gab, die Deutsch

konnten. Furcht und Anspannung mischten sich mit Neugier. Was würde ich vorfinden? Was wiedererkennen?
Auf einem Parkplatz bei Dresden kam die erste Erinnerung hoch, als neben mir eine Frau nach ihrem Sohn rief: »Janek!« Ich horchte auf. Janek war etwa zwölf Jahre alt, hatte Boxershorts und Tennisschuhe an und eine Schirmmütze auf. Doch Janek hatte auch der polnische Zwangsarbeiter auf dem Hof unseres Bauern in Bauerwitz geheißen. Er war jung und freundlich gewesen. Ich hatte oft gewartet, bis er vom Feld kam, und ihm den Ball zugeworfen, den er mir dann zurückschoss. Diesen Janek hatte Vater gemeint, als er im November 1942 in Vorahnung der Katastrophe von Stalingrad prophezeite: »Janek wird hier wohnen, wo wir sind, und wir werden in Janeks Knechtstube sein.«
An der Grenze in Görlitz wollten wir Geld umtauschen. In einer weiß gestrichenen Baracke herrschte Discostimmung, grelle Farben, laute Musik. Die jungen Polinnen waren gelangweilt und unfreundlich. Da war es wieder, das niederdrückende Gefühl der Hilflosigkeit. Ich verstand kein Wort. Und ich wollte diese Sprache, die mir noch zu sehr in den Ohren klang, auch gar nicht hören. Wieder war ich umgeben von Polen und sofort überzeugt, dass der alte Hass auf die Deutschen bestimmt noch lebendig war. Warum war ich nur hierher gekommen? Aus Protest verließ ich das Gebäude ohne Geld. Hans kam mir nach. Erst seine Anwesenheit machte mir klar: Ich kann kommen und gehen, wann ich will, ohne Schikanen ertragen zu müssen. An dieser Grenze zu Polen war ich auch schon an meine eigene Grenze gestoßen. Würde ich das alles ertragen? Mühevoll machte ich mir klar, dass ich mich hüten musste, frühere Erlebnisse in solche Situationen hineinzuprojizieren. Diese jungen Menschen hier hatten mit meiner Geschichte nichts zu tun.

In Bunzlau machten wir Halt. Der Ring lag in hellen Farben vor uns, fröhlich und sauber. Alle Häuser hatten wieder ihr historisches Gesicht. Immerhin war die Stadt zu sechzig Prozent zerstört gewesen. Ich setzte mich auf die Stufen, die zur Kirche hinaufführten, und schaute auf den Platz. Ich war in Schlesien, ich war zu Hause. Nirgendwo sonst hatte ich solche Plätze gesehen. Außen herum die stolzen, wohlhabenden Bürger- und Kaufmannshäuser und in der Mitte das Rathaus mit dem Turm.

Es herrschte Leben in der Stadt, Frauen, die einkauften, junge Leute tummelten sich, und das Wetter war herrlich: blauer Himmel, ein paar weiße Wolken, Sonne. »Was für ein Licht!«, sagte Hans. »Es ist ganz anders als in Tübingen, heller, gleißend.« Das hatte Veronika vor zwölf Jahren auch festgestellt. Ich war darüber sehr glücklich, denn es bestätigte meine Kindheitserinnerungen. Waren die Schlesier deshalb so freundlich und gemütvoll, weil sie so schöne Marktplätze und so viel blauen Himmel hatten?

Spät kamen wir in Breslau an. Eine breite, leere Straße mit löcherigem Pflaster führte uns in der Dunkelheit um ein großes Eckgrundstück, eine lange, hohe Mauer entlang. Wir standen vor einer geschlossenen Durchfahrt und einem abweisenden schmalen Holztor daneben. Die Schwestern jedoch freuten sich, dass wir endlich da waren. Beim Abendessen leistete uns Schwester Marietta liebenswürdig Gesellschaft. Von ihr erfuhren wir viel über die augenblickliche Lage in Schlesien. Über zwei Themen sprach sie nur in Andeutungen: über das Jahr 1954 und die Zeit danach, als die Schwestern von den Kommunisten in Zwangsarbeitslager nach Zentralpolen gebracht worden waren, und über die Jahre 1945 und 1946. Wir waren todmüde, fühlten uns aber wohl. Nun war ich in der Stadt, von der meine Eltern mir so viel erzählt hatten.

Der nächste Tag war Breslau gewidmet. Aber gleich auf dem Weg zum Dom bekam meine Freude einen Dämpfer. Ich sah ein Straßenschild mit dem Namen »Kardinal-Hlond-Platz«, und im Dom selbst war für diesen Mann eine Gedenktafel errichtet worden. Ich war schockiert. Schließlich war er es gewesen, der voreilig Fakten geschaffen und mit Hilfe zweifelhafter einstweiliger vatikanischer Vollmachten bereits im Juli 1945 in Schlesien die »polnische Wirklichkeit« durchgesetzt hatte. Kardinal Hlond hatte die deutschen Bischöfe und Amtsträger unter zum Teil unwürdigen Umständen aus ihren Ämtern vertrieben und zugelassen, dass seine Priester an den entrechteten Deutschen ihre Willkür ausließen. Sofort musste ich an den polnischen Pfarrer denken, der mir in der Besatzungszeit im Geiste Kardinal Hlonds den Zutritt zur Kirche in Bauerwitz verweigert hatte.

Im Stadtzentrum erstrahlte der Ring in alter Pracht, und mittendrin das graue Rathaus. Viele junge Leute waren unterwegs. Westliche Waren und Plakate, die sommerliche Atmosphäre, Cafés und Bierzelte – ein buntes Treiben unter blauem Himmel.

Mit einem Gefühl von Ehrfurcht ging ich durch das Tor der Universität. Das im Krieg erhalten gebliebene Treppenhaus und die Aula Leopoldina im ersten Stock waren wunderschön. Wie die Architektur hinter den Skulpturen und der Malerei verschwindet, wie die polnischen Restauratoren die farbenprächtig erneuerten Fresken in mühevoller Kleinarbeit mit Tausenden von Holzstiften wiederhergestellt haben – ich konnte mich nicht satt sehen. An den Pfeilern die großen Weisen der Weltkultur, der ganze Saal ein Hymnus auf Wissen und Weisheit. Und aus einem Medaillon blickte sogar der Alte Fritz auf uns herunter. Im Flur hing eine große Tafel mit den Namen der schlesischen

Nobelpreisträger. Keine deutsche Universität hat so viele Nobelpreisträger hervorgebracht wie Breslau. Bei dem Anblick befiel mich große Traurigkeit. Hier also wäre es gewesen. Hier hätte ich nach dem Wunsch meines Vaters studieren sollen.

Am Nachmittag bummelten wir noch einmal durch die Stadt, am Dom vorbei hinaus auf die Sand-Insel. Hohes Gras zwischen dem alten, unebenen Pflaster, gestampfte Erde. Vor uns tauchte ein Haus auf, das früher einmal eine besonders schöne Villa in herrschaftlicher Lage gewesen sein muss. Heute sah sie trostlos aus. Der Anblick der gegenüberliegenden Oderseite mit dem Universitätsgebäude jedoch war prachtvoll. Am Abend bemerkte ich einen merkwürdigen Kontrast: Der Dom und die Sandkirche waren hell angestrahlt, aber die Straßen lagen dunkel und tot da. Die wenigen Menschen verloren sich wie Schatten in der Nacht.

Am nächsten Morgen musste Hans sein »Abt-Zimmer« räumen, ein holzgetäfeltes Appartement mit Bad, das sonst Würdenträgern vorbehalten war, und es ging weiter. Wir kamen nur langsam voran. In Brieg hatte mein Onkel gelebt. Auch hier war der Ring liebevoll wieder aufgebaut worden, nachdem die Stadt zu 75 % zerstört worden war. Ein großer Teil der Bevölkerung war aus der Stadt, einem heiß umkämpften russischen Brückenkopf, nicht mehr herausgekommen. Auf der Weiterfahrt konnte ich meinen Blick nicht von den schönen Oderauen abwenden, die sich wenige Kilometer von der Straße entfernt erstreckten: lange Baumreihen am Horizont, kleine Baumgruppen, Büsche, hohes vergilbendes Gras und kein Dorf, kein Haus weit und breit.

Wir waren auf dem Weg zum Annaberg. Wie politisch belastet dieser alte Wallfahrtsort immer noch ist, hat vor zehn Jahren die Entscheidung Helmut Kohls deutlich gemacht. Er traf sich mit dem polnischen Ministerpräsidenten Mazowiecki nicht, wie ursprünglich vorgesehen, auf dem Annaberg, sondern in Kreisau. Zu groß waren die polnischen Proteste gegen eine deutsche Delegation auf dem Annaberg. Seit 1921 gilt der Berg als politisches Wahrzeichen Oberschlesiens. Damals, am 4. Mai, hatten aus Innerpolen eingeschleuste Männer den Berg besetzt, um gegen das Ergebnis der Volksabstimmung (60% für Deutschland) zu protestieren, am 21. Mai hatte der deutsche Selbstschutz den Berg zurückerobert. Bis 1945 war der Annaberg deutsch. Noch 1942 hatten 120000 Männer der katholischen Arbeiterbewegung an einer Wallfahrt dorthin teilgenommen. Es war die letzte deutsche Männerwallfahrt überhaupt gewesen. Ich erinnere mich, dass sie als Protest gegen den Nationalsozialismus verstanden wurde. Das Gemurmel und Geraune der Leute ist mir noch deutlich in Erinnerung.

Noch etwas anderes verband ich mit dem Annaberg. Mein Vater bezog seine geheimen politischen Informationen von dort. Zwar kleidete er sie gerne in die Gestalt von Sagen und Märchen. So sagte er einmal, als es um Behinderte ging: »Das hat mir ein Mönch vom Annaberg erzählt«, und ich stellte mir einen mageren, alten Franziskaner vor, der durch die dunklen Gänge des Klosters schritt wie ein Gespenst. Aber möglicherweise hat es doch eine reale Basis für Vaters Behauptungen gegeben, denn im Spätsommer 1942 fiel bei uns zu Haus oft der Name Graf von Galen. Und dieser hatte, wie ich später erfuhr, tatsächlich als Bischof von Münster im Juni 1942 zwei Predigten gegen die Euthanasie gehalten. Das war offenbar auf dem Annaberg bekannt. Als Kind jedenfalls bin ich nie auf dem Annaberg gewesen.

Nun gingen wir durch das Tor in den Hof und in die Kirche des Klosters, vorbei an den Devotionalienhändlern, vorbei an den aufgereihten Beichtstühlen, und sahen unter uns die einem antiken Theater nachempfundene Feierstätte. Die Polen hatten das deutsche Ehrenmal gesprengt und durch ein polnisches ersetzt, das »den jahrhundertelangen Kampf des Polentums gegen die Germanisierung« (so die Aufschrift) symbolisieren sollte. Wir schauten weit ins Land hinaus bis nach Cosel. Und dahinter lag Bauerwitz.
Erst gegen Abend kamen wir in Lubowitz an. Deutliche Wegzeichen verweisen auf eine Eichendorffstube und auf das Schloss. Die Wege dorthin waren von ein bis zwei Meter großen schräg gestellten Tafeln gesäumt, auf denen Gedichte von Eichendorff standen, blaue Schrift auf weißem Grund in deutscher Sprache. Die vielen Schreibfehler wirkten auf mich rührend und peinlich zugleich und machten das Dilemma der zurückgebliebenen Deutschen deutlich.
Ich liebe einige seiner Gedichte sehr, die für viele Schlesier von der Sehnsucht nach ihrer Heimat sprechen. Für Eichendorff endete die idyllische Kindheit auf dem Schloss Lubowitz, wo er geboren worden war und auf das er nicht wieder zurückkehrte, mit 13 Jahren. Auch meine Kindheit war mit 13 Jahren zu Ende, als mein Vater starb und sich in Stalingrad die Kriegswende anbahnte. Als Eichendorffs Familienbesitz nach dem Tode seines Vaters zwangsversteigert wurde, schrieb er 1819 in Breslau für seinen Bruder:

> Denkst du des Schlosses noch auf stiller Höh?
> Das Horn lockt nächtlich dort, als ob's dich riefe,
> Am Abgrund grast das Reh,

Es rauscht der Wald verwirrend aus der Tiefe –
O stille, wecke nicht, es war als schliefe
Da drunten ein unnennbar Weh.

Kennst du den Garten? – Wenn sich Lenz
erneuert,
Geht dort ein Mädchen auf den kühlen Gängen
Still durch die Einsamkeit
Und weckt den leisen Strom von Zauberklängen,
Als ob die Blumen und die Bäume sängen
Rings von der alten schönen Zeit.

Ihr Wipfel und ihr Bronnen, rauscht nur zu!
Wohin du auch in wilder Lust magst dringen,
Du findest nirgends Ruh,
Erreichen wird dich das geheime Singen;
Ach, dieses Bannes zauberischen Ringen
Entfliehn wir nimmer, ich und du!

Nun war das Schloss abgebrannt. Die Ruine leuchtete golden auf in der Abendsonne. Der Blick ins Tal, den der Dichter so geschätzt hatte, war uns verwehrt, die Bäume waren viel zu hoch gewachsen. An dem Ort glücklicher Kindertage und freundlicher Geborgenheit standen nun abgebrochene Mauern stumm und traurig. Sie fanden kein Echo, keine Antwort mehr. Wer wusste noch von dem Leben, das hier pulsiert hatte?
Wir fuhren auf Ratibor zu, unser nächstes Quartier. Ich hielt nach allen Seiten Ausschau, um etwas Bekanntes zu entdecken. Von einer Anhöhe her näherten wir uns der Stadt, und ich hatte den Eindruck, in ein großes schwarzes Loch hinabzublicken. Am Horizont oberhalb der al-

ten Stadt wurden riesige Wohnblocks sichtbar, einer am anderen, eine Trabantenstadt aus sozialistischer Zeit. In vielen Fenstern spiegelte sich die untergehende Sonne, aus anderen leuchtete das Licht von Lampen nach draußen, wieder andere waren schwarz – ein gespenstisches Muster von Licht und Schatten, das der wolkenschwarze Himmel noch unheimlicher machte. Auch in Ratibor übernachteten wir im Kloster und wurden von den Schwestern freundlich empfangen. Beim Abendessen erzählte Schwester Josefa, sie stamme aus einer deutschen Familie in der Nähe. Bei Kriegsende habe sie Schreckliches mitgemacht, alle Frauen und Mädchen in ihrer Umgebung seien vergewaltigt worden. Als alles vorbei war, sei sie ins Kloster gegangen, den einzigen Ort, wo sie sich sicher fühlte. Noch nie sei es ihnen so gut gegangen wie heute. Warum? »Wir haben die Freiheit!« Sie sagte, sich frei bewegen, alles lesen, alles sagen zu können bedeute ihr viel.

Am Abend traf ich die Oberin. Wir kamen sofort in ein intensives Gespräch. Sie hatte alle Daten der Kriegs- und Nachkriegszeit, auch die militärischen, im Kopf. Ich erfuhr, dass wir damals im März 1945 nicht nur dem Kampfgetümmel entronnen, sondern einer Schlinge gerade noch entwischt waren. Sechs Tage nach unserer Flucht sei Bauerwitz gefallen und die Region unmittelbar südöstlich davon zum russischen Aufmarschgebiet erklärt worden. Die russischen Angriffe in diesem Raum seien wiederholt als die stärksten an der ganzen Heeresgruppenfront bezeichnet worden, mit höchstem Aufwand an Menschen und Material, was mit gnadenlosem Morden, Vergewaltigungen und Plünderungen verbunden war. Mich durchfuhr noch nachträglich lähmender Schreck, ich musste mich anlehnen. Die Oberin bot mir an, uns eine Schwester mitzu-

geben, damit es nicht zu schwer würde für mich. Es war gut gemeint, aber ich wollte lieber mit Hans allein weiterreisen.
Ihre eigene Geschichte ähnelte der Schwester Josefas: Mit zwölf Jahren hatte sie mit ihrer Mutter und fünf jüngeren Geschwistern zweieinhalb Monate lang zwischen den Fronten gelebt. Ihr Ort war heute von den Russen, eine Woche später von den Deutschen erobert worden. Es hatte keine Chance gegeben, das Kampfgebiet zu verlassen. Den Vater hatten die Russen sofort verschleppt. Und wieder begegnete ich diesen vagen Andeutungen, die mehr verhüllten als aussagten: »Was wir erlebt haben, das kann sich kein Mensch vorstellen!« Auch sie war, nachdem alles vorbei war, in die Sicherheit des Klosters geflüchtet. Mir fiel auf, dass alle, die hier geblieben waren, zwar ihre Geschichte erzählten, über »das Schreckliche« jedoch legte sich Schweigen.
Vielleicht fürchteten sie wie ich immer noch einen Dammbruch, der die Überlebenskonstruktionen hinwegreißen könnte. Immer musste ja auch ich selbst aufpassen, dass meine Erinnerungen nicht zu intensiv wieder erwachten, sodass ich die Kontrolle über sie behielt. Ich meinte immer noch, mich rechtfertigen zu müssen für das, was ich erlebt hatte. Wie sollte ich Unglaubliches glaubhaft machen? Würden meine Erlebnisse nicht sofort relativiert werden? Es kam mir immer noch so vor, als sei mein Schicksal nichts wert. Die Angst vor verletzenden Reaktionen und dem Unverständnis der anderen war jedenfalls nach wie vor so groß, dass auch ich es vorzog, nichts zu sagen. Wenn das erlittene Unrecht nämlich nicht gesehen und anerkannt wurde, traf mich das oft noch härter als das Unrecht selbst. In dieser Nacht schlief ich schlecht.

Am nächsten Morgen war das Wetter grau, der Himmel bedeckt, und es war kalt. Ich fühlte mich müde und mutlos und dachte an zu Hause, an Tübingen. In dem strengen Klosterfrühstückszimmer war alles noch düsterer.

An diesem Tag wollten wir nach Bauerwitz. Die alte Straße war mittlerweile zur Nebenstrecke geworden. Hans fuhr langsam. Makau – Rakau – das waren auch die Bahnstationen gewesen. Eiglau: Die Leute strömten in Sonntagskleidern in die Kirche. Alle diese fremd aussehenden Menschen! Die Sonne kam doch noch heraus, und die gerade fertig restaurierte Kirche strahlte weiß vor dem blauen Himmel zwischen ein paar Bäumen hervor. Es war Heimatwetter. Nun näherten wir uns Bauerwitz. Schon tauchte links das kleine Wäldchen auf, dann begannen die Häuser. Hier, in dieser Kurve, hatte der Gärtner gewohnt. Da war ich oft mit Mutter, um Tomaten und Gurken zu holen. Mutter hatte dann freundlich mit der Gärtnersfrau geplaudert und eingeflochten, dass sie ja eine große Familie habe, und schließlich hatte sie etwas in ihrem Korb. Mir war das immer peinlich. Es war mir aufgefallen, dass die Gärtnerin ihr Gemüse nur zögernd abgab und sich dann schnell abwandte. Trotzdem hatte ich oft zusätzlich einen Apfel oder eine Birne von ihr geschenkt bekommen.

Bald fuhren wir auf den Ring. Von links mündete die Troppauer Straße ein. Auf ihr hatten wir den Ort im Treck verlassen. Rechts das Rathaus, die Kirche mit dem abgeschossenen und dann verkürzt wieder aufgebauten Turm. Gleich darauf unsere Straße. »Hier haben wir gewohnt«, rief ich, als das Wohnhaus des Bauernhofes auftauchte. Doch Hans wollte sich erst einmal einen Überblick verschaffen. Also ging es am alten Bäcker vorbei, der uns für unsere Brotmarken wöchentlich fünf Brote gebacken und oft noch ein kleines dazugelegt hatte, vorbei an der Mühle mit ihren Karpfenteichen, auf denen ich im Winter Schlittschuh gelaufen war, an der Gärtnerei, in der wir die sauren Gurken geholt hatten, bis zu dem Kreuz an der Gabelung, wo der Feldweg abbog, der hinter der Häuserreihe vorbei unversehens an den Hintereingang unseres Hofgebäudes führte. Er war schon immer staubig und ausgefahren, aber ideal für unsere Spiele: Fußball, Völkerball, Schätzevergraben, Hüpfspiele und Messerwerfen. Allmählich wuchs meine Spannung ins Unerträgliche. Hinter der Scheune hielten wir an. Von ihr war eine halbe Mauer stehen geblieben, durch die ein Holztor führte. Es stand tatsächlich offen. Aus dem Trümmerhaufen aus alten Ziegeln war eine wunderschöne, große Sonnenblume gewachsen. Wir gingen ein paar Schritte in den Hof hinein, vorsichtig und leise, um möglichst nicht aufzufallen. Aber da kam schon ein Hund auf uns zu, und vor dem Wohnhaus erschien eine behäbige Frau. Sie hatte eine Schürze um und rief uns auf Polnisch etwas zu. Ich fühlte mich unbehaglich und war froh, dass Hans bei mir war, als ich mich vorstellte. Da zeigte sich, dass sie eine Deutsche und ihr Mann bei meinem Vater in die Schule gegangen war. Die Frau lud uns ein, doch hereinzukommen und uns alles anzusehen. Streng sei mein Vater gewesen, sagte ihr Mann später schmunzelnd, aber er habe bei ihm gut rechnen gelernt. Dass da ein Mensch war, der meinen Vater noch gekannt hatte! Ich hätte ihn umarmen können!

Nur weil ich wusste, wie es früher ausgesehen hat, konnte ich mich orientieren. Die beiden Scheunen waren verfallen, sie waren nur noch Ruinen. Im großen Gemüsegarten hatte man altes Metall gesammelt. Der Pferdestall stand noch – da waren ja sogar noch die Ringe, an denen die beide Stuten Lotte und Lisa angebunden wurden. Im Kuhstall stapelte sich alles mögliche Gerät. Der Misthaufen in der

Mitte, der kleine Garten an alter Stelle. Hier war mein eigenes Beet, auf dem ich Blumen gepflanzt hatte. Und einmal hatte mich Vater beim Naschen von Erdbeeren ertappt. Ich stieg die Holztreppe zum ehemaligen Getreideboden hinauf. Da roch es wie früher. Wie altbekannt das war! Um mich zu vergewissern, rief ich Hans und fragte ihn, wonach es hier rieche. Er sagte sofort: »Nach Getreide!« Nach fünfundfünfzig Jahren immer noch derselbe Geruch! Und ich sah wieder den Bauern und den Knecht die Säcke hinauftragen.

Und auf einmal stand die ganze Welt der Kindheit vor meinen Augen, diese unbeschwerte Kindheit zwischen den Tieren, auf den Feldern. Ich lernte melken, trat im Zuckerrübensilo die Schnitzel ein, führte die Pferde vor dem Heuwagen in die Scheune, holte die warmen Eier aus den Nestern, durfte ab und zu reiten. Ich band Garben und legte sie auf den weiterfahrenden Leiterwagen. Und wenn das Korn gedroschen war, schlichen wir uns in die Scheune, kletterten auf einen hohen Querbalken und sprangen tief hinunter. Wer kam am weitesten? Und wer machte auch mal einen Salto? Wenn wir zu laut juchzten, kam der Bauer und rief uns zur Ordnung, aber dann waren wir meist schon wieder weg.

Im Frühling, wenn am Sonntagmorgen die Lerchen aufstiegen, legte ich mich an den Feldrand, ganz allein zwischen Gras, Korn- und Mohnblumen, suchte sie im blauen Himmel und fragte mich: Wo waren sie im Winter? Wo war der Mond, wenn er nicht hier war? Oder ich stieg über die Friedhofsmauer, legte mich in den Schatten der Bäume und redete mit den Grabsteinen. Im Herbst gingen wir auf die Stoppelfelder Gänse hüten. Abends suchten wir ein paar Kartoffeln, machten ein Feuer und aßen sie, schwarz gebraten, lutschten selbst gekochte Bonbons, kuschelten uns aneinander und sangen wehmütige Lieder. Wenn geschlachtet wurde, durfte ich nicht dabei sein, aber die leise Geschäftigkeit im Hof blieb mir nicht verborgen. Beim Schlachtfest am Abend aßen wir dann alle Wellfleisch und Würste, warm aus dem Topf.

Nun gab es diese Welt nicht mehr. Sie war zerfallen, verloren, vorbei. Nur die Gebäude hatten ihre Grundrisse behalten, aber nichts lebte mehr so wie damals. Die Fenster des Kartoffelkellers gähnten mich an. Wie oft war ich in dieses schwarze, unheimliche Loch hinuntergerutscht, immer in der Angst, nicht wieder heraufzukommen oder dort nicht gefunden zu werden. Der Putz bröckelte ab, das Pflaster brach auf, Schlösser waren herausgebrochen. Aber die Mauer zwischen den beiden Scheunen stand noch. Hans schätzte ihre Ausmaße auf ungefähr 60 Meter Länge und 2,20 Meter Höhe, doch sie war nur eine Ziegelbreite dick. Auf ihr bin ich übermütig hin- und hergelaufen, jedes Mal eine Mutprobe. Denn wenn ich die Balance verlor, musste ich tief hinabspringen.

Immer wieder rief ich Hans, um ihm alles zu zeigen und zu erklären. Er hatte keine Mühe, sich durch den jetzigen Zustand hindurch das Leben meiner Kindheit vorzustellen. Sein Verständnis und sein freundlicher, oft erheiternder Kommentar machten mich froh. Gleichzeitig verdeutlichte mir seine Anwesenheit hier, wo er überhaupt nicht hingehörte, dass wir aus einer anderen Wirklichkeit gekommen waren. Würden wir wieder dorthin zurückfahren? Musste ich nicht hier bleiben? Es war wirklich so, wie ich es in Erinnerung hatte – nichts hatte sich verschoben, nichts hatte ich ergänzt oder mir ausgedacht, im Gegenteil, mir sprangen immer neue Details ins Auge, die meine inneren Bilder bestätigten. Jetzt wusste ich, dass es gut war, hergekommen zu sein.

Plötzlich löste sich der Bann: Das jahrzehntelange Gefühl von Unwiederbringlichkeit, Vergeblichkeit und Trauer wandelte sich in Dankbarkeit. Hier lagen meine Wurzeln: in unbeschwerter Freiheit, in Neugier und Unternehmungslust, in der Freude auf jeden kommenden Tag, in dem intensiven Licht und der weiten, flächig-hügeligen Landschaft, wo sich immer neue Alleen öffneten und immer wieder andere Kirchturmspitzen sich aus den Talmulden erhoben – hier, in der Geborgenheit dieser sanften kleinen Welt. Ich war stolz auf meine Heimat. Mit wem hätte ich tauschen wollen?

Hans war von diesem Moment an mein Augenzeuge. Wenn je wieder der alte Zweifel aufkäme, doch nur eine Vertriebene zu sein, hergelaufen aus einem »Niemand-Land« – Hans sollte mein Zeuge sein, dass das nicht so war. Er lachte: »Das Flüchtlingskind entwickelt sein schlesisches Selbstbewusstsein.« Hatte ich seit 1946 Schwierigkeiten gehabt zu erklären, woher ich kam, so stand ich nun wieder auf sicherem Boden.

Ich fragte dann auch noch, ob wir unsere alte Wohnung sehen dürften. Dort wohnte nun eine polnische Familie aus Galizien. Eine etwa 50-jährige Frau ließ uns bereitwillig ein. Diese Treppe war ich jahrelang hoch- und runtergestiegen – sie sah unverändert aus. Ich war überrascht, wie groß und hell die Wohnung war. Statt der Kachelöfen gab es jetzt eine Zentralheizung, und anstelle des Abstellraumes ein Bad. Aber die Garderobe hatten sie an der alten Stelle gelassen. Besonders berührten mich die alten Holzfußböden – wie oft war ich barfuß darüber gesprungen! – und die Messinggriffe der Fenster – wie oft hatte ich sie geöffnet, um vom Kinderzimmerfenster neugierig auf die Straße zu sehen! Unser Haus lag in einer leichten Kurve. Auch jetzt hatte ich nach beiden Seiten den vertrauten

Überblick: links hinauf bis zur Kirche, rechts hinunter bis hinter die Mühle. Zwischen diesen beiden Polen hatte das Treibballspiel stattgefunden, das sich die Jungen aus unserer Straße abends geliefert hatten. Ich sah sie wieder vor mir. Die Woge schwappte hin und her, und ich feuerte vom Fenster aus die Spieler an und warf den Verlierern Pfefferminzpastillen hinunter. Einem Jungen hatte meine ganze Sympathie gehört. Er war der Kleinste und hatte solche O-Beine, dass man ohne weiteres einen Fußball hätte hindurchschießen können. Aber er lief wie ein Wiesel und warf die Bälle am weitesten. Als ich ihm sagte: »Wenn du immer gewinnst, bekommst du nie ein Pfefferminz«, meinte er: »Ist mir egal, gewinnen ist besser.« Daran habe ich oft gedacht. Was wohl aus Gerhard geworden ist? – Aber es gab auch Dinge, die mich irritierten. Die Straße war heute eintönig grau und viel breiter, als ich sie in Erinnerung hatte. Im Zimmer meines Vaters saßen junge Männer vor dem Fernseher. Die Sonne schien genau auf die Stelle, wo das Klavier gestanden hatte. Viele Stunden hatte ich darauf gespielt. – Auch das war vorbei.

Die Polin beobachtete mich genau und ließ dolmetschen, sie wundere sich, dass ich alles noch so genau wisse. Sie war überhaupt nicht misstrauisch, ließ mich allein, ohne mich zu stören. Dennoch fühlte ich mich nicht wohl. Einerseits war ich ein Eindringling, der neugierig in alle Ecken schaute. Und andererseits gehörte ich doch hierher. Unser Mietvertrag war ja nie aufgelöst worden. Aber auch sie gehörte hierher. Man sah es ihr an.

Es war Nachmittag geworden. Wir fuhren die Straße nach Dittmerau hinaus, eine herrliche Allee. Früher hatten wir sie »Chaussee« genannt. Hier hatte ich mich mit Nachbarskindern im Frühjahr aufgehalten, wenn wir die Bäume schüttelten und Maikäfer sammelten. Dann war oft der Bo-

den noch lehmig, und weil wir barfuß liefen, patschten wir die Füße in den Wasserlöchern wieder sauber. Im Sommer hatte eine dicke Staubschicht auf dem Sommerweg gelegen. Weich und heiß war der Staub zwischen den Zehen hervorgequollen. Bis zum Knöchel war ich darin versunken. In den ausgefahrenen Furchen des Herbstes, wenn Heu-, Getreide- und Rübenwagen durchgefahren waren, musste man geschickt sein, um sich nicht wehzutun, und im Winter stampften wir in die Eispfützen, bis sie klirrend zerbrachen. Ich kannte diesen Boden unter meinen Füßen, ich wusste noch immer, wie er sich anfühlte. Nun war die Chaussee asphaltiert, den Sommerweg gab es nicht mehr. Trotzdem überfiel mich ein kindliches Gefühl von Geborgenheit. Wir hielten uns genau zu der Tageszeit dort auf, in der ich oft mit meinem Vater spazieren gegangen war, bis zur Bahnüberführung und zurück. Mir kam es vor, als sei ich aus der Zeit gefallen. Ich hatte vergessen, wie schön es hier war. Die Bäume waren hoch gewachsen – über mein Schicksal erhaben –, sodass ich das Kreuz an der Weggabelung zunächst nicht fand, aber es war noch da. Hand in Hand waren wir gegangen, mein Vater und ich, und mein Vater hatte mir viele Geschichten erzählt, auch selbst erfundene, sodass ich ihn oft anbettelte, mit mir spazieren zu gehen. Und im Winter, wenn es abends dunkel geworden war und die Käuzchen in den Friedhofsbäumen klagten und die Fledermäuse aus der alten Holzkirche hervorkrochen, ich mich an ihn kuschelte, und wir flüsterten nur noch leise. Dann blieb er stehen und sagte: »Die Leute meinen, wenn ein Käuzchen schreit, dann stirbt ein Mensch. Aber hör doch mal, wie das klingt! Es ist unheimlich schön.« Ich hatte trotzdem Angst und zerrte ihn weiter.
Hans machte Siesta. Ich ging solange allein an der Friedhofsmauer entlang. Da erkannte ich den Übergang von der

Straße auf ein großes, leicht ansteigendes Stoppelfeld. Hier hatte der russische Soldatenfriedhof gelegen, wo ich auf Geheiß der Russen mit einer Gruppe von Kindern Panzerfäuste hatte suchen und entschärfen müssen. Und nun kam es mir vor wie ein Spuk. Die Gebeine waren nach Russland verlegt, der Friedhof aufgelöst. Nichts erinnerte mehr an die Russenzeit. Ich ging auf unseren Friedhof zurück, vorbei an der Stelle, wo die Maulbeerbäume standen, in deren Ästen wir herumgeklettert waren, um nach den weißen Beeren und den Seidenraupen zu suchen. Links vom Eingang waren die auf dem Todesmarsch von den deutschen Begleitsoldaten erschossenen Russen in einem Massengrab beigesetzt worden. Nichts, keine Spur mehr davon. Ein Baum wuchs nun an dieser Stelle. Unten an der Ecke, wo jener Pole Maria und mich aufgegriffen hatte, damit wir die Herde Kühe zusammen mit anderen eingefangenen Frauen weitertrieben, wuchsen Büsche und ein paar Blumen. In dem Krankenhaus, in dem die Grauen Schwestern grausam vergewaltigt und ermordet worden waren, befand sich heute eine medizinische Station. Zwei der Schwestern waren damals hinter den Altar der Josefskirche geflüchtet – es hatte ihnen nichts genützt. Nichts erinnerte an diese Gräuel. Oder doch? Links vom Portal waren noch Einschüsse zu sehen. Wusste nur ich von all dem, was sich hier abgespielt hatte? Wohnten die Menschen heute hier, ohne eine Ahnung davon zu haben? Und wie lebten sie mit dieser Ahnungslosigkeit? Da war sie wieder, diese Doppelbödigkeit. Da, wo die Pfarrei gestanden hatte, befand sich jetzt eine Bushaltestelle. Damals hatten die Russen die Pfarrei gestürmt, Uhren gefordert und Schnaps und sich auf die beiden Haushälterinnen gestürzt. Der Pfarrer hatte sie schützen wollen und außerdem seinen Messwein verleugnet. Daraufhin hatten die Russen alle zusammen in den Keller gesperrt und das Haus angezündet. Dem kleinen Kaplan war es gelungen, ein Fenster einzuschlagen, zu entkommen und die anderen zu retten.

Ich ging auf meinem Schulweg zum Bahnhof. Noch einmal ein paar Schritte in die Leobschützer Straße, so weit, bis ich unser Haus sehen konnte. Da schaute die polnische Frau aus unserem Wohnzimmerfenster. Es sah genauso aus wie damals, als unsere Mutter die Straße hinunterblickte, um zu sehen, ob wir vom Zug kämen und sie das Essen heiß machen musste. Ich starrte diesen Kopf an, als sähe ich ein Gespenst. Auch die Frau schaute regungslos zu mir herüber, bis ich es nicht mehr ertrug und mich abwandte. Plötzlich wusste ich, warum die Straße so anders aussah. Früher ging man auf dem Bürgersteig über dunkelrote Ziegel aus unserer Ziegelei, daran schloss sich ein breiter Streifen mit Katzenköpfen, und in der Mitte lagen dann die großen Pflastersteine. Das ließ die Straße lebendiger aussehen.

Ich ging weiter zum Schwarzen Weg. Er hieß so, weil er früher mit kleinem schwarzem Schotter belegt war. Unter Bäumen führte er durch weite Wiesen über die Zinna. Heute war er zugepflastert, Sportheim und Parkplatz waren entstanden, die Bäume gefällt. Der Weg hatte jede Vertrautheit verloren. Auch die Bahnhofstraße war nicht wiederzuerkennen. Die Lücken des Krieges waren noch nicht geschlossen. Unkraut und barackenähnliche Häuser säumten die Straße. Das einst schmucke Gebäude der Kreissparkasse hatte die polnische Polizei in Besitz genommen. Unversehens stand ich auf dem Ring. Er wirkte viel größer, als ich ihn in Erinnerung hatte. Er war sauber, aber leer und farblos. Wo die große Domäne gewesen war, konnte ich zwischen den Häusern bis zu den Feldern hindurchschauen. Wo der Kaufmann Himmel sein Geschäft gehabt hatte, stand ein flacher Leichtbau. Gespannt und doch zögernd wagte ich mich um die linke Ecke der ehemaligen polnischen Kommandantur. Da sah ich es, das kleine Tor in den Keller. Damals führten bemooste Stufen zu einer Holztür, heute war da ein rostbraun gestrichenes Eisentor. Aber hier war es doch gewesen, wo wir einen Tag und eine Nacht in dem feuchten modrigen Loch bei Ungeziefer und Spinnen hatten zubringen müssen, wo man uns als »Deserteure« herausgeholt hatte, um uns zu erschießen, und wo meine Mutter zusammengebrochen war.

Was hatte sich hier auf dem Ring alles abgespielt: zuerst waren Fronleichnamsprozessionen über den Platz gezogen, dann die Aufmärsche der Hitlerjugend, am 16. 3. 1945 hatte sich hier unser Treck gebildet, und fünf Monate später hatte ich, genau hier, wo ich stand, auf polnischen Befehl das Straßenpflaster mit Seifenlauge abgeschrubbt.

Ich ließ meinen Blick über den Platz schweifen. Fast alles fand ich wieder und war darüber glücklich. Dies war meine Welt. Gleichzeitig sah ich den verstümmelten Kirchturm, die Häuserlücken, die Einschüsse und aufgeräumten Ruinen, die Spuren des Schreckens, eingeebnet und verschönert. Gras und Pflastersteine legten sich wie ein Patchwork über den Platz. Die Menschen, die jetzt hier wohnten, sah ich unwirklich wie Schlafwandler durch die Straßen gehen. Dabei war meine Welt längst zu ihrer Welt geworden. Es gelang mir nicht, die verschiedenen Ebenen zusammenzudenken. Ich war in einen dreifach belichteten Film geraten. Wie sollte ich die einzelnen Schichten auseinander halten: Kindheit, Kriegs-, Russen- und Polenzeit und schließlich alles, was ich heute hier sah? Dass alles in so vielen Facetten zersplittert war, konnte ich schwer ertragen. Ich ging zurück zum Friedhof und war froh, als ich Hans traf und er mir, sichtlich beeindruckt, von den schönen Linden und Birken erzählte, die er gesehen hatte, und mir einen bunten Schmetterling zeigte, der auf einem verwitterten Grabstein in der Sonne saß.

Nach einer kleinen Pause fuhren wir noch einmal über die Felder. Ich wollte weiter nach Dobischau. Dorthin hatten wir die Kühe getrieben, bevor uns Marias Vater nach Hause holte und vor der Verschleppung rettete. Das Dorf war schwer zu finden. Immer noch gab es nur die kleinen Verbindungen von Ort zu Ort. Die Straße führte an Dobischau vorbei. Ich erkannte nichts wieder, und wir fuhren zu weit. Aber Hans – wie ein Pfadfinder – wendete und bog rechts ab, dorthin, wo ein paar geduckte Häuser sichtbar wurden. Auch hier war mir alles fremd. Doch plötzlich, schon am Dorfende, weitete sich rechts der Blick, und ein ungewöhnlich großer Gutshof breitete sich vor uns aus. Der war es. Hier hatten die vielen hundert Kühe mit ein paar Treiberinnen und den bewaffneten Soldaten gestanden. Und hier hatten wir gesessen und Brot mit Dickmilch gegessen. Heute stand der riesengroße Hof leer, aber den Weiher erkannte ich, auch die Waage, auf die im Herbst die Zuckerrübenwagen gefahren waren. Wie oft hatte ich an diesen Hof gedacht, obwohl ich nicht gewusst hätte, wie ich ihn finden sollte. Hans hörte sich meine Geschichte aufmerksam an – knappe Worte, gemessen an meinen aufgewühlten Gefühlen. Er sagte nichts – was hätte er auch sagen sollen? Er konnte mir nichts abnehmen von der Wucht dieser plötzlichen Erinnerungen. Die musste ich allein aushalten – aber er war ja da.

Doch der Tag war noch nicht zu Ende. Es trieb mich weiter. Nach Zinnatal wollte ich, auf die Zinna-Auen, die ich als Kind sehr geliebt hatte. Hier waren wir, die ganze Familie, oft spazieren gegangen bis zum Bahnwärterhäuschen und zu dem Schrankenwärter, mit dem sich mein Vater

dann unterhalten hatte, meistens über die Störche, die in der Nähe auf zwei hohen Bäumen nisteten. Entweder wurden sie gerade erwartet, oder sie bauten ein Nest, oder sie suchten in den nassen Wiesen Frösche oder rüsteten sich zum Wegflug. Es waren wunderschöne Störche! Und Kräuter hatten wir unterwegs gesammelt, die meine Mutter dann trocknete. Die bittere »Schafgarbe« fand ich schrecklich, und ich bat meine Geschwister, nur ja keine zu finden. Auf dem Weg ins Zinnatal kamen wir zuerst noch an der Riedel'schen Ziegelei vorbei. Hier hatten die Polen das Lager eingerichtet, in dem wir interniert gewesen waren. Als Kind hatte ich nach dem hellen Rauch Ausschau gehalten, der aus dem Schornstein hochstieg, um daran Wind und Wetter abzulesen. Das Tor stand offen, und so gingen wir in den Hof. Ein schwarzer Hund kam angriffslustig auf uns zu. Ich wollte schon weglaufen. Aber Hans setzte sich mit ihm auseinander und wehrte ihn ab. Die roten Gebäude waren inzwischen sehr zerfallen, die hohen langen Hürden, auf denen die Ziegel getrocknet wurden, standen leer und waren durchgebrochen.
Hohes, wucherndes Gestrüpp erschwerte den Zugang zu dem Gebäude, in das ich mit meiner Mutter eingewiesen worden war. Auf der Schmalseite stand jetzt eine morsche Leiter. Ich stieg sie vorsichtig hoch und sah plötzlich den Boden vor mir und den Platz am Fenster, wo ich gelegen hatte. Auf der anderen Seite existierte immer noch die alte Holztreppe, über die ich so oft zur Arbeit und zur Sammelstelle gegangen war und über die auch die Leichen heruntergeschafft wurden. Hier waren die Polen heraufgekommen. Ja, hier war es gewesen, genau hier. Und jetzt lag alles so träge in der Sonne. Fast idyllisch, diese verfallenden Mauern! Gab es nicht Leute, die Ruinen liebten? Und diese unerträgliche Stille! Hier hatte man nicht einmal

mehr aufgeräumt. Hier hatte man alles stehen und liegen gelassen. Dennoch, diese Mauern hatten unsere Angst gespürt und waren zu stummen Zeugen geworden dafür, was Menschen Menschen antun können.
Die Zinna-Auen waren eine Enttäuschung. Ich fand nicht wieder, was ich suchte. Aber dort, schräg gegenüber, gleich hinter den Häusern, war es gewesen, dass uns der polnische Posten angehalten hatte, als wir aus dem Lager geflohen waren, und uns mit aufgepflanztem Bajonett zur Kommandantur brachte. Jetzt war alles zugewachsen und verwildert. Da fuhren wir lieber noch einmal hinaus ins Licht, zu den Wolken, in die Landschaft. Die goldenen Stoppelfelder lagen breit und offen da, als erwarteten sie mich.

Am Tag darauf fuhren wir nach Leobschütz. Ich wollte die Gymnasien sehen, auf die ich viereinhalb Jahre lang gegangen war. Die Stadt hatte sich nach Osten ausgedehnt, dennoch erkannte ich das Lyzeum sofort. Bald kam die Oberin. Ich war überrascht: Es war eine »Arme Schulschwester« – wie damals!
Als ich 1940 ins Lyzeum kam, hatten die Schwestern die Schulleitung jedoch schon abgegeben und durften keinen Unterricht mehr halten. Meine Freude auf die Schule und die Schwestern war groß gewesen, der Bruch mit dieser Tradition hatte mich sehr irritiert. Von heute auf morgen war in der Schule keine Schwester mehr zu sehen. Gleich in den ersten Tagen hatte sich Unruhe breit gemacht. Wir mussten zu einer Schulfeier alle in die Aula kommen. Unsere Biologielehrerin spielte ein Stück von Vivaldi oder Telemann auf der Querflöte. Da ging hinten die Tür auf, und zusammen mit SA-Leuten, ihre Stiefel knallten auf das Parkett, kam der neue Schulleiter nach vorn: »Heimann!«

Ich erschrak. Er schlug die Hacken zusammen, grüßte die Fahne, dann hielt er eine Ansprache darüber, was jetzt alles anders werden müsse, und nannte die Musik unserer Biologielehrerin »eine Musik für lange Winterabende«. Sofort ertönte ein Marsch und das »SA marschiert…«. Ab da herrschte Kommandoton.

Deshalb freute es mich sehr, dass mir jetzt eine »Arme Schulschwester« gegenüberstand. Während Hans sich mit ihr auf dem Hof unterhielt, betrat ich die Schule. Ich erkannte alles wieder: den dunklen, holzgetäfelten Gang mit der Uhr und den Klassentüren, die schöne, schmiedeeiserne Treppe, die Aula. Mir drängte sich sofort die Erinnerung daran auf, wie wir auf dem Flur in der Pause auf und ab gehen mussten, wenn es regnete, und wie unser ohnehin schon lustiger Geistlicher Studienrat, der die Pausenaufsicht hatte, in der Gegenrichtung die Schülerinnenscharen teilte, wie wenn er ein Schiffsbug wäre, und dazu mit singender Stimme sagte: »Zwei und zwei – Mittelgang frei!« Ich sog wieder den klammen Geruch der feuchten, dampfigen Kleider und Haare ein, spürte die grummelnde Wärme der Heizung. Bei uns regnete es im März und im Oktober gewöhnlich acht bis vierzehn Tage ununterbrochen, sodass wir schon durchnässt in der Schule ankamen. Dann hängten zwei oder drei von den noch im Haus verbliebenen Schwestern unsere nassen Sachen in den Heizungskeller, sodass wir mittags trocken und warm die Schule wieder verlassen konnten. Und nun durchströmte mich wieder dasselbe Gefühl von Geborgenheit und Wohlbefinden. Was ich längst vergessen zu haben glaubte, war plötzlich wieder da. Wie aus einer anderen Welt kam ich zu Hans zurück. Es war gar nicht so leicht, mich wieder in der Realität zurechtzufinden.

Danach fuhren wir zum altehrwürdigen Jungen-Gymnasium am anderen Ende der Stadt. Nachdem unsere Mädchenschule Lazarett geworden war, hatten wir dort Schichtunterricht, bis im Januar 1945 alles zu Ende war. Die Wände waren jetzt intensiv grün gestrichen, aber der Fußboden, die Treppe, der Übergang zum Altbau, selbst der feuerrot gekachelte Brunnen im ersten Stock, alles andere sah aus wie früher. Im Hof liefen Schüler herum wie wir damals.

Den Ring im Zentrum gab es nicht mehr. Leobschütz war nach der Eroberung den Russen zum Ausschlachten freigegeben worden. Es war, als hätte eine riesige Pranke zugeschlagen. Die gesamte alte Stadt war ausradiert. In der Mitte des Platzes standen verloren der Rest des Rathausturmes und etwas schräg davor, mitten auf leerem Rasen, die Mariensäule, die einst auf jeden Ring gehörte. Ein paar billig erbaute neue Häuser an der Ostseite, sonst Tabula rasa. Nur Gras wuchs auf diesem Platz. Es war deprimierend. Als wir dann in der wieder aufgebauten Marienkirche auf eine Beerdigung stießen und es außerdem noch zu regnen begann, fuhren wir weiter zum Stadtwald. Ich wollte zum Wolfsteich, mit dem sich viele Kindererinnerungen verbanden. In einer kleinen Bucht hatte ein freundlicher steinerner Wolf gestanden, zu dem wir immer mit dem Kahn hinübergefahren waren, um auf ihm zu reiten. Aber Hans und ich fanden ihn nicht mehr.

Zurück in Bauerwitz, wollte ich endlich die Kirche sehen, doch sie war abgeschlossen. Der Pfarrer wohnte immer noch in dem Haus des Chorrektors. Er ließ sich schließlich überreden, uns die Kirche aufzuschließen. Sie hatte mir in ihrem strengen Barockstil, klar in den gebändigten Formen, schon früher gefallen. Aber jetzt war ich überrascht, wie groß sie war, die Flucht der Bänke wollte nicht aufhören. Mein Beichtstuhl war mittlerweile an die Rückwand versetzt, der Taufstein verrückt worden, weil ein Marienaltar an seiner Stelle Platz gefunden hatte. Ich setzte mich auf unseren Platz, den mein Vater damals gekauft hatte. Der Blick stimmte. Das Raumgefühl stimmte. Erinnerungen ohne Ende stürzten auf mich ein.

Als ich den Pfarrer fragte – wegen der Sprachschwierigkeiten versuchte ich es auf Latein –, ob ich das Kirchenbuch mit meinem Taufregister sehen könnte, antwortete er, Kirchenbücher gebe es erst seit 1946. Sein deutliches Desinteresse ärgerte mich. Was ich zu meiner Freude aber noch fand, war eine Gedenktafel zu Ehren unseres Prälaten, der mich getauft hatte. Es war eine spektakuläre Taufe gewesen. Weil niemand geglaubt hatte, dass ich als frühgeborener Winzling überleben würde, hatte er mich am Tag nach meiner Geburt notgetauft.

Neugierig war ich auf den Bahnhof. Er hatte eine so wichtige Rolle in meinem Alltag gespielt. Jetzt lag er da wie tot. Fuhr hier überhaupt noch ein Zug ab? Die Schalter- und die Wartehalle waren wie früher, selbst die Holzrahmen, der Durchgang zu den Zügen. Wenn ich die Augen zumachte, stand ich wieder, mit den anderen frierend auf den verspäteten Zug wartend, früh um 6 Uhr in der Halle oder kam an Bernhards Hand außer Atem auf den Bahnsteig gerannt, wo der Zug schon das zweite Mal tutend die Abfahrt kundtat. Jeden Morgen hatte Bernhard beim Frühstück gesagt: »Warte nicht auf mich, ich kann schneller laufen!«, und jedes Mal hatte ich auf ihn gewartet, und jedes Mal hatte er es noch geschafft, mich vor sich in den ersten Wagen zu schieben. Immer noch fuhr der Zug nach Leobschütz auf dem ersten Gleis ab und der nach Ratibor auf dem zweiten. Das war für mich so verwunderlich wie die alten Fenstergriffe im Kinderzimmer. Hans aber sagte trocken: »Ja, wozu hätten die denn auch die Weichen umstellen sollen?«< Über diese Bohlen bin ich jahrelang hinüber zum Bahnsteig gegangen. Nur mit Scheu wagte ich, sie zu betreten. Vielleicht war noch ein Körnchen Sand von meinen Schuhen in den Ritzen des Holzes?

Die Grundschule machte einen trostlosen Eindruck. Bäume hatten sie fast zugedeckt. Die Türen waren verschlossen. Fenster waren eingeschlagen oder zerbrochen, der Boden voller Dreck und Abfall. Ein paar Jungen spielten auf dem Hof Fußball. Doch ganz hinten stand noch der uralte, eiserne Barren, an dem ich in den Pausen herumgeturnt hatte, und vorn die Fahnenstange, genau zentriert vor den Baumreihen, wo wir morgens oft die Fahne hatten hissen müssen mit Hitlergruß und Deutschlandlied. Und da war auch die Ecke, in die sich mein Vater bei solchen Gelegenheiten gern verdrückt hatte.

Obwohl wir todmüde waren, musste ich unbedingt noch zum Haus meiner Freundin Maria. Lange Zeit war ich fast täglich diesen Weg gegangen: hinter den Scheunen her, an der Schule vorbei zu den Lehrerhäusern. Hier, dem Schulhof gegenüber, hatten die von Auschwitz kommenden russischen Gefangenen im Schnee übernachtet. Hier hatte ich den Soldaten getroffen, der meinen Bruder kannte. Nun war ich erstaunt, wie weit der Weg zum Haus meiner Freundin war. Und wie groß das Haus wirkte! Hier hatten wir gespielt, waren auf Bäume gestiegen, über Zäune geklettert, rückwärts Fahrrad gefahren. Und einmal hatte ich zum Entsetzen der Nachbarin einen Tennisball aus der Dachrinne geholt, war vom Bodenfenster ausgestiegen, das steile Walmdach hinunter und wieder zurück. Hier waren wir am vorletzten Abend, am 15. März 1945, von Tieffliegern beschossen worden. Von diesem Dachfenster aus hatten wir plötzlich im Osten den roten Himmel gesehen, so feuerrot, als würde ein Haus brennen – der Himmel

stand in Flammen. Jetzt lag die Abendsonne auf dem Haus. Es sah so harmlos aus – wären nicht an der Ecke noch die Einschüsse zu sehen gewesen.
Beim Abendessen sagte ich bitter: »Es ist alles so schrecklich, und ich muss es doch lieben. Das zerreißt mich.« Hans meinte: »Es ist doch auch schön und auf jeden Fall interessant.« Man müsse auch sehen, welche Wiederaufbauarbeit die Polen schon geleistet hätten. Und sie dürften doch ihre Kultur mitbringen und nach ihren Vorstellungen leben, denn ihnen gehöre ja jetzt das Land. Irgendwie hatte er Recht, und doch hatte ich plötzlich den Eindruck, er verstehe die Polen besser als mich.

Ich habe schlecht geschlafen und lange nachgedacht. Ich habe nicht die neutrale Sicht von Hans. Für mich ist diese Wirklichkeit beängstigend doppelbödig. Die Gestalten und Bilder von damals sind oft wirklicher als die Gegenwart. Manchmal wünschte ich mir jemanden, der mir bestätigt, dass alles wirklich so war, und anerkennt, wie schlimm es war. Stattdessen diese endlosen Versuche, mich anderen Menschen verständlich zu machen und letztlich doch damit allein zu sein.
Wir beschlossen, nach Auschwitz zu fahren. Ich würde also den Ort sehen, von dem aus im Januar 1945 die Todesmärsche der gefangenen Russen und Juden ihren Ausgang genommen hatten. Über Auschwitz kann ich nicht schreiben. Es wäre zu banal. Hier war alles vom Tod durchdrungen, und gleichzeitig liefen mehr als tausend Menschen herum wie in einem Museum. Wieder war ich entsetzt darüber, was Menschen Menschen antun können.
nächsten Morgen brachen wir von Ratibor auf nach Neiße, das wegen seiner Schönheit »das schlesische Rom« genannt wurde. Unser Weg führte zunächst wieder durch Bauer-

witz. Wir hielten auf dem Ring an, und ich ging noch einmal allein die wichtigen Wege, um Abschied zu nehmen. Die Post hatte ich noch nicht gesehen. Da war alles wie früher, selbst die Telefonzelle, aus der Franz meinen Bruder Bernhard in der Kaserne angerufen hatte, auch die Schalter mit den Holzrahmen und den Schiebefenstern. Nach wie vor gab es auf dem Ring kein Lachen, keine Blumen, keine Farben. Die Stille lähmte mich. Trotz des hellen Lichts wirkte der Platz dumpf und schwer. Einmal durchatmen und weg.

Vor der Weiterfahrt gingen wir noch bei Inge vorbei, unserer ehemaligen Nachbarin, einer Freundin meiner Schwester Bärbel, bei der wir 1987 untergekommen waren. Sie wohnte noch immer im selben Haus. Nach dem Tod ihrer Eltern war sie da geblieben und hatte jahrelang in Leobschütz Straßenschilder gemalt. Zuerst öffnete sie gar nicht die Tür. Erst nachdem sie sich vergewissert hatte, dass ich harmlos aussah, machte sie auf. Sie sprach mich auf Polnisch an. Doch als sie mich dann erkannte, freute sie sich sehr und bat uns herein. Obwohl die Sonne ins Zimmer schien, beschlich mich Unbehagen. Es war alles da, was man zum Leben brauchte, aber die Wohnung war kalt und wirkte arm. Nichts war ersetzt, nichts verbessert worden. Die Küche sah aus wie vor sechzig Jahren. Hier schien die Zeit stehen geblieben zu sein. Zwar war Inge lebhaft wie früher. Da sie sich sehr für Politik interessiert, war sie froh, jetzt die westlichen Sender hören zu können. Und so wusste sie genau, was in der Welt los war. Aber ihre eigene Wirklichkeit war bedrückend und trostlos. Sie sperrt sich in ihrem Zimmer ein, lebt wie auf einer einsamen Insel und begegnet der Welt mit Misstrauen. Ich war froh, als wir wieder gehen konnten. Was wäre aus mir geworden, wenn ich damals für Polen optiert hätte und dageblieben wäre?

Offenbar habe ich Glück gehabt. Mich durchströmte ein Gefühl der Dankbarkeit.

Wir waren spät dran und kamen erst um 16 Uhr in Neiße an. Wie Leobschütz war die Stadt nach der Eroberung zum Ausschlachten bestimmt und erst nach Kriegsende von den Russen zu 80% zerstört worden. Vom alten Ring war nur noch die wieder aufgebaute Jakobikirche und der Stumpf ihres alten Glockenturms zu sehen. Wir fanden Unterkunft in dem Bildungshaus der Diözese Oppeln neben der wunderschönen Peter-und-Paul-Kirche. Die freundliche Direktrice öffnete uns ein schwer gesichertes Gittertor. Sie verstand gut, sprach aber nur wenig deutsch. Ihre Eltern waren Neißer, und sie war hier geboren. Aber dann war unter Strafe verboten worden, deutsch zu sprechen, selbst zwischen Eltern und ihren Kindern. Sie hatten sich daran gehalten.

Auf dem Weg nach Heinrichau kamen wir bald in die Gegend, aus der mein Vater stammte. Es ging am Ottmachauer Stausee vorbei. Auf der gegenüberliegenden Seite hatte mein Onkel Hermann einen Hof. Die Russen hatten ihn mit einer Axt erschlagen, Frau und Tochter vergewaltigt und erschossen. Ich schaute mir diese Gegend an. Dort am Nordufer irgendwo muss es gewesen sein. Wir waren längst am Stausee vorbei, als Hans mich fragte: »Wo warst du vorhin mit deinen Gedanken?«

In Heinrichau hatte Tante Gussi mit ihrem Mann und meinen Großeltern gelebt. Onkel Karl war Rechnungsrat des Großherzogs von Sachsen-Weimar. Heinrichau hatte sich dieses thüringische Adelsgeschlecht zur Sommerresidenz erkoren, nachdem das Kloster 1810 säkularisiert worden war.

Ja, die Häuserreihe rechts war noch wie früher, nur farblos und bröckelnd. Wir fuhren an dem engen steinernen Tor

vorbei, durch das die holprige Katzenkopfstraße zur Klosteranlage hinunterführte. Über der Durchfahrt die große schiefergedeckte Zwiebel. Dann der dreieckige Platz, wo rechts das kleine barocke Torhaus stand, in dem mein Onkel und meine Tante gewohnt hatten.
Wir waren mehrere Jahre nach Heinrichau gefahren, um dort unsere Sommerferien zu verbringen, das letzte Mal, als ich sieben Jahre alt war. Ich habe wunderschöne Erinnerungen an diese Zeit. In einer herzoglichen Kutsche wurden wir vom Bahnhof abgeholt und in einer halbstündigen Fahrt durch den Park zum Schloss gefahren, von einem Kutscher in Livree – ich war mir vorgekommen wie ein Herzogskind. Aber heute erschien mir dieses Torhaus klein. Ich schaute zum Fenster hoch, an dem meine Großmutter oft gesessen hatte, schwarz gekleidet, ein Spitzentuch um die Schultern, in einem großen Lehnstuhl.
In diesem Hof unter dem Fenster hatten wir gespielt. Auch er erschien mir jetzt winzig. Die Straße führte in den riesigen quadratischen Gutshof mit den angrenzenden Wirtschaftsgebäuden. Je weiter wir kamen, desto zerfallener waren der Weg und die Gebäude. Aber tatsächlich, an der unteren rechten Ecke gab es noch den Durchgang zu Kirche und Kloster, in das bald wieder Mönche oder Nonnen einziehen sollten. In der Mitte, auf einem blumenverzierten Rasen, ragte wie eh und je die hohe Dreifaltigkeitssäule in den blauen Himmel. Ich war überrascht von der Schönheit und dem Frieden an diesem Ort. Auch Hans schien es zu gefallen.
Zwar war das Kirchenportal offen, aber dann versperrte ein Eisengitter den Weg. Durch die Stäbe sahen wir in das dunkle Kirchenschiff. Ich wollte unbedingt in diese Kirche, denn in ihr hatte das Requiem für meinen Vater stattgefunden. Ich wurde unruhig, es war schon 18.30 Uhr. Was

tun, wenn keiner mehr da war? An der Rückseite des Schlosses lag das Pfarrbüro. Auf unser Klingeln erschien endlich hoch oben eine Frau am Fenster, und dann der Pfarrer an der Tür. Er begriff sofort, was wir wollten, öffnete äußerst liebenswürdig die Sakristeitür zur Kirche und bedeutete uns, wir könnten bleiben, solange wir wollten. Ich tastete mich vor. Hochaltar, Chorgestühl – die Kirche war unversehrt. Durch die hohen Fenster schien noch etwas Sonne herein. Langsam ging ich auf die Stelle zwischen Altar und Chorgestühl zu – hier hatte der Sarg gestanden, und dort hatte ich gesessen, im ersten Chorstuhl, dem Sarg am nächsten. Und nun lief alles noch einmal wie ein Film vor mir ab, präzise und schnell. Ohne die Liebe meines Vaters und die Geborgenheit in meinem Elternhaus hätte ich die Vertreibung kaum so gut überstanden. Mein Zuhause erschien mir in der Erinnerung wie ein leuchtendes Land, auch wenn ich natürlich wusste, dass es Kinderland war.

Ohne dass ich es gemerkt hatte, war es in der Kirche dunkel geworden. Ich wischte mir die Tränen ab und suchte Hans. Er saß in einem Chorstuhl und war ganz still. Zurück gingen wir an der Orangerie vorbei und hatten den einst so herrlichen großen Park vor uns. Als wir wieder auf dem Platz an der Dreifaltigkeitssäule ankamen, schien gerade noch die Abendsonne auf das bunte Blumenbeet davor. Das tat uns gut.

Ich wusste schon von der Kurzreise 1987, dass das Grab meines Vaters auf dem Friedhof nicht mehr existierte, dass die Polen die Gräber eingeebnet und die Steine zertrümmert hatten. Die Brocken lagen jetzt hinter der Mauer. Ihre Schrift war teilweise noch lesbar, aber den Stein meines Vaters fand ich nicht. In der Tat, der Friedhof sah jetzt ganz anders aus. Zwar war die Ausrichtung der Gräber dieselbe, aber er war viel dichter belegt, viel bunter. Ich wusste noch, wo Vaters Grab gewesen war. Die Bäume im Hintergrund standen noch, und auch der Brunnen zum Wasserholen in der Mauer war unverändert, ebenso wie die uralte Kastanienallee, die den holprigen Weg zum Eingang säumte. Wie viele Menschen waren schon unter diesen Bäumen hindurchgetragen worden! Und welche Zeiten und Kriege hatten sie erlebt! Die Dämmerung brach herein, als wir uns auf den Rückweg machten. Wir mussten die Heimat meines Vaters wieder verlassen.

In Neiße erwartete uns am nächsten Morgen die Direktrice zum Frühstück und führte uns in ein Zimmer, in dem schon der Direktor saß, und neben ihm ein junger Priester im Talar. Der Direktor war offen und herzlich. Er sprach akzentfreies Deutsch. Der Priester war verlegen. Erst sagte er nichts, dann, vom Direktor angesprochen, antwortete er polnisch, und schließlich ging er zum Deutschen über, aber ungern. Er fühle sich heute als Pole, obwohl auch er deutsche Eltern habe.
Und dann stand da echter schlesischer Streusel- und Mohnkuchen. Seit dem Tod meiner Mutter hatte ich ihn nicht mehr gegessen. Mich überfielen Sonntagsbilder aus Kinderzeiten. Ich hätte mich am liebsten über den ganzen Kuchen allein hergemacht.
Das Gespräch war sehr persönlich. Es handelte davon, wie schwer es die Vertriebenen anfangs in der Bundesrepublik und die zurückgebliebenen Deutschen in Schlesien gehabt hatten und wie wir alle, hier und da, heimatlos geblieben waren. Wir fragten uns, ob die Themen »Vertreibung« und »Polonisierung« Tabus bleiben müssten oder ob nicht auf einer neuen Ebene ein gegenseitiges Verständnis wachsen könnte, ohne das, was geschehen war, zu beschönigen oder

zu verleugnen. Der Direktor erzählte von seinem Traum: ein Schlesien mit neuen Schlesiern, die das Land lieben und in Verantwortung gestalten. Dieser Mann hat uns beide sehr beeindruckt in seiner freien, offenen und souveränen Art. Dass ein Mensch wie er in Neiße lebt, macht Hoffnung.
Von Neiße aus fuhren wir nach Römerstadt im ehemaligen Sudetenland, wo Hans Spuren seiner großelterlichen Geschichte suchte. Und beide waren wir interessiert daran, das Altvatergebirge zu sehen. Hans kannte es von den Erzählungen seiner Verwandten, und für mich war es verbunden mit allerschönsten Kindheitserinnerungen. Denn zwischen 1936 und 1940 hatten wir unsere Ferien nicht mehr in Heinrichau verbracht, sondern waren in den Sommer- und Herbstferien zum Wandern ins Altvatergebirge gefahren. Danach änderte sich die Stimmung in der Bevölkerung so sehr, dass mein Vater beschloss, nicht mehr hinzufahren. Auf der deutschsprachigen Karte fand ich alle Namen wieder: Ziegenhals, wo uns ein Grenzer beim Schmuggeln ertappt hatte, es aber freundlich ignorierte, Freiwaldau, Bad Lindewiese, Ullersdorf, Zuckmantel, Reihwiesen.
Auf dem Altvater angekommen, war ich erst einmal enttäuscht. Ich fand den alten grauen, steinernen Turm nicht mehr, über den uns Vater so viele Geschichten erzählt hatte. Hierhin zöge der Alte Vater sich zurück, wenn es stürmisch wurde, hieß es, von hier aus beobachte er alle Berge und schicke seine Raben aus. Hier könne man Zuflucht finden, wenn man nicht mehr weiterwusste. Unverrückbar und ewig hatte er da in Wind und Wetter gestanden – nun war er weg. Stattdessen war da ein hoher, spitzer Antennenmast.
Es war wunderschönes Wetter, und so gingen wir schräg am Hang einen Weg bergauf. Ich wollte gerade schon wie-

der umdrehen, da sah ich auf der Karte, dass die Felsen, zu denen Hans hinaufstieg, die Petersteine waren. Petersteine? Sofort sah ich ein Bild vor mir. Franz hatte dort seinen Rucksack hinunterrollen lassen und Dellen in die Butterdose gemacht. Ich musste dorthin.
Die gestaffelten Bergzüge verloren sich am Horizont im Dunst, doch rechts vor uns lag ein nur spärlich bewachsener Hang. Ich holte wieder die Karte heraus: Es war die Hohe Heide. Rechts im Tal musste der Wilde Steingraben liegen, der uns Kinder immer wieder unwiderstehlich angezogen hatte. Hier waren wir oft gewandert, kreuz und quer, tagelang, eine Landschaft, von der ich immer noch träume. Nie hätte ich gedacht, dass ich sie wiedersehen würde! Unbewegt und schön wie immer lag sie vor mir. Hier war ich glücklich gewesen, hier war ich auf einsamen Wegen gegangen, vorbei an Abgründen und über helle, kammlose Höhen. Hier lagen die Ursprünge meiner Liebe zur Natur, die mir ein Leben lang geblieben ist.
Am frühen Nachmittag kamen wir in Römerstadt an. Für mich barg die Stadt eine besondere Überraschung. Als wir auf der langen, leeren Straße zum Bahnhof fuhren, hatte ich das deutliche Gefühl, hier schon einmal gewesen zu sein. Auch der seit Jahrzehnten unveränderte Bahnhof kam mir bekannt vor. Ich verwarf diesen Gedanken wieder. Wann hätte ich denn hier gewesen sein sollen? So weit nach Süden waren wir auf unseren Wanderungen nie gekommen. Als ich aber auf der Karte noch einmal unseren Fluchtweg im April 1945 verfolgte, wurde mir klar, dass Römerstadt jener Ort gewesen war, von dem aus wir mit der Bahn nach Wölfelsdorf hatten fahren wollen. Die Züge waren aber nur nach Nordosten (Jägerndorf) oder Südosten (Olmütz) gegangen, und wir hatten deshalb zu Fuß weitergehen müssen.

Hans und ich waren sehr spät dran. Die Straßen waren schlecht, und wir kamen nur langsam vorwärts. Wir fuhren durch Mittelwalde. Links musste der Bahnhof liegen, in dem wir in Güterwagen verfrachtet und endgültig abtransportiert worden waren. Ich schaute hinüber, konnte aber nichts erkennen. Habelschwerdt – gespenstische Häusersilhouetten. Mich bedrückte diese Fahrt sehr. Die Dunkelheit und ein leiser Regen machten die Landschaft düster und unheimlich.

Endlich kamen wir in Kudowa an, fanden aber das Kloster nicht, in dem wir übernachten sollten. Wieder war kein Mensch auf der Straße. Es gab nur spärliche Beleuchtung und abweisende, verriegelte Häuser. Endlich entdeckten wir einen kleinen Hinweis an einem Drahtzaun. Schwester Alexandra hatte schon geschlafen, nahm uns freundlich in Empfang: »Ihr lieben Leute, hoffentlich ist euch nichts passiert.« Sie führte uns in unsere Zimmer. Hatte Hans in Breslau das »Abtzimmer« bewohnt, so bekam ich jetzt das »Papstzimmer«. Hier, in diesem prächtigen Raum mit großen Fenstern und Erker, hatte nämlich Karol Wojtyla übernachtet, als er zu einer Konferenz nach Prag wollte und nicht über die tschechische Grenze durfte. Im gleichen Bett! Jetzt erinnerte das ganze Zimmer an ihn. Alles war dunkelrot: der Teppich, die Tischdecke, die Vorhänge. Wieder erzählten wir uns unsere Geschichten. Schwester Alexandra hatte dasselbe erlebt wie die Hedwigschwestern in Breslau. Sie war von den Kommunisten 1954 ins Arbeitslager verschickt worden. Über die vertriebenen Schlesier, denen sie regelmäßig begegnete, sagte sie: »Sie laufen hier herum, können keine Ruhe finden. Und dann kommen sie hierher und weinen, weinen, weinen.«

Nach dem Frühstück brachen wir auf nach Wölfelsdorf. Das Land wurde hügelig. Wölfelsdorf war neben Bauerwitz und Heinrichau die dritte wichtige Station, die ich besuchen wollte. Denn nachdem wir seit 1940 nicht mehr ins Altvatergebirge gefahren waren, hatten wir die Sommerferien in Wölfelsdorf verbracht. Mit der Bahn und dem Bus machten wir kreuz und quer Ausflüge durch die Grafschaft Glatz, nach Wartha, Albendorf oder in die Bäder Reinerz, Landeck und ins Heuscheuergebirge, wo der Regen den Sandstein zu Figuren ausgewaschen hatte, die unsere kindliche Phantasie beflügelten. Und später war Wölfelsdorf zur Zufluchtsstätte auf unserer Flucht vor der Roten Armee geworden.
Die Karte sagte es eindeutig. Wilkanow heißt Wölfelsdorf heute, ein kilometerlanges Straßendorf an der Wölfel, die aus dem Gebirge herabkommt und in die Glatzer Neiße mündet. Aber irgendetwas stimmte nicht. Unerwartet verzweigte sich die Straße. Wieder kam lange nur freies Feld. Der Wegweiser zeigte zurück. Ich war irritiert. Alles schien so unwirklich. Mich überfiel wieder die alte Angst: Was ich suche, gibt es gar nicht, ich habe es mir nur eingebildet. Verzweiflung stieg in mir auf, und ich redete pausenlos auf Hans ein.
An der nächsten Ecke kam ein Mann mit einem Kinderwagen auf uns zu. Den fragte Hans, wo wir seien. Der Mann zeigte auf den Boden und sagte: »Tak, tak, Wilkanow.« Ich glaubte das nicht, denn es war nichts zu sehen, das Dorf gab es wohl nicht mehr. Endlich tauchten doch einzelne Häuser auf, eine Kurve kam mir bekannt vor. Und dann stand abseits, rechts von der Straße, an einem schmalen Weg tatsächlich das Haus meines Onkels. Es war umgebaut worden und sah grau und hässlich aus. Auf der gegenüberliegenden Seite, wo früher ein herrschaftlicher

Hof gestanden hatte, gab es nur noch verrostete Landmaschinen, zerfallende Scheunen, wucherndes Gras, Gestrüpp. Und als Kontrast stand über alldem ein blauer Himmel, eine helle Sonne, und wilde Blumen wuchsen am Wegrand. Natürlich hatte man uns längst bemerkt. Ein alter Mann beschäftigte sich hinter dem Haus im Hof mit den Hühnern. Er bat uns mit einer Handbewegung herein, holte seine Frau und seine Enkelin, die etwas Deutsch sprach. Freundlich zeigten sie uns das Haus. Die Großmutter bot uns wiederholt Tee an. Sie erzählten, dass ihnen das Haus schon 1946 von der Gemeinde zugewiesen worden war, als sie aus Ostpolen kamen. Der Lehrer, der uns im November 1945 hinausgeworfen hatte, war nur wenige Wochen geblieben. Die Küche, die Holztreppe, der Hof, sogar der Holzschuppen war noch da, in dem wir Vaters und meine Uhr vergraben hatten, damit die Russen sie nicht finden sollten.

Danach musste ich noch zum »Brauner-Häuschen«, in dem ursprünglich der Bürgermeister gewohnt hatte. Hier hatten wir Zuflucht gefunden, nachdem man uns aus dem Haus meiner Tante hinausgeworfen hatte. Es war ein niedriges, wunderschönes, idyllisch zwischen Wölfel und Waldhang gelegenes Haus, im unverwechselbaren Stil der Glatzer Bergland-Häuser. Wir sahen es am anderen Ufer liegen, aber der Weg dorthin war nicht zu finden. Er war zugewachsen, die Brücke über die Wölfel unpassierbar, und von oben kam man nicht durch den struppigen Wald. Plötzlich entdeckte Hans in dem hohen Gestrüpp das alte Marterl. Da wusste ich, dass an dieser Stelle der Weg abgehen musste. Und dann lag das Haus doch noch vor uns, grau und trist. Hier hatte unsere endgültige Vertreibung begonnen.

Es war nicht mehr weit bis zum Dorfplatz. Wo es früher

eine schöne Park- und Blumenanlage gegeben hatte, wa
heute eine leere, ungepflasterte Fläche mit gestampften
Boden, die Brücke über die Wölfel schien ins Leere zu füh
ren. Alles war so anders, dass ich zuerst die Schule nich
fand, in der ich doch im Frühjahr 1945, bevor wir nach Bau
erwitz zurückgegangen waren, jüngere Kinder unterrich
tet hatte. Hinter der Brücke erschien zunächst einmal ei
schwarzer wütender Hund, dann der junge Pfarrer. Er rie
einen älteren Mann zu Hilfe, der Deutsch sprach. Diese
zeigte uns die Kirche, das Pfarrhaus und die Schule und er
zählte dann von der finanziellen Hilfe der Deutschen, di
auf eine Initiative der Wochenzeitung »Die Zeit« hin nach
dem Oderhochwasser die Sanierung der Schule und der
Bau eines Gymnasiums ermöglicht hatten. Er selbst wa
gleich nach Kriegsende hierher gekommen und wusst
noch, wie schön es früher hier ausgesehen hatte.
Schon von weitem sahen wir die gähnende Ruine des Ba
rockschlosses, in dem meine Schwester Bärbel für die Rus
sen Bücher sortiert hatte. Mir war das immer etwas merk
würdig vorgekommen. Denn zu dieser Zeit, Sommer bi
Winter 1945, hatten längst die Polen die Verwaltung über
nommen, und die Russen waren eigentlich überall abgezo
gen. Nun erzählte uns jedoch unser Begleiter, dass es noch
bis in die fünfziger Jahre hinein im Schloss eine russische
Kommandantur gegeben habe, die für die ganze Umgebung
zuständig gewesen sei. Also stimmte es, dass Bärbel auf dem
Schloss bei den Russen gearbeitet hatte. Da sah mich Hans
von der Seite an: »Glaubst du wirklich, dass sie hier bei den
Russen Bücher sortiert hat?« Mir kam ein schrecklicher Verdacht: Bärbel hatte sich täglich bei den Russen zur Arbeit
melden müssen. Was hatte sich hier abgespielt? Früher war
sie ein ganz normales Mädchen gewesen. Sie interessierte
sich für junge Soldaten, die bei uns einquartiert waren, zog

mich ins Vertrauen und verpflichtete mich, niemandem etwas zu verraten. Sie jammerte nicht, als sie zum Arbeitsdienst eingezogen wurde, schwärmte dort sogar für eine Führerin, von der sie ein Foto bei sich trug. Und auch als wir uns im April 1945 wiedersahen, konnte ich nichts Ungewöhnliches an ihr bemerken. Erst als wir Ende Oktober 1945 aus dem Bauerwitzer Lager wiederkamen, war sie ganz verändert. Sie achtete nicht auf ihr Aussehen, saß mit verängstigten Augen still in irgendeiner Ecke und wollte auf keinen Fall allein sein.

Hans und ich gingen zum Schloss hin über, das als ausgebrannte Ruine vor uns stand. Die Russen hatten es bei ihrem Abzug zerstört. Da kam plötzlich die Sonne hervor. Spuren der alten Schönheit wurden sichtbar, und oben am Walmdach hatte man angefangen, das Schloss zu restaurieren.

Auf einem Feldweg fuhren wir hinauf auf die Höhe, um eine kleine Mittagspause zu machen. Ich aber fand keine Ruhe und ging ein paar Schritte in die Natur hinein. Schmerzlich und tröstlich war diese stille Welt. Hinter der Senke erhob sich der »Spitzige Berg«, auf dem die Wallfahrtskirche »Maria Schnee« lag. Die goldenen Stoppelfelder gaben den Blick frei in eine sanfte Weite, die erst von den am Horizont auftauchenden Bergen begrenzt wurde. Die Landschaft lag da, als ob sie schliefe.

Als ich Hans erzählte, dass ich von »Maria Schnee« aus den Einmarsch der Russen beobachtet hatte, fuhr er kurz entschlossen auf einem holprigen Schotterweg los. Der war eine Zumutung für das Auto. Das letzte Stück ging es zu Fuß an den Kreuzwegstationen vorbei hinauf zur Kirche. Ihr Dach wurde gerade repariert. Die Kirche selbst erkannte ich nicht mehr. Sie war viel größer, als ich sie in Erinnerung hatte. Wir schrieben uns ins Gästebuch ein. Man kann nun nachlesen, dass ich am 28. August 1999 in dieser Kirche gewesen bin. Dass ich von diesem Berg aus Anfang Mai 1945 tief erschrocken die russischen Panzer hatte auftauchen sehen – das wusste nur ich. Der Blick ins Tal war durch die hoch gewachsenen Bäume verstellt. Wir schauten gegen das Licht nach Westen. Alles, was ich sah, war ein diesiges Flimmern.

Der Weg zu unserem letzten Reiseziel, Lomnitz am Fuße des Riesengebirges, war nicht weit. Wir hatten also noch Zeit, uns Kudowa mit seinem Kurpark anzusehen. Hier hatte mein Vater 1938 in den Sommerferien eine Kur gemacht. Kudowa war damals der berühmteste deutsche Kurort für Herzkranke. War mein Vater vielleicht herzkrank gewesen? Ich hatte nie etwas davon gehört.
Wir hatten ihn dort für vierzehn Tage besucht. Ferien ganz anderer Art. Was für eine vornehme, fremde Welt! Das Kurhaus, die Parkanlagen, die Ruhezonen mit den Liegestühlen, die Wandelhalle mit den älteren Menschen. Wir wohnten in einer Pension. Wenn wir morgens zu meinem Vater ins Hotel gingen, kamen wir an einer Villa vorbei, in deren Keller ein Rabbiner liturgische Gesänge und Psalmen sang. Ich hatte so etwas Schönes noch nie gehört. Im ganzen Ort wimmelte es von SA.
An einer Straßenkreuzung mussten wir einmal warten, weil ein Umzug um die Ecke bog: vorne die Fahne und die SA-Standarte, dann eine Trommlergruppe, Hitlerjugend und zum Schluss SA. Die wartenden Bürger wurden von SA-Männern daran gehindert, auf die Straße zu gehen. Bernhard und Bärbel verschwanden mit meinen Eltern im Hintergrund, Franz und ich drängten nach vorn. Wir wollten alles genau sehen. Da trat ein SA-Mann auf Franz zu – er war damals zwölf Jahre alt – und fragte: »Bist du in der

Hitlerjugend?« Franz bejahte. Daraufhin musste er genau angeben, in welchem Ort er wohnte, wie der Ortsgruppenleiter hieß, in welchem Fähnlein er war und wie sein Fähnleinführer hieß. Dann sagte der SA-Mann: »Du hast die Fahne nicht gegrüßt. Ein deutscher Junge weiß, dass er die Fahne grüßen muss. Komm mal mit!« Ich lief schnell zu Vater: »Ein SA-Mann will Franz mitnehmen!« Mein Vater diskutierte heftig mit dem Mann, wir standen alle um sie herum. Zum Schluss fertigte er ein Protokoll an, und wir konnten zum Glück gehen. Ich fasste Vater an der Hand und spürte, wie erregt er war. Da zog er mich an sich. Die Welt war wieder in Ordnung.

Hans und ich gingen nun den Hauptweg hinunter, der so verlief wie damals, aber ohne Blumen auskommen musste und weniger gepflegt war. Auch die Trinkhalle sah, abgesehen von großen Transparenten, aus wie früher. Wir kauften Pappbecher und tranken das kohlensäurehaltige Schwefelwasser. Sofort erkannte ich den schlechten Geschmack wieder. Nichts war mehr da von dem alten Glanz. Wie war mein Vater in seinem besten Anzug hier auf und ab spaziert!

Der Weg führte uns nun nach Glatz, in die Heimat meiner Mutter. Hier war ich als Kind oft gewesen. Und es ging mir wie überall: Ich war sehr angespannt, als wir auf den Parkplatz fuhren. Ich fürchtete die Veränderungen, und ich fürchtete das Wiedersehen, und gleichzeitig freute ich mich darauf. Wir gingen sofort über die Brücktorbrücke in die Altstadt hinauf. Hier die Türme der Minoritenkirche, dort der Nepomuk, dessen Schicksal mir immer so nahe gegangen war. Dann der steile Anstieg, die aufragende Häuserfront am Bach. Und schließlich der Ring mit dem Rathaus in der Mitte. Hier hatte meine Tante gewohnt, hier in diesem Haus, denn am Nachbarhaus war ein Bär in die

Fassade eingelassen gewesen. Und der war immer noch da. Aber warum kam mir alles so schmal vor? Die gutbürgerlichen Häuser waren zu hoch für die engen Straßen, die alten verwinkelten Plätze zu klein, der Aufgang zur Festung, wohin mein Vater so gerne gegangen war, um weit ins Land zu sehen, zu kurz. Die alte Mariensäule und der Löwenbrunnen standen immer noch an der Westseite des schiefen, katzenkopfgepflasterten Rings. Ich sagte dem Nepomuk auf der Brücktorbrücke ade, dann fuhren wir weiter. Über Schlegel, wo ein Bruder meines Vaters Lehrer gewesen war, gelangten wir nach Oberwüstegiersdorf, dem Heimatort meiner Mutter. Die Straße führte an den bewaldeten Hängen des Eulengebirges entlang. Ganz in der Nähe lag Peterswaldau, der Schauplatz von Gerhart Hauptmanns »Die Weber«. Auch mein Großvater war Prokurist in einer großen Weberei gewesen. Dittersdorf, Waldenburg, Neurode – alles Namen, von denen meine Mutter immer wieder mit leuchtenden Augen erzählt hatte. Hier in der Gegend hatte sie auch meinen Vater kennen gelernt – beim Schlittenfahren.
Abends kamen wir in Lomnitz an. Wir waren begeistert von der Lage des Schlosses und dem gepflegten Zustand des dazugehörigen Witwensitzes, in dem ein polnischer Pächter ein Hotel mit Restaurant führte, beide sehr stilvoll und gemütlich eingerichtet. »Eben schlesisch«, meinte Gräfin Pfeil, deren persönliche Gäste wir waren. Von ihrem Garten aus hatten wir eine wunderschöne Sicht auf den ganzen Zug des Riesengebirges. Und wir kamen nicht nur in den Genuss ihrer liebenswürdigen, charmanten Gastfreundschaft, wir hatten auch die Gelegenheit, über alles reden zu können. Sie hatte im oberen Stockwerk des Schlosses ein Kulturzentrum eingerichtet, das der Pflege der schlesischen Kultur und der Begegnung von Polen, Deutschen und

Tschechen gewidmet war. Sie erzählte von ihrer Versöhnungsarbeit und den Zielen, die sie dabei hatte. Sie sprach über ihre Verbindungen und ihre Methoden, die Leute für ihre gute Sache zu interessieren, aber auch über das Misstrauen, das ihr von beiden Seiten, Deutschen und Polen, entgegenschlage, weil sie zu beiden um ein gutes Verhältnis bemüht sei.

So engagiert und aktiv, wie sie war, hielt ich sie für gefeit gegen »alte« Gefühle. Aber ihre Familie hatte alle ihre schlesischen Schlösser verloren, sie selbst hatte zusammen mit ihrer Mutter den Treck aus dem Ort ihres Stammsitzes, Kreisewitz, angeführt. Ihr Schmerz war noch spürbar. Doch ihre Trauer galt weniger dem verlorenen Besitz – der silberne Sporn eines Kavallerieoffiziers aus dem 17. Jahrhundert und ihr eigener Teddybär waren das Einzige, was sie von ihrem Hab und Gut gerettet hatte. Sie galt vielmehr der endgültig verlorenen schlesischen Kultur. Den Gesprächen mit ihr verdanke ich, dass ich Schlesien von einer neuen Seite sah. Hier war die Vertreibung ein Stück weit Geschichte geworden. Gräfin Pfeil machte uns am Sonntagmorgen auf einen evangelischen deutschen Gottesdienst in der Kirche Wang aufmerksam, einer alten, aus Norwegen versetzten Holzkirche, die für die Schlesier zu einem Symbolträger geworden ist. Ein Pfarrer aus Dresden nahm hier die Urlaubsvertretung wahr. Die Kirche war mit meist älteren Leuten voll besetzt, Deutschen, die hier Urlaub machten, oder Schlesiern, die von hier stammten. Es ging um die Geschichte von Kain und Abel. Und wie konnte man eine Versöhnung erreichen, bevor ein Unheil geschah? Indem die Kontrahenten voreinander Unrecht als Unrecht benannten, meinte der Pfarrer, indem sie darüber redeten, ihre Positionen gegenseitig anerkannten und akzeptierten. Die Frau neben mir weinte, und sie war nicht die einzige.

Die Rückfahrt nach Tübingen war lang und anstrengend. Ich hing oft meinen Gedanken nach. Wohin gehöre ich eigentlich? Im Westen lebe ich, aber von dort komme ich. Was ich so gern hatte wiedersehen wollen, wo ich mich immer hingezogen fühlte – hatte ich es auf dieser Reise wiedergefunden?

Ein kleines Nachspiel

Am 3. Dezember 1999 fahre ich von Münster nach Tübingen. Der Zug ist sehr voll. Neben mich setzt sich eine charmante, gut gekleidete junge Frau. Sie hat schwarzes Haar und schwarze Augen und sieht aus, als komme sie aus einem fremden Land. Sie beginnt sofort, nachdenklich, mit vielen kleinen Pausen, ein Gedicht aufzuschreiben, in kyrillischer Schrift. Ich frage sie, ob sie aus Russland komme. Freundlich erzählt sie mir, sie stamme aus St. Petersburg und studiere in Köln Gesang. Sie wolle gerne in Deutschland bleiben, denn sie liebe Mozartopern, und die würden in Russland kaum aufgeführt. Plötzlich stockt sie und fragt, ob ich Russisch könne. Ich erzähle ihr, dass ich aus Schlesien stamme und nach dem Krieg ein wenig Russisch gelernt hätte. Daraufhin sagt sie: »Mein Großvater hat als Offizier an der Oder gekämpft.« Sie schweigt. Auch ich sage nichts mehr. Als sie in Koblenz aussteigt, umarmt sie mich und sagt: »Großmütterchen, da haben Sie Schreckliches mitgemacht.«

Anmerkungen

1 Später erfuhr ich, dass die Russen am 19.10.1944 Nemmersdorf in Ostpreußen eingenommen hatten und danach von einer deutschen Gegenoffensive zurückgedrängt worden waren. Was die deutschen Soldaten dort vorfanden, ging damals sogar durch die internationale Presse: verstümmelte und hingerichtete deutsche Gefangene, nackt an Scheunentore und Leiterwagen gekreuzigte Frauen und die verstreut liegenden Leichen der Dorfbewohner. Der Bericht einer internationalen Ärztekommission ist zwar verloren gegangen, dafür existieren Presse- und Fotoreportagen deutscher und ausländischer Journalisten.
2 Quellen belegen, dass diese Frauen erst nach Monaten oder Jahren entkräftet und misshandelt zurückgekehrt oder in sibirischen Arbeitslagern umgekommen waren. Auf der Jalta-Konferenz vom 3.–12. Februar 1945 war in einem Geheimprotokoll festgelegt worden, dass die deutschen Reparationen auch als Arbeitsleistungen zu erbringen seien. Churchill und Roosevelt hatten diesen »reparations in kind« zugestimmt. Sofort hatte die sowjetische Armee Zahlen für die benötigten Arbeitskräfte festgelegt und damit begonnen, Deutsche nach Russland und Sibirien zu deportieren. Nach den Unterlagen des Deutschen Roten Kreuzes wurden 874000 deutsche Zivilpersonen verschleppt. Heinz Nawratil nennt »fast eine Million« (für Schlesien betrug das »Verschleppungssoll« 62000), 45% von ihnen sind dabei umgekommen.
3 Als ich mich jetzt mit meiner Geschichte beschäftigte, geriet ich auch an eine Dokumentation, die der deutsche Lagerarzt Heinz Esser über Lamsdorf geschrieben hat. Demnach bestand das Lager Lamsdorf (Lambinowice), eines der schlimmsten polnischen Vernichtungslager überhaupt, von Juli 1945 bis Juni 1946. In dieser Zeit sind von ungefähr 8000 Inhaftierten 6048 durch Hunger, Erschießen, Folter und unbeschreibliche Grausamkeiten umgekommen. Dem zwanzigjährigen polnischen Lagerkommandanten Geborski wurde vor dem Wojewodschaftsgericht in Oppeln 1948 der Prozess gemacht. Er war nicht geständig. Man hielt ihm seine Unerfahrenheit und Jugend zugute und sprach ihn frei. 1988 begann die Staatsan-

waltschaft Oppeln erneut gegen Geborski zu ermitteln, diesmal in Zusammenarbeit mit deutschen Dienststellen. Der Prozess ist noch nicht abgeschlossen.

4 Damals war man noch der Auffassung, die psychischen Schäden in der Folge von Krieg, KZ, Vertreibung oder ähnlichen überwältigenden Erfahrungen seien im Wesentlichen auf eine erbliche Disposition oder die Persönlichkeitsstruktur vor den belastenden Ereignissen zurückzuführen. Inzwischen weiß man vor allem durch genauere Untersuchungen an Veteranen des Vietnamkrieges, von denen viele psychopathologische Auffälligkeiten entwickelten, dass Kriegserlebnisse häufig zu Traumatisierungen führen, die sich – oft mit jahrelanger Verzögerung – in schweren psychischen Symptomen ausdrücken. Als Resultat dieser groß angelegten Untersuchungen zu den langfristigen Folgen des Kriegs wurde 1980 der Begriff »Posttraumatische Belastungsstörung« (PTSD) in das Diagnostik-Handbuch der »Amerikanischen Psychiatrischen Gesellschaft« aufgenommen. Damit wird wissenschaftlich anerkannt, dass es traumatisierende Realitäten gibt, die als solche ausreichen, um bis dahin gesunde und normal entwickelte Menschen nachhaltig seelisch zu schädigen. Durch die neuere Traumaforschung ist das vielfach erhärtet worden. Das entlastet den Betroffenen: Nicht er ist die Ursache, sondern es ist etwas mit ihm passiert, das er nicht verantworten muss und kann. In gewisser Weise ist dies auch eine späte Rehabilitation derer, die von ihren psychiatrischen Gutachtern aus heutiger Sicht durch Fehldiagnosen zusätzlich belastet wurden.

Literatur

Die angegebene Literatur soll nur meine eigenen Erlebnisse und Erfahrungen belegen. Für eine wissenschaftliche Beschäftigung mit dem Thema reicht sie nicht aus.

- Alfred de Zayas, Die Angloamerikaner und die Vertreibung der Deutschen, München 1999.
- Heinz Nawratil, Schwarzbuch der Vertreibung. Das letzte Kapitel unbewältigter Vergangenheit, München 1999.
- Kurt W. Böhme, Gesucht wird... Die dramatische Geschichte des Suchdienstes, München 1965.
- Heinz Esser, Die Hölle von Lamsdorf, Dülmen 1977.
- Edmund Nowak, Cien Lambinowice. Der Schatten von Lamsdorf, Oppeln 1991.
- Michael Ludwig, Mord bleibt Mord, Frankfurter Allgemeine Zeitung, 10. 7. 2000.
- Hans-Ulrich Stoldt, Das Massaker von Lamsdorf, Der Spiegel, 1. 6. 2001.
- Werner Bohleber, Die Entwicklung der Traumatheorie in der Psychoanalyse, in: Psyche (Sonderheft: Trauma, Gewalt und kollektives Gedächtnis), 54, 9/10 2000.
- Gottfried Fischer/Peter Riedesser, Lehrbuch der Traumatologie, 1999.

Ich danke

- meinen Freunden Dr. Hans Stauß und Inge Wenzel. Sie begleiteten mich auf meinem Weg. Hans fuhr 1999 mit nach Schlesien;

- Dr. Adalbert Kurzeja, Abt von Maria Laach. Er zeigte mir die zeitgeschichtlichen Hintergründe der Vertreibung auf und half mir, mein Schicksal zu verstehen;

- meiner Schulfreundin Maria Hessel. Bei ihr konnte ich mich jederzeit vergewissern, ob meine Erinnerungen richtig waren.